GRAMMAIRE LATINE

ÉLÉMENTAIRE.

Propriété. — Déposé en Belgique et en France.

GRAMMAIRE LATINE

ÉLÉMENTAIRE,

PAR

F. Angenot,

Directeur du Collége communal et de l'École moyenne
de Tongres.

LIÉGE,
H. DESSAIN, IMPRIMEUR-LIBRAIRE,
PLACE S^t.-LAMBERT, N° 9-28.

1854.
1855

PRÉFACE.

Le Conseil de perfectionnement de l'enseignement moyen ayant prescrit l'emploi d'une Grammaire latine élémentaire pour les classes inférieures jusqu'à la quatrième, nous avons cru trouver dans celle que M. Ellendt a publiée en Allemagne, l'ouvrage qui répondait le mieux au but proposé. Une grande simplicité de plan, une méthode lucide et rationnelle dans l'exposition des règles de la syntaxe, et enfin l'heureux choix des exemples, tous tirés de Cicéron, César et Salluste; voilà les titres qui recommandent la grammaire d'Ellendt, et qui l'ont fait parvenir en peu de temps à sa 5me édition. Nous en offrons ici une traduction, où nous avons rigoureusement suivi la marche de notre modèle, tout en y intercalant, d'après les meilleurs ouvrages allemands, ce qu'exigeait le programme de nos Athénées.

Les principales additions que nous avons faites à l'ouvrage original sont le § 120 sur les adverbes primitifs, le § 128 sur les conjonctions et le § 124 sur les interjections; la remarque 2 du § 128 sur les prépositions entrant comme préfixes dans la composition des mots, et enfin, dans la syntaxe, le § 228 sur l'emploi des prépositions.

Dans les paragraphes traitant de la composition et de la dérivation des mots, nous avons partout ajouté la signification du préfixe ou du suffixe, en indiquant les désinences françaises correspondantes. Nous avons noté avec soin la quantité des syllabes, afin de guider l'élève dans la bonne prononciation du latin, et nous avons traduit tous les mots, tous les exemples, après les avoir vérifiés sur les textes des auteurs cités. Dans les exemples latins, nous avons fait espacer les lettres des mots qui justifient la règle, afin d'appeler spécialement súr eux l'attention de l'élève.

Nous avons enfin fait imprimer en plus petit caractère ce que l'élève pouvait omettre dans une première année de latin. Cette disposition nous a permis de laisser chaque chose à sa place naturelle et de donner plus d'ensemble aux théories.

Un cours de thèmes avec renvois à la présente grammaire et à la *Nouvelle Grammaire de la langue latine* de M. l'Inspecteur Gantrel, sera publié dans le courant de l'année prochaine.

Notre seul but en fesant connaître un livre très-estimé en Allemagne, est d'être utile à la jeunesse belge; puissions-nous rencontrer, à cette fin, les sympathies de tous ceux qui s'occupent de l'enseignement du latin !

Tongres, le 15 septembre 1854.

F. ANGENOT

Fautes essentielles à corriger.

Page 3, ligne 36, au lieu de m-atris, lisez ma-tris.
» 14, » 17, » foenum » fenum.
» 14, » 18, » fērtum » furtum.
» 15, » 14, » celtibériien, » Celtibérien.
» 17, » 6, » berf, » bref.
» 51, après la 9ᵉ ligne, ajouter : **2. Pronoms déterminatifs.**
» 55, ligne 36, au lieu de āmābar, lisez ămābar.
» 66, » 8 (Indic.) » īmŭs, ītĭs, iunt, » -īmŭs, -ītĭs, -unt.
» » » 9 (Imp.) » ĭ » ī.
» » » 10 (Ind.) » īmŭs, -ītĭs, -unt, » -īmŭs, -ītĭs, -iunt.
» 67 » 23 » ĕre, » ĕro.
» 68 » 8 (Ind.) » aimaient, » aiment.
» 70 au bas » accūso, » accŭso.
» 100 » 39 » sĕdi » sīdi.
» 115 » 1 » séparément » spontanément.
» 121 » 15 » sictŭtĭ, » sicŭtĭ.
» 133 » 24, lire : § 133. II. L'attribut, etc.
» 134 » dernière, » : § 134. III. La copule, etc.
» 135 » *35, effacer la virgule après *Visae*.
» 136 » 6, au lieu de popŭlusque; lisez populusque.
» 141 » 7 » trititi » tritici.
» 145 » 6 » mae » meae.
» 152 » 13 » vec » avec.
» 160 » 27 » proposition » préposition.

GRAMMAIRE LATINE

ÉLÉMENTAIRE.

IDÉE ET DIVISION DE LA GRAMMAIRE LATINE.

§ **1.** L'observation attentive du langage employé par les bons auteurs latins, a permis de déduire de leurs écrits les lois qui régissent les variations de formes dans les mots de la langue latine, en vue de leur union dans le discours.

L'exposé méthodique de ces lois ou règles constitue la **Grammaire latine.**

§ **2.** Elle se divise en deux parties :

La **Lexigraphie**, qui fait connaître les différentes formes que peut prendre un mot d'après le rôle qu'il joue dans la phrase.

La **Syntaxe**, qui enseigne comment les mots s'arrangent et se réunissent en phrases pour rendre les combinaisons des idées.

NOTIONS PRÉLIMINAIRES.

§ **3.** Les *mots* consistent en un ou plusieurs sons exprimant une idée. Les signes de l'écriture qui représentent ces sons à l'œil s'appellent *lettres*.

§ **4.** Les lettres représentent ou des sons *fondamentaux* qu'on nomme *voyelles*, ou des sons *modificateurs* qui ne se font entendre que lorsqu'ils sont joints à des voyelles et que, pour cette raison, on appelle *consonnes*.

§ **5.** La langue latine a 25 lettres :

A, a.	J, i (voyelle).	Q, q.
B, b.	J, j (consonne).	R, r.
C, c.	K, k.	S, s.
D, d.	L, l.	T, t.
E, e.	M, m.	U, u.
F, f.	N, n.	V, v.
G, g.	O, o.	X, x.
H, h.	P, p.	Y, y, Z, z.

§ **6.** Les voyelles sont : *a, e, i, o, u, y.*

Remarque **1.** *e* se prononce dans tous les mots latins comme dans le français *vérité.*

Rem. **2.** *y* ne se rencontre que dans les mots empruntés à la langue grecque, comme *syllaba,* syllabe.

Rem. **3.** Les Romains n'avaient qu'un seul signe pour représenter *i* voyelle et *j* consonne, *u* voyelle et *v* consonne. Ce n'est que dans les temps modernes qu'on en a inventé deux pour distinguer plus facilement la voyelle de la consonne.

Les Français prononcent la voyelle *u* comme dans leur langue, excepté lorsqu'elle est suivie de *m* dans une même syllabe; *u* prend alors le son de *o* : *umbra* se prononce donc *ombra.*

§ **7.** On nomme *diphthongue* la réunion de deux voyelles prononcées d'une seule émission de voix. Les diphthongues sont *ae, oe, au, eu*; *ei* ne se rencontre que dans les interjections *eia* et *hei.*

Rem. **1.** Lorsque les deux voyelles d'une diphthongue doivent être prononcées séparément, la seconde voyelle est surmontée d'un tréma (¨), p. ex. *poëma.* Cette séparation, nommée *diérèse,* n'a lieu que pour *ae* et *oe.*

Rem. **2.** La diphthongue grecque *ei* (ει) se change en latin tantôt en *e,* tantôt en *i.* P. ex., *Neilos* (Νειλος), *Nilus*; *Mēdeia* (Μήδεια), *Medea.*

§ **8.** On divise les consonnes :

1. D'après les organes qui servent à les prononcer, en
   labiales (qui se prononcent des lèvres), *b, m, p, f, v*;
   linguales (qui se prononcent de la langue) *d, l, n, r, s, t*;
   palatales (dont le son s'exécute vers le milieu du palais), *c, g, j, k, q.*

2. D'après leurs propriétés, en
   liquides : *l, m, n, r*;
   aspirées : *h, s, v, j*;
   muettes : toutes les autres consonnes: *b, c, d, f, g, k,*

$p, q, t, x, z. — x$ et z sont des lettres doubles résultant de la réunion de *cs* et *ds*.

§ 9. Les consonnes se prononcent en général comme en français ; il faut cependant remarquer ce qui suit :

C était prononcé comme *K* par les latins ; c'est encore ainsi que nous le prononçons devant *a*, *o*, *u*, mais devant *e*, *i*, *y*, *ae*, *œ*, *eu*, il prend le son de *s*.

K a vieilli et n'est resté en usage que dans un petit nombre de mots comme *Karthago*, *Kalendæ* que l'on écrit plus souvent encore avec un *C*.

N, devant les gutturales *c*, *ch*, *g*, *q*, *x*, se fond avec elles dans la prononciation : *mancus*, *longus* ne doivent donc pas se prononcer *manncus*, *lonngus*, moins encore *lonjus*.

Q n'est employé que devant *u* suivi d'une autre voyelle, avec lesquelles il forme une syllabe ; ainsi *Qui* se prononce *Kwi* ; *cui*, au contraire se partage en deux syllabes *ku-i*.

Ti suivi d'une voyelle se prononce *çi* : *tutior* se dira *tuçior*, *ratio*, *raçio* ; excepté pourtant lorsqu'il est précédé de *t*, *s* ou *x* ; ainsi dans *mixtio*, *Attius*, *ti* sonne comme *t* dur en français. Il en est de même dans les mots tirés du grec, *Bœotia*, *Miltiades*. Les Romains donnaient toujours à *t* le son dur.

Sch se prononce comme *sk* : *schola*, comme si c'était *skola*.

§ 10. La plupart des mots se composent de plusieurs *syllabes* ; il existe cependant en latin un grand nombre de monosyllabes. Les *syllabes* sont ou des voyelles seules, comme *e-o* (*eo*, je vais) ou des voyelles accompagnées de consonnes, comme *ma*, *cra*, *strum*.

§ 11. Dans l'écriture on divise les mots en syllabes d'après les règles suivantes :

1. Quand une consonne se trouve entre deux voyelles, elle se lie à la dernière syllabe ; par exemple, *a-mo* (amo), *i-ter* (iter).

2. Quand plusieurs consonnes se suivent, on ne les sépare pas dans l'écriture, lorsqu'on peut les prononcer ensemble. Ainsi, *pu-blicus*, *li-bri*, *a-cris*, *qua-dro*, *va-fre*, *fi-glinus*, *i-gnis*, *a-gri*, *po-ples*, *a-prilis*, *e-sca*, *ve-spa*, *te-squa*, *fu-stis*, *m-atris*, etc.

3. Mais si les consonnes ne peuvent se prononcer ensemble, de deux, la première se lie à la première syllabe et la seconde à la deuxième syllabe ; de trois, les deux dernières appartiennent à la seconde syllabe ; de quatre, les trois dernières se joignent à la deuxième syllabe ; ainsi *val-lis*, *an-nus*, *ur-na*, *ar-bor* ; *al-trix*, *tin-ctus*, *car-ptus* ; enfin *mon-strum*.

§ **12.** Mais ces règles ne concernent que les mots simples. Dans les mots composés, chaque élément forme des syllabes séparées, ainsi on écrit *post-ea*, *trans-igo*, *dis-traho*.

§ **13.** Les syllabes sont ou *longues* (—) ou *brèves* (˘) ou *douteuses* ($\stackrel{\smile}{-}$).

Les longues se prononcent lentement ; les brèves, rapidement ; les douteuses, à volonté comme longues ou comme brèves.

§ **14.** Les syllabes sont longues *par nature*, lorsqu'elles renferment une voyelle longue ou une diphthongue (*māter*, *aŭrum*) ; *par position*, lorsqu'elles sont composées d'une voyelle suivie de plusieurs consonnes (*ārma*).

Remarques. **1.** Toute voyelle suivie d'une autre voyelle dans le même mot, est brève : *dĕus*, *rŭo*.

2. Les diphthongues et les voyelles résultant d'une contraction sont longues : *aurum* ; *cōgo* (*coago*), *dīs* (*diis*).

3. Les mots dérivés et les composés conservent la quantité des simples d'où ils sont tirés. Ainsi de *lūx* vient *lūcidus*, de *prŏbus* vient *imprŏbus*.

§ **15.** Chaque mot renferme une syllabe sur laquelle on appuie particulièrement dans la prononciation ; l'élévation de la voix qui en résulte s'appelle **accent tonique**.

Rem. L'accent tonique ne se marque par aucun signe distinctif, c'est la prononciation seule qui doit le faire sentir. Il diffère complètement des accents français. Dans les mots qui vont suivre, nous le marquerons cependant par le signe de l'accent aigu français.

Voici les principales règles de l'accent ou du ton dans les mots latins :

1. Les mots de deux syllabes ont l'accent tonique sur la première : *térra*, *lége*.

2. Les mots de plusieurs syllabes ont l'accent sur l'avant-dernière, lorsqu'elle est longue : *docére*, *Athénæ*, mais l'accent se recule d'un rang lorsque l'avant-dernière syllabe est brève : *cúria*, *lévitas*.

3. L'accent tonique affecte encore l'avant-dernière syllabe lorsque le mot se termine par les particules *que*, *ve*, *ne* : *terráque*, *aliáve*, *alteráne*.

PREMIÈRE PARTIE.

LEXIGRAPHIE.

DES PARTIES DU DISCOURS.

§ **16.** Tous les mots de la langue latine peuvent être rangés en trois grandes classes, car ils servent :
1. à *nommer* les êtres ou leurs qualités distinctives (*noms*);
2. à *affirmer* que telle ou telle qualité convient à un être (*verbes*);
3. à *mettre en rapport* d'autres parties du discours, ou à modifier leur signification (*particules*).

Les mots qui appartiennent à la classe des **noms** se *déclinent* (*substantifs, adjectifs, pronoms*);

Ceux qui appartiennent à la classe des **verbes** se *conjuguent*;

Ceux qui appartiennent à la classe des **particules** sont *invariables :* ils ne peuvent ni se décliner, ni se conjuguer (*adverbes, prépositions, conjonctions, interjections*).

Rem. Lorsque je veux désigner l'être qui fait l'objet de ma pensée, je lui donne un *nom*, p. ex., *arbre, oiseau, homme*.

Pour le distinguer des autres êtres de la même espèce, je *nomme* une qualité que je remarque en lui : *vert, petit, mortel*.

Vert serait, par ex., la qualité qui conviendrait à *arbre*; *petit*, à *oiseau*; *mortel* à *homme*.

Ces deux espèces de mots s'appellent *noms*.

§ **17.** Les *noms* se divisent donc en **noms substantifs** et en **noms adjectifs**.

1. Les **noms substantifs** servent à désigner les êtres animés ou inanimés. Ils se subdivisent en **noms propres** et **noms appellatifs**.

a. Les **noms propres** ne conviennent qu'à un être déterminé, seul de son espèce, ou désignant une personne; *Dieu, soleil, Rome, Italie, Alexandre, César.*

b. Les **noms appellatifs** désignent un ou plusieurs êtres d'une même espèce : p. ex., *homme, plante, animal.*

2. Les **noms adjectifs** (ou simplement les *adjectifs qualificatifs*) désignent les qualités distinctives des êtres : par exemple, *vert, petit, mortel, tout puissant,* qualités qui conviennent à *arbre, oiseau, homme, Dieu.*

§ **18.** Si celui qui parle s'appelle *Paul;* en parlant de lui-même, il ne dira pas : *Paul* a fait cela, mais : *J*'ai fait cela; en s'adressant à *Jules*, il ne dira pas non plus : *Jules* a fait cela, mais : *Tu* as fait cela; et s'il vient de nommer *Jean*, il ajoutera : *il* a fait cela, ou *c*'est *lui qui* a fait *cela.*

Ces mots *Je, tu, il, lui, qui, c*' (ce), *cela* sont des **pronoms**, ainsi nommés, parce qu'ils tiennent la place de noms substantifs.

§ **19.** Lorsqu'on prononce à la suite l'un de l'autre les mots *arbre, vert,* rien n'indique le rapport qui pourrait exister entre ces deux mots. Pour affirmer que la qualité *vert* convient à l'être *arbre,* on emploie un **verbe** : l'arbre *est* vert, ou l'arbre *verdit* (V. § 85).

§ **20.** Les **particules** sont de différentes espèces :

1. Pour déterminer d'une manière plus précise ce qu'on affirme d'un être, on emploie l'**adverbe** ; p. ex., l'arbre est vert *maintenant*, l'orateur parle *distinctement*.

2. Pour marquer un rapport entre deux noms ou entre un nom et un verbe on se sert de la **préposition;** p. ex. l'homme marche *dans* la forêt. Le mot *dans* marque le rapport existant entre la forêt et la marche de l'homme : il marche *dans* la forêt et non *à travers*, ni *à côté de*, ni *loin de* la forêt.

3. Pour mettre deux êtres ou deux propositions en rapport, on emploie la **conjonction**. Si je dis : le père *et* la mère sont bons, j'envisage le père sous le même rapport que la mère; ils ont une qualité commune, la bonté; c'est pour

cela que la conjonction *et* a été employée.— De même quand je dis : L'arbre est vert, *parce que* c'est l'été ; la conjonction *parce que* met l'été, comme *cause*, en rapport avec l'arbre vert, comme *effet*.

4. L'**interjection** est une simple exclamation excitée par un sentiment quelconque : *ah*, *hélas*, etc.

I. Du nom substantif.

Du genre.

§ 21. Les substantifs latins sont ou du genre **masculin**, ou du genre **féminin**, ou d'un troisième genre qui ne se rencontre pas dans la langue française et qu'on nomme le genre **neutre**.

§ 22. Certains substantifs sont tantôt *masculins*, tantôt *féminins*, selon qu'ils désignent un être *mâle* ou un être *femelle*. Ils n'ont donc qu'une seule forme pour les deux genres et ne peuvent s'appliquer qu'à des personnes. On les appelle **noms communs.** Voici les principaux :

Adŏlescens, le jeune homme, la jeune fille ;
Affīnis, un allié, une alliée ;
Antistes, le prêtre, la prêtresse ;
Artĭfex, l'artisan, l'artiste ;
Auctor, l'auteur ;
Civis, le citoyen, la citoyenne ;
Cŏmes, le compagnon, la compagne ;
Conjux, l'époux, l'épouse ;
Custos, le gardien, la gardienne ;
Dux, le conducteur, la conductrice ;
Hēres, l'héritier, l'héritière ;
Hostis, l'ennemi, l'ennemie ;
Incŏla, l'habitant, l'habitante ;
Index, le délateur, la délatrice ;
Infans, un, une enfant ;
Mĭles, le guerrier, la guerrière ;
Părens, le père, la mère ;
Pătruēlis, le cousin, la cousine ;
Săcerdos, le prêtre, la prêtresse ;
Testis, le témoin ;
Vātes, le devin, la devineresse ;
Vindex, le vengeur, la vengeresse.

§ 23. Le genre d'un substantif latin ne correspond pas toujours à celui qu'il a en français ; ainsi *douleur* est féminin et *dolor*, masculin ; *arbor* est féminin et *arbre*, masculin.

Pour reconnaître le genre d'un mot latin, on doit considérer :
1. Sa *signification* (genre naturel),
2. Sa *terminaison* (V. les déclinaisons).

Quant au genre naturel il faut observer ce qui suit :

Règles générales du genre.

§ 24. Masculin. Sont *masculins*, quelle que soit leur terminaison :

1. Les noms qui désignent des *êtres mâles* ou des *peuples :* *Deus*, Dieu, *hŏmo*, *vir*, l'homme, *păter*, le père, *filius*, le fils ; *poëta*, le poète, *scrība*, l'écrivain, *agrĭcola*, le laboureur ; *Rōmānus*, le Romain, *Scytha*, le Scythe.

2. Les noms des *fleuves*, des *vents*, des *mois* : *Rhenus*, le Rhin. *Albis*, l'Aube, *Tiberis*, le Tibre ; *Eurus*, le vent d'Est, *Aquilo*, le vent du Nord ; *Martius*, le mois de Mars, *October*, Octobre.

Rem. Quelques noms de fleuves et nommément les deux noms grecs *Styx*, le Styx et *Lēthe*, le Léthé, sont féminins. Le genre des noms de *montagnes* se reconnaît à la terminaison : *Ætna*, *Œta*, *Cyllēne*, *Rhŏdŏpe* sont du féminin ; *Appennīnus*, *Caucăsus*, *Taurus* sont du genre masculin ; *Pēlion* est du neutre.

§ 25. II. Féminin. Sont *féminins*, quelle que soit leur terminaison :

1. Les noms qui désignent des *femmes* : *Mŭlier*, la femme, *virgo*, la jeune fille, *māter*, la mère, *nŭrus*, la bru et les noms des *déesses* : *Jūno*, *Vĕnus*, *Pallas*, etc.

2. Les noms des *pays*, des *îles* et de la plupart des *villes* : *Itălia*, l'Italie, *Ægyptus*, l'Égypte, *Troas*, la Troade ; *Cyprus*, Chypre, *Salămis*, Salamine, *Samos* ; *Rōma*, Rome, *Athēnæ*, Athènes, *Pylos*, *Trœzen*, Trézène, *Epidaurus*, Épidaure, *Lăcĕdæmo*, Lacédémone, *Carthāgo*, Carthage.

Rem. Exceptions. a.) Les noms des pays suivants sont masculins : *Bospŏrus*, le Bosphore, *Pontus*, le Pont, *Hellespontus*, l'Hellespont, *Isthmus*, l'Isthme ; ceux qui sont terminés en *um* sont du neutre. *Samnium*, *Lătium*.

b.) Parmi les noms de villes, sont *masculins* les pluriels en *i* : *Delphi*, Delphes, *Veji*, Véies ; en outre, quelques noms en *o*, comme *Hippo* (*Regius*), Hippone, *Narbo*, Narbonne, *Sulmo*, Sulmone ; ceux en *us*, génitif *untis*, *Pessĭnus*, Pessinonte, *Sĕlīnus*, Selinonte ; ensuite *Tūnes* (*etis*), Tunis. — *Neutres* sont ceux en *um*, *on*, *e* et les pluriels en *a* (*orum*) : *Săguntum*, Sagonte, *Tărentum*, Tarente, *Ilion*, *Prœneste*, Préneste, *Reāte*, Réate, *Leuctra*, Leuctres, *Bactra*, Bactres et en outre *Argos*, *Anxur*, *Tibur*.

I. DU NOM SUBSTANTIF.

5. Les noms des *arbres*, des *arbrisseaux* et des *plantes* : *pōmus*, le pommier, *pĭrus*, le poirier, *quercus*, le chêne, *ăbies*, le sapin, *vītis*, la vigne.

Rem. Exceptions. a.) Sont *masculins* les noms suivants appartenant à la deuxième déclinaison : *dūmus*, le buisson, hallier, *ŏleaster*, l'olivier sauvage, *călămus*, le roseau, *carduus*, le chardon, *juncus*, le jonc, *fungus*, l'éponge ; et *frŭtex*, arbuste, de la troisième déclinaison.

b.) *Vepres* et *sentis*, buisson épineux, sont plus souvent masculins que féminins.

c.) Sont *neutres* tous les noms de la deuxième déclinaison terminés en *um* : *balsamum*, baume, et parmi les noms de la troisième déclinaison : *ăcer*, l'érable, *sūber*, le liège, *rōbur*, le chêne, rouvre, *tūs* (*thus*), l'encens, *cĭcer*, le pois chiche, *păpăver*, le pavot, *pĭper*, le poivre.

§ 26. III. **Neutre.** *Neutres* sont tous les *noms indéclinables*, à l'exception des noms de personnes (Adam, Isaac) : *gummi*, la gomme, *cornu*, la corne, *gĕnu*, le genou ; les noms des *lettres de l'alphabet* et tous les *mots employés substantivement* qui n'appartiennent pas à la classe des noms et notamment les *infinitifs* : *scire tuum*, ton savoir : *hoc d*, la lettre *d*.

§ 27. Noms variables. Plusieurs substantifs qui servent à désigner des personnes, ont une forme particulière pour le masculin et une autre pour le féminin ; on les appelle *noms variables*.

Ceux dont le masculin est en **tor** ont le féminin en **trix** : *victor*, vainqueur, *victrix*, *adjŭtor*, aide, *adjŭtrix*.

Ceux dont le masculin est en **us, er** ou **en**, font leur féminin en **a** : *servus*, esclave, *serva* ; *măgister*, maître, *măgistra* ; *tībĭcen* ; joueur de flûte, *tībĭcĭna*.

§ 28. Les *noms d'animaux* offrent, quant au genre, des particularités remarquables :

1. Quelques-uns sont **variables** : *cervus*, le cerf, *cerva*, la biche ; *gallus*, le coq, *gallīna*, la poule ; *leo*, le lion, *lěœna*, la lionne ; *căper*, le bouc, *capra*, la chèvre.

2. Ou bien le féminin n'est pas de la même racine que le masculin : *taurus*, le taureau, *vacca*, la vache ; *ăries*, le bélier, *ŏvis*, la brebis.

3. D'autres sont des **noms communs** et sont par conséquent du *masculin* ou du *féminin*, selon qu'ils désignent le

mâle ou la femelle : *bos*, le bœuf, la génisse, *cănis*, le chien, la chienne ; *ĕlĕphas*, l'éléphant mâle ou femelle.

4. D'autres enfin sont **épicènes**, c'est-à-dire que sous une seule forme et sous un seul genre, ils désignent, soit le mâle, soit la femelle. De ce nombre sont : *turdus*, la grive, *passer*, le moineau, *corvus*, le corbeau, tous trois du genre masculin ; *vulpes*, le renard, *ănās*, le canard, la cane, *ăquĭla*, l'aigle, *rāna*, la grenouille, toujours du genre féminin.

Si l'on veut distinguer les sexes, on doit ajouter au substantif le mot *mas* ou *masculus, a, um*, mâle, ou *femina*, femelle : *anas mascula*, le canard, *anas femina*, la cane.

Déclinaison.

§ **29**. Dans le discours, les noms peuvent se trouver dans différents rapports avec les autres termes de la proposition : ils peuvent y remplir diverses fonctions.

Si le mot *père* est un sujet dont on veut affirmer quelque chose, on emploie la forme *păter*, p. ex. : *Pater est benignus*, le père est bienveillant.

Veut-on indiquer qu'une chose appartient au père, ou lui est particulière, on se sert de la forme *patris*, du père ; p. ex. *Liber est patris*, c'est le livre du père.

Veut-on désigner le père comme but, objet d'une action, on emploie la forme *patrem : Filius amat patrem*, le fils aime le père.

La partie du mot *pater* qui dans tous ces cas reste invariable (c'est-à-dire les lettres *pat-r*), s'appelle le *radical* ou le *thème* du mot. Les terminaisons ou *désinences* servant à indiquer tous les rapports possibles du mot *pater*, forment les **cas** du nom. Il y a en latin six *cas* : le **nominatif**, le **génitif**, le **datif**, l'**accusatif**, le **vocatif** et l'**ablatif**. Le nominatif se nomme aussi *cas direct*, les autres, *cas obliques*.

§ **30**. Les cas ont des formes différentes, selon le nombre que l'on attribue à l'objet : le père, au singulier, se dit *pater*, au pluriel, les pères, *patres*.

§ **31**. **Décliner** c'est réciter successivement tous les cas d'un nom tant au singulier qu'au pluriel.

Il y a en latin *cinq déclinaisons*. En voici les terminaisons à tous les cas.

1. DU NOM SUBSTANTIF.

Singulier.

	I.	II.	III.	IV.	V.
Nominatif	ă (ē, ās, ēs)	ŭs, ĕr, ŭm	diverses	ŭs, ū	ēs
Génitif	æ (ēs)	ī	is	ūs, ū	eī
Datif	æ	ō	ī	ŭī, ū	eī
Accusatif	ăm (ān, ēn)	ŭm	ĕm (ĭm, ĭn)	ŭm, ū	ēm
Vocatif	ă (ē)	ĕ, ĕr, ŭm	diverses	ŭs, ū	ēs
Ablatif	ā (ē)	ō	ĕ, (ī)	ū, ū	ē

Pluriel.

	I.	II.	III.	IV.	V.
Nominatif	æ	ī, ă	ēs, ă (iă)	ūs, ă	ēs
Génitif	ārum	ōrum (um)	um (ĭum)	ŭum	ērum
Datif	īs (ābŭs)	īs	ĭbŭs	ĭbŭs	ēbŭs
Accusatif	ās	ōs, ă	ēs, ă (iă)	ūs, ă	ēs
Vocatif	æ	ī, ă	ēs, ă (iă)	ūs, ă	ēs
Ablatif	īs (ābŭs)	īs	ĭbŭs	ĭbŭs	ēbŭs

§ **32.** Pour savoir à quelle déclinaison appartient un mot, il faut en connaître le génitif. Si la désinence du génitif est en

  æ, le mot est de la *première* déclinaison ;
  i   »   *deuxième*   »
  is   »   *troisième*   »
  us   »   *quatrième*   »
  ei   »   *cinquième*   »

§ **33.** Le *vocatif* de toutes les déclinaisons est semblable au *nominatif* excepté dans les noms en *us* de la seconde et dans quelques noms grecs de la première.

La seconde, la troisième et la quatrième déclinaison ont seules des noms du genre neutre. Les noms neutres ont toujours trois cas semblables : le *nominatif*, l'*accusatif* et le *vocatif*.

L'*ablatif* est semblable au *datif* au pluriel de toutes les déclinaisons.

PREMIÈRE DÉCLINAISON.

§ **34.** Tous les noms d'origine latine appartenant à la première déclinaison, se terminent au nominatif en ***a*** et sont du féminin, lorsque leur signification ne s'y oppose pas. (§ 24, I, 1).

Singulier.   **Pluriel.**

Nom. Mens *a*, la table,   Mens *æ*, les tables,
Gén. mens *æ*, de la table,   mens *arum*, des tables,
Dat. mens *æ*, à la table,   mens *is*, aux tables,
Acc. mens *am*, la table,   mens *as*, les tables,
Voc. mens *a*, ô table,   mens *æ*, ô tables,
Abl. mens *ā*, de, par la table, mens *is*, de, par les tables.

Ainsi se déclinent : *āla*, l'aile, *ăqua*, l'eau, *barba*, la barbe, *fortūna*, la fortune, *penna*, la plume, *porta*, la porte, *stella*, l'étoile, *ūva*, la grappe de raisin, *victōria*, la victoire, etc.

Rem. **1.** Il existe encore une ancienne forme de génitif en *as* qui ne s'est conservée que dans les noms composés *păterfămĭlias*, *māterfămĭlias*, *filius* et *filiafămĭlias*. Les noms *păter*, *māter*, *filius*, *filia* se déclinent et *fămĭlias* reste invariable, puisque c'est un génitif.

Rem. **2.** Le datif et l'ablatif pluriel de quelques noms se terminent en *ābŭs*, ce qui les distingue des noms semblables de la seconde déclinaison. Cette forme se rencontre particulièrement dans *filia* et *dea* et les féminins des noms de nombre *duo* et *ambo* : *duābus*, *ambābus*, *filiābus*, *deābus*.

§ **35.** Les noms de la première déclinaison terminés en ***e, as, es*** sont tous d'origine grecque et s'écartent beaucoup de la déclinaison latine. C'est ce que montreront les exemples suivants :

Nom. Cramb*e*, le chou,   Æne *as*, Énée   Anchis *es*,
Gén. Cramb*es*, du chou,   Æne *æ*, d'Énée   Anchis *æ*,
Dat. Cramb*æ*, au chou,   Æne *æ*, à Énée   Anchis *æ*,
Acc. Cramb*e*, chou,   Æne *am* (*an*), Énée   Anchis *en* (*am*)
Voc. Cramb*e*, chou,   Æne *a*, ô Énée   Anchis *e* (*a*),
Abl. Cramb*e*, du, par le chou, Æne *ā*, par Énée   Anchis *e*.

Ainsi se déclinent :

Aloe, l'aloès,   *Archias*,   *ănăgnostes*, le lecteur.
Cybĕle, Cybèle,   *Leōnĭdas*,   *dynastes*, le souverain.
Lēthe, le Léthé,   *Pythăgŏras*,   *pyrītes*, la pierre à feu.

Le pluriel de ces noms est entièrement conforme à celui de la déclinaison latine.

I. DU NOM SUBSTANTIF.

Rem. 1. Le génitif singulier en *es* se rencontre particulièrement dans les noms propres : *Arachne*, *Pēnĕlŏpe*, génit. *Arachnes*, *Penelopes*.

Rem. 2. Les poètes forment souvent en *an* l'accusatif des noms en *as*.

Rem. 3. Beaucoup de noms en *e* ont une seconde forme en *a*. *Mūsĭca*, *Eurōpa*, *Hĕlĕna* se rencontrent plus fréquemment que *musice*, *Europe*, *Helene*.

Rem. 4. De même aussi les noms masculins en *as* ou en *es* prennent souvent la terminaison latine en *a* : *Philoctēta*, *Scytha* au lieu de *Philoctetes*, *Scythes*; *Hermăgŏra* pour *Hermagoras*.

Rem. 5. Les noms de la première déclinaison grecque (en ης, ου) ne suivent pas tous la première déclinaison latine; p. ex. *Æschines*, *Apelles*, *Hĕrŏdŏtes*, *Pylădes*, *Theŏdectes*, qui sont de la première déclinaison en grec, sont en latin de la troisième. Il en est ainsi surtout pour les *noms patronymiques* passés à l'état de *noms propres*, comme *Alcĭbĭădes*, *Euclĭdes*, *Eurĭpĭdes*, *Miltĭădes*, *Simōnĭdes* et beaucoup d'autres. Cependant on rencontre quelquefois l'accusatif en *en* et l'ablatif en *e* pour tous ces noms (Voir § 55, 1).

Rem. 6. Les noms *patronymiques* (Rem. 5) sont des mots grecs terminés en *ides* et *ădes*, dont le radical indique le nom du père. Par ex. *Euripĭdes* signifie proprement le fils d'*Euripe*, *Pĕlĭdes*, le fils de *Pélée*, Achille, *Atrides* le fils d'*Atrée*, Agamemnon ou Ménélas. Un grand nombre de ces noms et entre autres tous ceux de la Rem. 5 sont devenus de vrais noms propres.

§ 36. Genre des noms de la première déclinaison.

Les noms terminés en **a** ou **e** sont du féminin ; ceux en **as** et **es** sont du masculin. Cependant, d'après la règle générale, § 24, les dénominations des êtres masculins en *a* et en outre *Hădria*, la mer Adriatique et plusieurs noms de fleuves de la même terminaison, sont du masculin.

DEUXIÈME DÉCLINAISON.

§ 37. La principale terminaison du nominatif singulier dans cette déclinaison est **us** pour les noms masculins, **um** pour les noms neutres.

Singulier.

	Masculin.	Neutre.
Nom.	Serv*us*, l'esclave,	Membr*um*, le membre,
Gén.	Serv*i*, de l'esclave,	Membr*i*, du membre,

Dat.	Serv *o*, à l'esclave,	Membr *o*, au membre,
Acc.	Serv *um*, l'esclave,	Membr *um*, le membre,
Voc.	Serv *e*, ô esclave,	Membr *um*, ô membre,
Abl.	Serv *o*, de, par l'esclave.	Membr *o*, du, par le membre.

Pluriel.

Nom.	Serv *i*, les esclaves,	Memb *ra*, les membres,
Gén.	Serv *orum*, des esclav.	Membr *orum*, des membres,
Dat.	Serv *is*, aux esclaves,	Membr *is*, aux membres,
Acc.	Serv *os*, les esclaves,	Membr *a*, les membres,
Voc.	Serv *i*, ô esclaves,	Membr *a*, ô membres,
Abl.	Serv *is*, des, par les escl.	Membr *is*, des, par les memb.

Ainsi se déclinent :

Annus, l'année,	*Bellum*, la guerre,
campus, le champ,	*collum*, le cou,
cĭbus, la nourriture,	*damnum*, le dommage,
dŏmĭnus, le seigneur,	*exemplum*, l'exemple,
glŏbus, le globe,	*fœnum*, le foin,
glădius, l'épée,	*fērtum*, le larcin,
hortus, le jardin,	*lăbium*, la lèvre,
lectus, le lit,	*lignum*, le bois,
morbus, la maladie,	*nĕgōtium*, l'affaire,
nuntius, le messager,	*offĭcium*, le devoir,
ŏcŭlus, l'œil,	*pōcŭlum*, la coupe,
pŏpŭlus, le peuple,	*prœlium*, le combat,
taurus, le taureau,	*signum*, le signe,
ventus, le vent.	*tectum*, le toit.

§ 38. Mais un grand nombre de noms de la deuxième déclinaison ont leur nominatif terminé en **er**. En **ir** se terminent *vir*, l'homme, et ses composés, et le nom de peuple *Trēvir*, le Trévirien ; en **ur** le seul mot *sătur*, rassasié. Le nominatif des noms en *ir* et en *ur* est le radical de la déclinaison. Il en est de même pour la plupart des noms en *er* (V. la Remarque).

Singulier.

Nom.	Puer, l'enfant,	Vir, l'homme,
Gén.	Puer *i*, de l'enfant,	Vĭr *i*, de l'homme,
Dat.	Puer *o*, à l'enfant,	Vĭr *o*, à l'homme,
Acc.	Puer *um*, l'enfant,	Vĭr *um*, l'homme,
Voc.	Puer, ô enfant,	Vir, ô homme,
Abl.	Puer *o*, de, par l'enf.	Vĭr *o*, de, par l'homme.

I. DU NOM SUBSTANTIF.

Pluriel.

Nom. Puer*i*, les enfants,   Vĭr*i*, les hommes,
Gén. Puer*orum*, des enf.,   Vĭr*orum*, des hommes,
Dat. Puer*is*, aux enfants,   Vĭr*is*, aux hommes,
Acc. Puer*os*, les enfants,   Vĭr*os*, les hommes,
Voc. Puer*i*, ô enfants,   Vĭr*i*, ô hommes,
Abl. Puer*is*, des, p. les enf. Vĭr*is*, des, par les hommes.

Rem. La lettre *e* qui précède *r*, ne se conserve aux cas obliques que dans les noms suivants : *puer*, l'enfant, *gĕner*, le gendre, *sŏcer*, le beau-père, *vesper*, le soir, *asper*, rude, *exter*, extérieur, *gibber*, bossu, *lăcer*, déchiré, *liber*, libre, *miser*, malheureux, *prosper*, heureux, *tĕner*, tendre; dans les dérivés de *gĕro* et de *fĕro*, je porte, comme *armĭger*, l'écuyer, *signĭfer*, le porte-étendard, enfin dans les noms propres *Līber*, Bacchus, *Iber*, l'Ibérien, *Celtiber*, le Celtibérien.

Tous les autres noms en *er* perdent le *e* aux cas obliques : ainsi, *ăger*, gén. *āgri*, le champ, *liber*, gén. *libri*, le livre. *Dexter*, droit, fait *dexteri* et *dextri*.

§ **39.** Sur les terminaisons des cas, il faut encore remarquer ce qui suit :

1. Pour le *génitif singulier* en *ius* dans *unus*, *ullus*, etc. Voir les adjectifs, § 72.

2. Le *vocatif singulier* des noms en *us* est ordinairement en *e*, cependant :

a.) Dans les noms propres en *ius* et *jus*, il se termine en *i*: *Tullius*, voc. *Tulli*, *Titius*, voc. *Titi*, *Pompejus*, voc. *Pompei*.

b.) *Filius* fait *fili*, *gĕnius* fait *geni*, le génie;

c.) *Deus* a le vocatif semblable au nominatif;

d.) *Meus*, mon, fait au vocatif *mi*. *Mi Deus*, ô mon Dieu!

3. Au nominatif et au vocatif du pluriel, *Deus* fait *dii* et non *Dei*; au datif et à l'ablatif pluriel, *diis*.

4. Le génitif pluriel se termine quelquefois en *um* au lieu de *orum*, surtout dans les noms qui désignent une monnaie ou une mesure, p. ex., *nummum*, *sestertium*, *dēnarium*, *modium*, *mĕdimnum*, génitifs de noms en *us*, et en outre dans les noms de nombre *duum*, *dēnum*, etc.

Cette forme de génitif pluriel en *um* se rencontre encore, mais plus rarement, dans quelques autres mots, comme *deum* de *Deus*, *fabrum*, de *faber*, forgeron, *socium*, de *sŏcius*, compagnon.

§ **40.** **Noms grecs.** 1. Beaucoup de noms d'origine grecque sont passés dans la langue latine par le seul changement de la terminaison *os* (ος) en *us*, *on* (ον) en *um*; p. ex. *cămĭnus*, cheminée, *cygnus*, cygne, *taurus*, taureau, *antrum*, antre et les noms propres comme *Hŏmērus*, Homère, *Cŏrinthus*, Corinthe. Les noms propres grecs terminés en *gros* (γρος) et *dros* (δρος) ont pris en latin la désinence *ger* ou *der*; p. ex. *Mĕleager*, Méléagre, *Alexander*, Alexandre, *Mĕnander*, Ménandre. Il faut en excepter *Codrus*.

2. Les noms grecs en *oos*, *ous* (οος, ους) font en latin tantôt *oüs*, tantôt *us*; *Alcĭnoüs*, *Panthus*.

3. Les noms de la deuxième déclinaison Attique (en ως) se terminent aussi en latin en *os*: *Andrŏgeos*, Androgée, *Teos*, *Ceos*, *Cos*. Leur déclinaison a tantôt la forme grecque: gén. *Androgeo*, dat. *Androgeo*, acc. *Androgeon*; tantôt la forme latine ordinaire; gén. *Androgei*, etc. *Athos* fait ordinairement *Athōnem*, à l'acc. et *Athone*, à l'ablat.

§ **41. Genre des noms de la deuxième déclinaison.**

Les noms terminés en *us*, *er*, *ir*, *ur* sont du masculin; ceux qui sont terminés en *um* sont du genre neutre.

Exceptions. 1. Les noms de *villes*, d'*îles*, de *pays*, de *plantes* (§ 25).

2. *Alvus*, le ventre, *cŏlus*, la quenouille, *dŏmus*, la maison (comp. § 62, Rem. 2), *hŭmus*, le sol, *vannus*, le van, sont du féminin. *Virus*, le venin, est neutre. *Vulgus* est ordinairement neutre; on le trouve, mais rarement, employé au masculin.

3. Beaucoup de noms grecs d'origine et terminés en latin en *us*, sont féminins, parce qu'ils ont ce genre en grec; de ce nombre sont *pĕrĭŏdus*, période, *methŏdus*, méthode, *ătŏmus*, atome. *Pĕlăgus* est du neutre.

TROISIÈME DÉCLINAISON.

§ **42.** Le nominatif des noms de la troisième déclinaison peut être terminé par les voyelles *a*, *e*, *i*, *y*, *o* ou par l'une des consonnes *c*, *l*, *n*, *r*, *s*, *t*, *x*. Mais la désinence *is* du génitif ne s'ajoute pas à tous ces noms de la même manière. De sorte que le génitif de chaque nom mérite une attention particulière.

1. Les noms en *a* sont d'origine grecque et font au génitif *atis*: *poëma*, le poème, gén. *poematis*.

2. Les noms en *e* changent cette lettre en *is*: *măre*, la mer, *maris*.

3. Les noms en *i* et *y* sont grecs: les uns ne se déclinent pas;

comme *gummi*, la gomme; les autres ont au génitif *is* et *yis*, comme *sĭnāpi*, la moutarde, *sĭnāpis*, *mĭsy*, le champignon, *misyis*.

4. Les noms en *o* prennent au génitif la désinence *nis* précédée, pour les uns, de *o* long, comme *Carbo*, *Carbōnis*, le charbon, *leo*, le lion, *leōnis*, *sermo*, le discours, *sermōnis;* de ce nombre sont tous les noms en *io;* pour les autres, de *i* bref comme *ĭmāgo*, l'image, *ĭmagĭnis*, et de même pour tous les noms en *do* qui marquent une qualité : *consuētūdo*, la coutume, *consuetudĭnis*, *sĭmĭlĭtūdo*, similitude, *similitudĭnis;* de même aussi pour *cardo*, gond, *hĭrundo*, hirondelle, *nēmo*, personne, *turbo*, tourbillon. *Apollo* fait *Apollinis*, *căro*, *carnis*, *Ănio*, *Ănĭēnis*.

5. La terminaison *c* ne se trouve que dans *ālec*, saumure, *alēcis* et *lac*, le lait, gén. *lactis*.

6. Les noms terminés en *l* ajoutent *is* au nominatif : *sal*, sel, *sălis;* *sol*, soleil, *sōlis*. *Mel*, miel, fait *mellis*, *fel*, fiel, *fellis*.

7. Les noms en *ēn* font *ēnis;* ceux en *ĕn* font *ĭnis* : *liēn*, la rate, *liēnis*, *rēn*, le dos, *rēnis; carmĕn*, le poème, *carmĭnis*.

Les noms grecs en *an*, *en*, *in*, *yn* sont réguliers : *Pœan*, *Pœānis*, *Siren*, *Sirēnis*, *Eleusin* (plus souvent *Eleusis*) *Eleusinis*, *ăgon*, lutte, *agōnis;* ceux en *on* prennent un *t* devant la désinence, lorsqu'il en est de même en grec : *Xĕnŏphon*, *Xenophontis;* mais *Sŏlon* (plus souvent *Solo*) fait *Solōnis*, *Lăcĕdæmon*, *Lacedæmonis*.

8. Les noms en *r* : *ar*, *er*, *yr* (ces derniers sont grecs) *or*, *ur* ajoutent *is* à la terminaison du nominatif. Mais il faut remarquer ce qui suit :

a.) Ceux en *ar* ont *a* long à l'exception de *Cæsăr*, *jŭbăr*, crinière, *nectăr*, *lăr*, *păr*, égal. *Făr*, farine fait au gén. *farris*, *hĕpăr*, *hepătis*.

b.) Ceux en *er* ont, les uns, *e* bref, comme *muliĕr*, *carcĕr*, la prison, *latĕr*, la brique; les autres perdent cet *e* aux cas obliques, comme *ventĕr*, le ventre, *ventris*, *pătĕr*, *patris*, *september*, *septembris*. *Ver*, le printemps fait *vēris* et *iter*, le chemin, *itĭnĕris*.

c.) Ceux en *or* ont *ō* long, à l'exception de *ădŏr*, fleur de farine, *arbŏr*, arbre, *æquŏr*, la mer, *marmŏr*, le marbre, et l'adjectif *mĕmŏr*, qui se souvient. *Cor* fait *cordis*, et ses composés *concors*, *discors*, *sōcors* ajoutent après le *r* la même terminaison *dis* : *concordis*, *discordis*, etc.

Les noms grecs *Hector*, *Nestor* font *o* bref comme au génit. grec.

d.) *Ebur*, ivoire, *fĕmur*, cuisse, *rŏbur*, chêne, changent au gén. *ur* en *ŏris* : *ebŏris*, *femŏris*, *robŏris*. *Jĕcur*, le foie, outre le génit. *jecăris* prend encore les formes *jecinŏris* et *jocinŏris*.

§ **43.** 9. A la terminaison en *s* appartiennent les noms terminés en *as*, *es*, *is*, *os*, *us*, *aus* et *s* précédé d'une autre consonne.

a.) Les noms en *as* font au gén. *ātis;* *ætas*, *ætātis*, âge. *Anas* seul fait *anătis* (a bref). *Mas*, le mâle, fait *māris*, *vas*, **la caution**, *vādis*, *vas*, le vase, *vāsis*. *Fas* et *nefas* sont indéclinables.

Les noms grecs masculins en ***as*** font au génit. ***antis***, les féminins font *ădis*; ainsi *Dryas* (nom d'homme) gén. *Dryantis*, *Pallas*, nom d'une Déesse, gén. *Pallădis*.

b.) Parmi les noms en ***es*** quelques-uns (*les parisyllabiques*) changent cette terminaison en ***is*** au génitif. Ainsi *œdes*, édifice, génit. *œdis*, *cœdes*, carnage, *cœdis*, *sēdes*, siége, *sedis*, *nūbes*, nuage, *nubis*.

D'autres (*les imparisyllabiques*) changent la désinence *es* du nominatif en ***ĭtis***, ***ĕlis***, ***ēlis***, ***ĭdis***, ***ĕdis***, ***ēdis*** (par l'introduction d'un ***t*** ou d'un ***d*** au génit.). Ainsi *cŏmes*, le compagnon, devient *comĭtis*, *ĕques*, le cavalier, *equĭtis*, *hospes*, l'hôte, *hospĭtis*, *mīles*, soldat, *milĭtis*; *ăbies*, le sapin, *abiētis*, *ăries*, le bélier, *ariētis*, *păries*, le mur, *pariētis*; *quies*, le repos, *quiētis*, *lŏcŭples*, riche, *locuplētis*; *obses*, otage, *obsĭdis*, *præses*, le protecteur, *præsĭdis*; *pes*, le pied, *pĕdis*; *hĕres*, héritier, *herēdis*. *Æs* fait *æris*; *Cĕres*, *Cerĕris*.

c.) Les noms terminés en ***is*** sont en partie parisyllabiques, comme *ăvis*, oiseau, *cīvis*, citoyen, *pānis*, pain, *piscis*, poisson et tous les adjectifs en *is*.

D'autres ont une syllabe de plus au génitif qu'au nominatif et font au génitif ***ĭdis***, ou ***ĭtis***, ou ***ĕris***. Ainsi *cassis*, le casque, fait *cassĭdis*, *cuspis*, la pointe, *cuspĭdis*, *lăpis*, la pierre, *lapĭdis*; *lis*, dispute, fait *lītis*, *Samnis*, le Samnite, *Samnītis*; *cĭnis*, la cendre, *cinĕris*, *pulvis*, la poussière, *pulvĕris*. *Glis*, le loir, fait *glīris*; *sanguis*, le sang, *sanguĭnis*. Les composés de *sanguis* sont parisyllabiques : *exsanguis*, gén. *exsanguis*, pâle.

d.) La terminaison en ***os*** devient au génitif tantôt ***ōtis***, comme dans *săcerdos*, le prêtre, *sacerdōtis*, *nĕpos*, le neveu, *nepōtis*; tantôt ***ōris*** comme dans *os*, la bouche, *flos*, la fleur, *mos*, la coutume, *ros*, la rosée, *hŏnos*, honneur, *lĕpos*, la grâce (on dit aussi *honor* et *lepor*). *Os*, l'os, fait *ossis*, *custos*, le gardien, *custōdis*, *bos*, le bœuf, *bōvis*, *compos*, maître de, *compŏtis*.

Les noms grecs *hĕros*, le héros, *Minos* et *Tros*, le Troyen, font au gén. ***ōis***.

e.) Parmi les noms en ***us*** la plupart des féminins font ***ūtis***, comme *virtus*, la vertu, *jŭventus*, la jeunesse, *sĕnectus*, la vieillesse; *incus*, l'enclume et *palūs*, le marais, font *incūdis*, *palūdis*; mais *tellus* fait *tellūris* et *vĕnus*, beauté (*Venus*, la déesse Vénus) fait *venĕris*.

Les neutres en ***us*** ont en partie leur génitif en ***ĕris*** comme *fūnus*, cortége funèbre, *gĕnus*, le genre, *mūnus*, le présent, *ŏlus*, légume, *ŏnus*, le fardeau, *ŏpus*, l'ouvrage, *pondus*, le poids, *scĕlus*, le crime, *sĭdus*, l'astre, *ulcus*, la plaie, *vulnus*, la blessure; d'autres le font en ***ŏris*** comme *dĕcus*, l'honneur, *dēdĕcus*, le déshonneur, *făcĭnus*, l'action, *fēnus*, l'intérêt, *frīgus*, le froid, *lĭtus*, le rivage, *pectus*, la poitrine, *stercus*, le fumier, *tempus*, le temps, et aussi le nom épicène, *lĕpus*, le lièvre.

I. DU NOM SUBSTANTIF.

Pĕcus (féminin), un animal, fait *pecŭdis* et *pecus* (neutre), le bétail fait *pecŏris*.

Les monosyllabes dont le *u* est long, forment leur génitif en *ūris* : *crus*, l'os de la jambe, *jus*, le droit, *rus*, la campagne, *tus*, l'encens, *mus*, le rat.

Grus, la grue et *sus*, le porc, font *gruis*, *suis*. *Vĕtus*, vieux, fait *vetĕris*.

Les noms grecs en *us* font la plupart *untis*, comme *Amăthus*, Amathonte, *Amathuntis*, *Sĕlĭnus*, Sélinonte, *Selinuntis*. *OEdĭpus*, OEdipe fait *OEdipodis* et *tripus*, trépied, *tripodis*. *OEdipus* fait aussi *OEdipi*.

f.) La terminaison *aus* ne se trouve que dans deux noms : *laus*, la louange et *fraus*, la fraude, génit. *laudis*, *fraudis*.

g.) Parmi les noms dans lesquels *s* final est précédé d'une consonne, ceux en *ls*, *ns*, *rs* changent *s* en *tis*, comme *puls*, la purée, gén. *pultis*, *mons*, la montagne, *montis*, *pars*, la partie, *partis*. *Frons*, le feuillage, *glans*, le gland et *juglans*, la noix, font *frondis*, *glandis*, *juglandis*. *Frons*, le front, fait *frontis*.

Les noms en *bs*, *ps* et *ms* mettent *is* à la place de *s*; ainsi *trabs*, la poutre, gén. *trăbis*, *stirps*, la souche, *stirpis*, *hiems*, l'hiver, *hiĕmis*. *Cœlebs*, célibataire, fait *cœlĭbis*, *princeps*, prince, *princĭpis*, et de même les autres noms en *ceps*; à l'exception de *anceps*, douteux, qui fait *ancĭpĭtis*.

Les noms tirés du grec se règlent d'après leur déclinaison dans cette langue.

§ **44.** 10. La terminaison *t* ne se trouve que dans *căput* et ses composés; génit. *ĭtis*.

11. Les noms terminés par *x*, changent cette lettre en *cis* ou *gis* au génit. : *arx*, la hauteur, *arcis*, *lex*, la loi, *lēgis*.

Ceux en *ax* ont *ā* long au génitif; comme *pax*, la paix, *fornax*, la fournaise et tous les adjectifs en *ax*. Cependant *fax*, la torche, fait *făcis*.

Ceux en *ex* font pour la plupart *ĭcis* au génitif : *judex*, le juge, *artifex*, l'artisan, *sĭlex*, le caillou; mais *vibex*, la meurtrissure, fait *vibīcis*; *rex*, le roi et *lex*, la loi, font *rēgis* et *lēgis*; *grex*, troupeau, *grĕgis*, *nex*, la mort, *nĕcis*, *vervex*, le mouton, *vervēcis*, *rēmex*, le rameur, *remĭgis*, *sĕnex*, vieillard, *sĕnis*, *sŭpellex*, le mobilier, *supellectĭlis*.

Parmi ceux en *ix*, les suivants font *i* pénultième bref : *appendix*, l'appendice, *călix*, la coupe, *fĭlix*, la fougère, *fornix*, la voûte, *hystrix*, le porc-épic, *lārix*, le mélèze, *nătrix*, l'hydre, *pix*, la poix, *sălix*, le saule, *vărix*, varice, *Cĭlix*, Cilicien; génit. *appendĭcis*, *calĭcis*, etc.

Les autres noms en *ix* ont *i* long au génitif, comme *cervix*, le cou, génit. *cervīcis*, et tous les noms en *trix* qui ne conviennent qu'à des femmes, comme *nūtrix*, nourrice, *nutrīcis*. Il en est de même pour *fēlix*, heureux, *pernix*, enclin à. *Nix*, neige, fait *nĭvis*.

Les noms en *ox* font au génitif *ō* long, excepté *præcox*, précoce et *Cappadox*, le Cappadocien. *Nox* fait *noctis*, *Allobrox*, l'Allobroge, *Allobrŏgis*.

Parmi les noms en *ux*, deux seulement ont *u* long : *lux*, la lumière, *lūcis*, *Pollux*, *Pollūcis*. *Conjux*, époux, fait *conjŭgis*.

La terminaison *œx* ne se rencontre que dans le seul mot *fœx*, la lie, gén. *fæcis*.

Les noms grecs en *yx* font au génit. *ycis*, *ycis*, *ygis*, *ygis* selon les désinences correspondantes dans la déclinaison grecque.

§ 45. EXEMPLES OU PARADIGMES
de la troisième Déclinaison.

I. **Noms masculins.** (Voir § 42, 4).

Singulier.

N.	Serm*o*,	le discours,	Ord*o*,	l'ordre,
G.	Serm*ōnis*,	du »	Ord*inis*, de	l' »
D.	Serm*ōni*,	au »	Ord*ini*, à	l' »
A.	Serm*ōnem*,	le »	Ord*inem*,	l' »
V.	Serm*o*,	ô »	Ord*o*,	ô »
A.	Serm*ōne*, du, par le »		Ord*ine*, de, par	l' »

Pluriel.

N.	Serm*ōnes*,	les discours,	Ord*ines*,	les ordres,
G.	Serm*ōnum*,	des »	Ord*inum*,	des »
D.	Serm*ōnibus*, aux »		Ord*inibus*, aux	»
A.	Serm*ōnes*,	les »	Ord*ines*,	les »
V.	Serm*ōnes*,	ô »	Ord*ines*,	ô »
A.	Serm*ōnibus*, d., p. l. »		Ord*inibus*, des, par les »	

Singulier.

(Voir § 42, 8).

N.	Dŏl*or*,	la douleur,	Păt*er*,	le père,
G.	Dolōr*is*,	de la »	Pat*ris*,	du »
D.	Dolōr*i*,	à la »	Pat*ri*,	au »
A.	Dolōr*em*,	la »	Pat*rem*,	le »
V.	Dol*or*,	ô »	Păt*er*,	ô »
A.	Dolōr*e*, de, par la »		Pat*re*, de, par le	»

I. DU NOM SUBSTANTIF.

Pluriel.

N. Dolōres, les douleurs, Patres, les pères,
G. Dolōrum, des » Patrum, des »
D. Dolōribus, aux » Patribus, aux »
A. Dolōres, les » Patres, les »
V. Dolōres, ô » Patres, ô »
A. Dolōribus, des, p. les » Patribus, des, par, les »

Singulier.

(Voir § 43, 9, b et c).

N. Cŏmes, le compagnon, Lăpis, la pierre,
G. Comitis, du » Lapidis, de la »
D. Comiti, au » Lapidi, à la »
A. Comitem, le » Lapidem, la »
V. Comes, ô » Lapis, ô »
A. Comite, de, par le » Lapide, de, par la »

Pluriel.

N. Comites, les compagnons, Lapides, les pierres,
G. Comitum, des » Lapidum, des »
D. Comitibus, aux » Lapidibus, aux »
A. Comites, les » Lapides, les »
V. Comites, ô » Lapides, ô »
A. Comitibus, d., p. les » Lapidibus, des, par les »

Singulier.

N. Cīvis, le citoyen, Cīves, les citoyens,
G. Civis, du » Civium, des »
D. Civi, au » Civibus, aux »
A. Civem, le » Cives, les »
V. Civis, ô » Cives, ô »
A. Cive, de, par le » Civibus, des, par les »

LEXIGRAPHIE. I.

Singulier.

(Voir § 44, 11).

N.	Rex,	le Roi,	Artĭfex,	l'	artisan,
G.	Rēg*is*,	du »	Artifĭc*is*,	de l'	»
D.	Rēg*i*,	au »	Artifĭc*i*,	à l'	»
A.	Rēg*em*,	le »	Artifĭc*em*,	l'	»
V.	Rex,	ô »	Artĭfex,	ô	»
A.	Rēg*e*, du, par le »		Artifĭc*e*, de, par l'		»

Pluriel.

N.	Rēg*es*,	les rois,	Artifĭc*es*,	les	artisans,
G.	Rēg*um*,	des »	Artifĭc*um*,	des	»
D.	Rēg*ibus*,	aux »	Artifĭc*ibus*,	aux	»
A.	Rēg*es*,	les »	Artifĭc*es*,	les	»
V.	Rēg*es*,	ô »	Artifĭc*es*,	ô	»
A.	Rēg*ibus*, des, p. les »		Artifĭc*ibus*, des, p. les		»

Ainsi se déclinent : *pulmo*, le poumon, *cardo*, le gond, *hŏnor*, l'honneur, *victor*, le vainqueur, *venter*, le ventre, *mīles*, le soldat, *pes*, le pied, *piscis*, le poisson, *grex*, le troupeau, *ŏpĭfex* l'ouvrier.

§ 46. II. Noms féminins.

Nātio, v. Sermo, § 45.   Imāgo, v. Ordo, § 45.

Singulier.

(V. § 43, 9.)

N.	Nūb*es*,	le nuage,	Pars,	la	partie,
G.	Nub*is*,	du »	Part*is*,	de la	»
D.	Nŭb*i*,	au »	Part*i*,	à la	»
A.	Nub*em*,	le »	Part*em*,	la	»
V.	Nub*es*,	ô »	Pars,	ô	»
A.	Nub*e*, du, par le »		Part*e*, de, par la		»

Pluriel.

N.	Nūb*es*,	les nuages,	Part*es*,	les	parties,
G.	Nub*ium*,	des »	Part*ium*,	des	»
D.	Nub*ibus*,	aux »	Part*ibus*,	aux	»
A.	Nub*es*,	les »	Part*es*,	les	»
V.	Nub*es*,	ô »	Part*es*,	ô	»
A.	Nub*ibus*, des, p. les »		Part*ibus*, des, par les		»

I. DU NOM SUBSTANTIF.   25

Singulier.

N.	Æt*as*,	l' âge,	Virt*us*,		la	vertu,
G.	Æt*ātis*,	de l' »	Virt*ūtis*,		de la	»
D.	Æt*āti*,	à l' »	Virt*ūti*,		à la	»
A.	Æt*ātem*,	l' »	Virt*ūtem*,		la	»
V.	Æt*as*,	ô »	Virt*us*,		ô	»
A.	Æt*āte*, de, par l' »		Virt*ūte*, de, par la			»

Pluriel.

N.	Æt*ātes*,	les âges,	Virt*ūtes*,		les	vertus,
G.	Æt*ātum*,	des »	Virt*ūtum*,		des	»
D.	Æt*ātibus*,	aux »	Virt*ūtibus*,		aux	»
A.	Æt*ātes*,	les »	Virt*ūtes*,		les	»
V.	Æt*ātes*,	ô »	Virt*ūtes*,		ô	»
A.	Æt*ātibus*, des, p. les »		Virt*ūtibus*, des, par les			»

Pour *Avis*, l'oiseau, voir *cīvis*, § 45 ; *lex*, la loi, voir *rex*, même § ; *nux*, la noix, voir *artĭfex*, même §.

Sur *sermo*, se décline, *actio*, l'action ; sur *ordo*, *virgo*, la jeune fille ; sur *nūbes*, *sēdes*, le siége ; sur *pars*, *ars*, l'art ; sur *ætas*, *œstas*, l'été. *Arx, arcis*, la citadelle et *fax, făcis*, la torche suivent le modèle *pars*.

§ 47. III. Noms neutres.

Singulier.

(V. § 42, 1 et 2).

N.	Poëm*a*,	le poëme,	Măr*e*,		la	mer,
G.	Poëm*ătis*,	du »	Mar*is*,		de la	»
D.	Poëm*ăti*,	au »	Mar*i*,		à la	»
A.	Poëm*a*,	le »	Mar*e*,		la	»
V.	Poëm*a*,	ô »	Mar*e*,		ô	»
A.	Poëm*ăte*, du, p. le »		Mar*i*,	de, par la		»

Pluriel.

N.	Poëm*ăta*,	les poèmes,	Măr*ia*,		les	mers,
G.	Poëm*ătum*,	des »	Măr*ium*,		des	»
D.	Poëm*ătibus*,	aux »	Măr*ibus*,		aux	»
A.	Poëm*ăta*,	les »	Măr*ia*,		les	»
V.	Poëm*ăta*,	ô »	Măr*ia*,		ô	»
A.	Poëm*ătibus*, d., p. l. »		Măr*ibus*, des, par les			»

Pluriel.

(Voir § 42, 6 et 8).

N. Vectīgal, l'impôt, Calcar, l'éperon,
G. Vectigālis, de l' » Calcāris, de l' »
D. Vectigāli, à l' » Calcāri, à l' »
A. Vectigal, l' » Calcar, l' »
V. Vectigal, ô » Calcar, ô »
A. Vectigāli, de, p. l' » Calcāri, de, par l' »

Pluriel.

N. Vectigālia, les impôts, Calcāria, les éperons,
G. Vectigālium, des » Calcārium, des »
D. Vectigālibus, aux » Calcāribus, aux »
A. Vectigālia, les » Calcāria, les »
V. Vectigālia, ô » Calcāria, ô »
A. Vectigālibus, d., p. l. » Calcāribus, des, par les »

Singulier.

(Voir § 42, 7 et § 43, 9, c.)

N. Carmen, le poème, Gĕnus, le genre,
G. Carmĭnis, du » Genĕris, du »
D. Carmĭni, au » Genĕri, au »
A. Carmen, le » Genus, le »
V. Carmen, ô » Genus, ô »
A. Carmĭne, du, par le » Genĕre, de, par le »

Pluriel.

N. Carmĭna, les poèmes, Genĕra, les genres,
G. Carmĭnum, des » Genĕrum, des »
D. Carmĭnibus, aux » Genĕribus, aux »
A. Carmĭna, les » Genĕra, les »
V. Carmĭna, ô » Genĕra, ô »
A. Carmĭnibus, d., p. les » Genĕribus, des, par les »

Ainsi se déclinent : *œnigma*, l'énigme, *mŏnīle*, le collier, *cervĭcal*, l'oreiller, *lăcūnar*, le plafond, *germen*, le germe, *pondus*, le poids.

§ 48. Remarques sur les cas.

1. L'*accusatif* est en *im*, au lieu de *em*, dans *ămussis*, le cordeau, *būris*, le manche de la charrue, *cŭcŭmis*, le concombre,

rāvis, l'enrouement, sĭtis, la soif, tussis, la toux, vis, la violence.

La terminaison *im* est plus usitée que *em* dans fĕbris, la fièvre, pelvis, le bassin, puppis, la poupe, restis, la corde, sĕcūris, la hache, turris, la tour.

La terminaison *im* est moins commune que *em* dans clāvis, clef, messis, la moisson, nāvis, le vaisseau, sēmentis, la semaille, strĭgĭlis, le strigile.

§ 49. 2. L'*ablatif* est en *i* au lieu d'être en *e* :

a.) Dans les noms qui font l'*accusatif* en *im*. Ceux qui admettent les deux formes *im* et *em* ont aussi à l'*ablatif* la double forme *i* et *e*.

b.) Dans les noms neutres en *e, al, ar*; ainsi mări, mŏnĭli, vectigāli, calcāri. Cependant l'ablatif est en *e* seulement dans far, farris, la farine, baccar, baccāris, le nard, hēpar, hepātis, le foie, nectar, nectăris, le nectar, sal, le sel et les noms de villes comme Reāte, Prœneste.

c.) Dans les adjectifs en *is, e* et en *er, is, e*, ainsi făcĭli, levi, grăvi, ācri.

Quand ces adjectifs sont employés substantivement, ils conservent encore la forme *i* à l'ablatif ; mais, ils prennent la forme *e* lorsqu'ils deviennent noms propres : ainsi, æquāli de æqualis, le contemporain, affīni de affinis, le parent, annāli, de annalis (s. ent. lĭber), les annales, fămĭliāri, de familiaris, l'ami ; mais Jŭvĕnālis, Martiālis, Lătĕrensis, devenus noms propres, font à l'ablatif Juvenale, Martiale, Laterense.

Ædĭlis, l'édile et jŭvĕnis, le jeune homme ont aussi l'ablatif en *e*.

Les adjectifs qui n'ont qu'une seule terminaison pour les trois genres et les participes terminés en *ns* n'ont pas de forme fixe pour l'ablatif : il est tantôt en *i*, tantôt en *e*.

Font ordinairement l'ablatif en *i* : mĕmor qui se souvient, immemor qui ne se souvient pas, par, égal, les adjectifs en *cors* (concors, discors, etc.), la plupart de ceux en *x* comme ătrox, atroce, audax, audacieux ; ceux en *plex* comme simplex, simple ; ceux en *ceps* comme anceps, douteux et, en outre, ĭners, inhabile, ingens, grand, ĭnops, pauvre, rĕcens, récent, rĕpens, subit, tĕres, arrondi.

Font le plus souvent l'ablatif en *e* : pauper, pauvre, hospes, hôte, sospes, sauveur, cœlebs, célibataire, compos, maître de, impos, qui n'est pas maître de, sŭperstes, qui survit, et les composés de pes, de corpus et de cŏlor comme bĭpes, bĭcorpor, versĭcolor.

L'ablatif des comparatifs est en *e* chez les meilleurs écrivains.

§ **50.** 3. Plusieurs noms neutres ont *ia* au lieu de *a* au *nominatif*, au *vocatif* et à l'*accusatif* du pluriel, savoir :

a.) Ceux en *e*, *al* et *ar*, qui ont l'ablatif en *i*; ainsi *măria*, *vectigālia*, *calcāria*.

b.) Les adjectifs et les participes de la troisième déclinaison. *Vĕtus* (vieux) seul et tous les comparatifs font *a* : *vĕtĕra*, *mājōra*, *plūra*; mais *complūres* fait *compluria* aussi bien que *complura*.

§ **51.** 4. Ont le *génitif pluriel* en *ium* particulièrement tous les noms qui prennent *i*, ou *e* et *i* à l'ablatif singulier, ainsi :

a.) Les neutres en *e*, *al*, *ar*;

b.) Les adjectifs et les participes dénommés aux §§ 49, c. et 50, b.

Mais la terminaison *um* se conserve dans tous les comparatifs et en outre dans *cĕler*, rapide, *consors*, qui vit en commun, *exsors*, privé de, *dīves*, riche, *dēgĕner*, dégénéré, *inops*, pauvre, *mĕmor*, *immemor*; *supplex*, suppliant, *ūber*, fécond, *vĕtus*, vieux, *vĭgil*, qui veille; et dans les composés de *căput*, *căpio*, *făcio*; ainsi : *ancĭpĭtum*, *princĭpum*, *artĭfĭcum*.

Lŏcŭples prend la double forme en *um* et en *ium*. *Plūres* fait toujours *plurium*.

En outre encore ont le génitif pluriel en *ium* :

a.) Les noms parisyllabiques en *es*, *is*, *er*; ainsi : *nūbium*, *hostium*, *imbrium* (et aussi *carnium* de *caro*), excepté *accĭpĭter*, l'épervier, *cănis*, le chien, *frāter*, le frère, *jŭvĕnis*, le jeune homme, *māter*, la mère, *pānis*, le pain, *păter*, le père, *prōles*, la descendance, *strues*; le tas, *vātes*, le devin. *Apis*, l'abeille, *strĭgĭlis*, le strigile, *vŏlŭcris*, l'oiseau, ont les deux formes.

b.) Les substantifs terminés par les lettres *s* ou *x* précédées d'une consonne; ainsi : *glandium*, *infantium*, *dentium*, *arcium*, *partium*; excepté *hiems*, l'hiver et *ops*, la puissance, les polysyllabes en *ps*, comme *ădeps*, la graisse, et les noms grecs, comme *Arabs*, l'Arabe, *Cyclops*, le Cyclope. On trouve les deux formes *um* et *ium* pour *părens*, *săpiens* et *ănĭmans*, l'être animé, et quelques autres.

c.) Les noms de peuples en *as*, comme *Arpīnas*, d'Arpinum, *Antias*, d'Antium, mais pas sans exception. *Optĭmas*, le grand, *pĕnas*, le dieu pénate, *nostras*, qui est de notre pays, ont aussi le génitif pluriel en *ium*. Mais les féminins en *tas* prennent la forme *um* : *œtas*, *œtātum*.

d). Beaucoup de noms d'une syllabe, comme *fauces* (le nom. sing. *faux* est inusité) la gorge, *glis*, le loir, *lis*, le procès, *mas*,

I. DU NOM SUBSTANTIF.

le mâle, *mus*, le rat, *nix*, la neige, *nox*, la nuit, *os* (ossium) l'os, *vis* (virium) la force.

Les noms grecs font *um* : *Phryx*, le Phrygien, *Phrygum*; *Tros*, le Troyen, *Trōum*; *Thrax*, le Thrace, *Thrācum*.

Rem. 1. Les polysyllabes terminés par *x* précédé d'une voyelle, ont *um* au génitif pluriel ; par exemple, *cervix*, le cou, *radix*, la racine, *jūdex*, le juge.

2. Quelques noms font au génitif pluriel *orum* au lieu de *um* ou *ium*; tels sont *Bacchānālia*, les fêtes de Bacchus, *Sāturnālia*, les fêtes de Saturne, *Termĭnālia*, les fêtes du dieu *Terme* et, en outre, *ancīle*, l'ancile (petit bouclier), *vectīgal*, l'impôt, *torcŭlar*, le pressoir.

§ 52. 5. Au *datif* et à l'*ablatif* du *pluriel*, les noms neutres en *ma* tirés du grec, font plus souvent *is* que *ibus*; ainsi *poëmătis* pour *poëmătibus* de *poëma*, *ĕpĭgrammătis* de *epigramma*.

§ 53. Parmi les noms dont la déclinaison est irrégulière, il faut remarquer *Jūpiter*, *Jŏvis*, *Jovi*, *Jovem*, *Jove*; *bōs*, *bŏvis*, etc., *boves*, *boum*, *bobus* et *bubus*; *lac*, *lactis*; *mel*, *mellis*; *sĕnex*, *sĕnis*. Le datif et l'ablatif pluriel de *sus*, *suibus*, sont souvent contractés en *sūbus*. *Vas*, *vāsis*, le vase, se décline au pluriel d'après la deuxième déclinaison : *vāsa*, *vasōrum*, etc.

§ 54. Noms grecs de la troisième déclinaison.

La plupart des noms grecs de la troisième déclinaison suivent la déclinaison latine, mais avec les exceptions suivantes :

1. Génitif. Le génitif peut prendre la désinence *os* au lieu de *is* dans la plupart des noms dont le radical finit par la lettre *d*, comme *Pallas*, gén. *Pallădos*.

Les noms en *eus* (ευς) se déclinent généralement d'après la 2me déclinaison latine : *Orpheus*, *Orphĕi*, *Orphĕo*.

Les noms en *is* ont ordinairement le génitif latin régulier en *is* comme *băsis*, la base, *poësis*, la poésie, *mathĕsis*, l'astrologie.

Les noms en *o* long (ω) ont, comme en grec, le *génitif* en *us* (ους), le *datif* et l'*accusatif* en *o*, mais ils prennent aussi les formes latines *oni*, *onem* : *Sappho*, gén. *Sapphus*, dat. *Sappho* ou *Sapphŏni*, acc. *Sappho* ou *Sapphōnem*.

Les noms propres grecs en *es*, tels que *Dēmosthĕnes*, *Aristīdes*, *Pĕrĭcles*, font leur *génitif* en *is* ou en *i* : *Demosthenis* et *Demostheni*, *Aristidis* et *Aristidi*, *Periclis* et *Pericli*.

§ 55. 2. Accusatif. L'accusatif grec en *a* est souvent conservé, non-seulement dans les noms dont le radical est terminé par une consonne, comme *Pallas*, acc. *Pallăda*, mais encore dans les noms en *eus*, comme *Orpheus*, acc. *Orphea*, tout aussi bien que *Orpheum*.

La terminaison grecque *in* (ιν, acc. des noms en ις) se conserve assez fréquemment en latin, mais la désinence latine *im* se rencontre plus fréquemment encore. — Dans les noms où la langue grecque admet les terminaisons *in* et *ida* (ιν, ιδα) le latin permet l'usage simultané de *in*, *im*, *idem* et *ida* (cette dernière désinence dans les noms féminins seulement); *Dōris* peut avoir pour accus. les quatre formes : *Dorin*, *Dorim*, *Dorĭdem*, *Dorĭda*.

Les noms en *ys*, *ydis* prennent à l'accusatif *dem* et *da*; ceux en *ys*, *yis* font *yn* aussi bien que *ym*; ainsi *chlămys* fait *chlamĭdem* et *chlamĭda*; *Hălys* fait *Halyn* et *Halym*.

Au § 35, Rem. 5, il a déjà été observé que la plupart des noms grecs en *ēs* (ης, gén. ου) de la première déclinaison suivent en latin la troisième en *es*, gén. *is*. De là les accusatifs *Æschĭnen*, *Hypĕrĭden*, *Sōcrătĕn*, aussi bien que *Æschinem*, *Hyperidem*, *Socratem*.

§ 56. 3. Vocatif.
Les noms en *as*, *antis* prennent au vocatif, outre la terminaison ordinaire *as*, la forme en *a* : *Atlas*, voc. *Atla*.

Les noms en *es*, gén. *ous* (ης gén. ους), en latin *es*, gén. *is* ou *i* comme *Sōcrătes*, *Damocles*, ont au vocatif *es* aussi bien que *e*; ainsi. *Socrates* et *Socrate*.

Les noms en *eus* ont au vocatif *eu* : *Orpheus*, voc. *Orpheu*. Ceux en *is* perdent *s* au vocatif, comme en grec : *Daphnis*, voc. *Daphni*. Ceux en *ys* ont le vocatif en *y*; *Tiphys*, voc. *Tiphy*.

§ 57. 4. Ablatif singulier.
L'ablatif singulier est en *i* dans tous les noms parisyllabiques qui ont *im* ou *in* à l'accusatif; ainsi *Neāpolis* fait *Neapoli*. *Phyllis*, au contraire, gén. *Phyllidis* fait à l'ablat. *Phyllide*.

§ 58. 5. Pluriel.
Le **nominatif** se termine souvent en *ĕs* (e bref) comme en grec, au lieu de *ēs* (e long) comme les noms latins; p. ex. *Arcadĕs*.

Les neutres en *os* comme *ĕpos* ont le nomin. pluriel en *ē* (long) *epē* (ἔπεα, ἔπη).

Au **génitif** la terminaison *on* (ων) ne se rencontre que dans les noms de peuples et dans les titres de livres comme *Chălybōn*, *mĕtămorphōseōn*.

Au **datif** et à l'**ablatif** la terminaison *si* a quelquefois été employée dans les noms féminins : *Lemniăsi* pour *Lemniadibus* de *Lemnias*.

Sur les neutres en *ma*, voir § 52.

A l'**accusatif** on rencontre *ăs* au lieu de *ēs* : *Macedŏnăs*, *Thracăs*, *Æthiopăs*, de *Măcĕdo*, *Thrax*, *Æthiops*.

§ 59. Genre des noms de la troisième déclinaison.

I. **Masculin.** Sont *masculins* les noms en *o*, *or*, *os*, *er* et les imparisyllabiques en *es*; p. ex. *Sermo*, le discours, *călor*, la chaleur, *flos*, la fleur, *passer*, le moineau, *cæspes*, le gazon.

I. DU NOM SUBSTANTIF.

Exceptions. 1. *Terminaison o.* Sont *féminins :*

a.) Les noms en *do* et *go*, comme ărundo, le roseau, consuētūdo, la coutume, ĭmāgo, l'image, ŏrīgo, l'origine.

Cependant les noms suivants sont masculins, d'après la règle générale : *cardo*, ĭnis, le gond, *ordo*, ĭnis, l'ordre, *lĭgo*, ōnis, le hoyau, *margo*, ĭnis, le bord, *harpăgo*, ōnis, le croc.

b.) Les noms en *io*, surtout ceux qui sont dérivés des verbes, comme *actio*, l'action, *vēnātio*, la chasse, *ōrātio*, le discours, *nātio*, la nation, *ŏpīnio*, l'opinion.

Beaucoup de noms en *io*, cependant sont du *masculin;* p. ex., *pūgĭo*, le poignard, *scĭpĭo*, le bâton, *septentrio*, le nord, *tĭtĭo*, le tison, *ūnio*, la perle; en outre, les substantifs marquant des nombres, comme *ternio*, le nombre trois; enfin beaucoup de noms d'animaux, comme *scorpio*, le scorpion, *vespertilio*, la chauvesouris.

c.) Căro, *carnis*, la chair, la viande.

2. *Terminaison or.* Arbor, l'arbre est du féminin. Cor, *cordis*, le cœur, *marmor*, le marbre, *œquor*, la mer, ădor, l'épeautre, sont du neutre.

3. *Terminaison os.* Féminins sont : *cos*, *cōtis*, la pierre à aiguiser, *dos*, *dŏtis*, la dot; neutres sont *os*, *ōris*, la bouche, *os*, *ossis*, l'os.

4. *Terminaison er.* Linter, le canot, est plus souvent féminin que masculin. Sont *neutres* : cădāver, ĕris, le cadavre, ĭter, ĭtĭnĕris, le voyage, păpāver, papavĕris, le pavot, pĭper, ĕris, le poivre, *ver*, vēris, le printemps, verber, ĕris, le fouet (le coup) et plusieurs autres.

5. Parmi les imparisyllabiques en *es* sont féminins : *merces*, ēdis, la récompense, sĕges, ĕtis, le champ de blé, *quies*, ētis et *rĕquies*, le repos, *compes*, ĕdis, l'entrave; — āles, l'oiseau et *quădrŭpes*, le quadrupède, sont des noms communs.

§ **60.** **II. Féminin.** Sont *féminins* les noms en **as, is, ys, aus, x ; s** précédée d'une consonne et les parisyllabiques en **es**; p. ex. œtas, l'âge, *auris*, l'oreille, *chĕlys*, le luth, *laus*, *laudis*, la louange, *rādix*, *radicis*, la racine, *hiems*, ĕmis, l'hiver, *nūbes*, *is*, le nuage.

Exceptions. 1. *Terminaison as. Masculins* sont *as*, *assis*, l'as et les noms grecs en *as*, *antis*, comme ĕlĕphas, l'éléphant; ădămas, l'acier, (le diamant).

Neutres sont *vas*, *vasis*, le vase, et les noms indéclinables *fas* et *nefas*, le juste et l'injuste.

50   LEXIGRAPHIE. I.

2. *Terminaison* is. Sont *masculins* : *amnis*, le fleuve, *anguis*, le serpent, *axis*, l'axe, *callis*, le sentier, *caulis*, la tige, *cĭnis* la cendre, *collis*, la colline, *crīnis*, le cheveu, *ensis*, l'épée, *fascis*, le faisceau, *fīnis*, la fin, *fūnis*, la corde, *fustis*, le bâton, *ignis*, le feu, *lăpis*, la pierre, *mensis*, le mois, *orbis*, le cercle, *pānis*, le pain, *piscis*, le poisson, *postis*, le poteau, *pulvis*, *eris*, la poussière, *sanguis*, *inis*, le sang, *unguis*, l'ongle, *vermis*, le ver.

Rem. Plusieurs adjectifs pris substantivement sont aussi du masculin ; à cause du substantif sous-entendu, comme *annālis* (sc. *liber*), la chronique, pl. *annales* (*libri*), les annales. — Pour les noms de fleuves, voir § 24, I, 2).

3. *Terminaison* ys. Elle ne comprend que des noms de fleuves et de montagnes qui sont tous du masculin ; comme *Hălys*, *Othrys*.

4. *Terminaison* x. Sont *masculins* :

a.) Les noms grecs en *ax*, comme *thōrax*, la cuirasse.

b.) Un grand nombre de noms en *ex*, comme *ăpex*, le sommet, *caudex*, le tronc (d'un arbre), *cōdex*, le code, *cīmex*, la punaise, *cortex*, l'écorce, *cŭlex*, le moucheron, *frŭtex*, l'arbuste, *grex*, *grĕgis*, le troupeau, *pollex*, *ĭcis*, le pouce, *pūlex*, le puceron, *vertex*, le sommet.

c.) Les noms en *ix* : *călix*, la coupe, *fornix*, la voûte, *phœnix*, le phénix ; ceux en *yx* : *bombyx*, le ver-à-soie.

5. *Terminaison* s précédée d'une consonne. Les noms de cette désinence sont masculins : *dens*, *dentis*, la dent, *fons*, la source, *mons*, la montagne, *pons*, le pont, *chălybs*, l'acier, et quelques adjectifs et participes employés substantivement, à cause du substantif sous-entendu ; p. ex., *ŏriens* (*sol*), l'orient, *occidens* (*sol*), l'occident, *torrens*, (*amnis*), le torrent.

6. Parmi les parisyllabiques en *es* les suivants sont masculins : *ăcīnăces*, le cimeterre, *vepres*, le buisson épineux, *pălumbes*, le ramier.

§ 61. III. **Neutre.** Sont neutres les noms terminés par *a, e, i, y, c, l, n, t, ar, ur, us;* comme *ărōma*, le parfum, *măre*, la mer, *sĭnāpi*, la moutarde, *mĭsy*, la truffe, *lac*, le lait, *vectīgal*, l'impôt, *carmen*, le poème, *căput*, la tête, *calcar*, l'éperon, *robur*, la force, *gĕnus*, le genre.

Exceptions : Sont *masculins* le plur. *sales*, bons mots (du neutre *sal*, le sel) *sōl*, le soleil, *turtur*, la tourterelle, *vultur*, le vautour, *lĕpus*, le lièvre, *mus*, la souris.

I. DU NOM SUBSTANTIF. 31

Sont *féminins*, les noms en *us* gén. *ūdis* et *ūtis*; p. ex., *pălus*, le marais, *sălus*, le salut; — *pĕcus*, *ŭdis*, la tête de bétail, l'animal et *tellus*, la terre, sont neutres d'après la règle générale.

§ 62. QUATRIÈME DÉCLINAISON.

Le nominatif de la quatrième déclinaison est terminé en *us* pour les noms masculins et les féminins, et *u* pour les neutres. Ces derniers sont indéclinables au singulier. On trouve pourtant quelques exemples d'un génitif en *us* : *cornūs*, de la corne.

Singulier.

Masculin.

Neutre.

N. Fruct*us*,   le fruit,   Corn*u*,   la corne,
G. Fruct*us*,   du »   Corn*u*,   de la »
D. Fruct*ui*,   au »   Corn*u*,   à la   »
A. Fruct*um*,   le »   Corn*u*,   la   »
V. Fruct*us*,   ô   »   Corn*u*,   ô   »
A. Fruct*u*, de, par le »   Corn*u*, de, par la »

Pluriel.

N. Fruct*us*,   les fruits, Corn*ua*,   les cornes,
G. Fruct*uum*,   des   »   Corn*uum*,   des   »
D. Fruct*ibus*,   aux   »   Corn*ibus*,   aux   »
A. Fruct*us*,   les   »   Corn*ua*,   les   »
V. Fruct*us*,   ô   »   Corn*ua*,   ô   »
A. Fruct*ibus*, des, p. les »   Corn*ibus*, des, par les »

Ainsi se déclinent :

cœtus, l'assemblée,   *gĕnu*, le genou,
grădus, le degré,   *vĕru*, la broche.

Rem. 1. Les noms suivants ont au datif et à l'ablatif pluriel *ŭbus* au lieu de *ĭbus* : *ăcus*, l'aiguille, *arcus*, l'arc, *lăcus*, le lac, *spĕcus*, la grotte, *trĭbus*, la tribu, *pĕcus*, le bétail. On emploie les formes *ibus* et *ubus* pour le datif et l'ablatif pluriels de *artus*, le membre, *portus*, le port, *sĭnus*, le golfe, *tŏnĭtru*, le tonnerre, *gĕnu*, le genou, *vĕru*, la broche.

2. Le mot *dŏmus* suit en partie la seconde et en partie la quatrième déclinaison. En voici la déclinaison complète :

LEXIGRAPHIE. I.

	Singulier.			Pluriel.	
N.	Dŏm*us*,	la maison,	Dom*ūs*,		les maisons,
G.	Dom*ūs*,	de la »	Dom*uum* et dom*orum*,		des »
D.	Dom*ui*,	à la »	Dom*ibus*,		aux »
A.	Dom*um*,	la »	Dom*ūs* et dom*os*,		les »
V.	Dom*us*,	ô »	Dom*us*,		ô »
A.	Dom*o*,	de, par la »	Dom*ibus*,	des, par les »

L'ancien génitif *domi* signifie *à la maison* ; l'accusatif *domum*, *vers la maison*.

§ 63. Genre des noms de la quatrième déclinaison.

Les noms en **us** sont *masculins* à l'exception des suivants qui sont *féminins* : *ăcus*, l'aiguille, *ănus*, la vieille femme, *domus*, la maison, *mănus*, la main, *nurus*, la bru, *portĭcus*, le portique, *socrus*, la belle-mère, *trĭbus*, la tribu et le pluriel *īdus*, *iduum*, les ides.

Les noms en **u** sont du genre *neutre*.

Rem. Parmi les noms neutres, *cornu*, *gĕnu* et *vĕru* seulement s'emploient sous cette forme. Pour les autres noms, il existe aussi des formes en *us*, ou bien certains cas seulement sont usités ; c'est ainsi que le nominatif *tŏnĭtru* est inusité et que *gĕlu*, la gelée, n'a que l'ablatif.

CINQUIÈME DÉCLINAISON.

§ 64.
Le *nominatif* des noms de la cinquième déclinaison se termine en *es*; elle ne comprend que des noms *féminins* à l'exception de *dies* qui est du masculin et du féminin. V. *Rem.* 3.

Exemples : **Singulier.**

N.	Di*es*,	le jour,	Fĭd*es*,		la fidélité,
G.	Di*ĕi*,	du »	Fĭd*ĕi*,	de la	»
D.	Di*ēi*,	au »	Fĭd*ēi*,	à la	»
A.	Di*em*,	le »	Fĭd*em*,	la	»
V.	Di*es*,	ô »	Fĭd*es*,	ô	»
A.	Di*ē*,	du, par le »	Fĭd*ē*,	de, par la	»

1. DU NOM SUBSTANTIF.

Pluriel.

N. Di*es*, les jours,
G. Di*erum*, des »
D. Di*ebus*, aux » *Fides* n'a pas de pluriel.
A. Di*es*, les »
V. Di*es*, ô »
A. Di*ebus*, des, par les »

Ainsi se déclinent : *făcies*, le visage, *spĕcies*, la forme, *res*, la chose, *spes*, l'espérance.

Rem. 1. Le *e* du génitif et du datif est long lorsqu'il est précédé d'une voyelle, comme dans *diēi*; il est bref au contraire lorsqu'il est précédé d'une consonne, comme dans *fidĕi*.

2. Peu de noms de la cinquième déclinaison sont usités au pluriel. *Dies*, *res* et *spĕcies*, sont les seuls mots dont la déclinaison soit complète. — Le nominatif et l'accusatif pluriel sont usités pour les noms suivants : *ăcies*, le tranchant, *effĭgies*, l'image, *făcies*, le visage, *glăcies*, la glace, *spes*, l'espérance.

3. *Dies* est masculin et féminin au singulier; au pluriel il n'est que masculin. *Mĕrīdies*, le milieu du jour est toujours masc.; il n'a pas de pluriel.

DÉCLINAISON IRRÉGULIÈRE.

§ **65.** I. **Substantifs défectifs.** On nomme ainsi les substantifs dont certains cas ne sont pas usités, ou qui ne sont employés qu'à l'un des deux nombres.

A. *Défectifs quant au nombre.*

1. Les noms suivants n'ont que le *singulier* : les *noms propres* en général, les noms abstraits d'*âge*, de *vertu*, de *vice*, etc., comme *jŭventus*, jeunesse, *sĕnectus*, vieillesse, *piĕtas*, piété, *justĭtia*, justice; les noms *collectifs*, comme *vulgus*, *plebs*, le peuple; les noms de matière comme *aurum*, l'or, *aes*, l'airain. Ces derniers peuvent cependant avoir un pluriel dans des acceptions particulières : *aera*, des vases, des ustensiles d'airain, *ligna*, des bois de différentes espèces.

2. Le *pluriel* seul est usité dans beaucoup de *noms de peuples*, de *groupes d'îles*, de *montagnes*, de *villes*, comme *Abŏrigĭnes*, *Bălĕāres*, *Alpes*, *Athēnae*; la plupart des noms de *fêtes* comme *Bacchānālia*, *Sāturnālia*, *Lătīnae*, (*feriae*); dans beaucoup de noms appellatifs comme *ambăges*, les détours, *argūtiae*, les subtilités, *arma*, les armes, *cōdĭcilli*, les tablettes, *crĕpundia*, le sistre,

dēlĭciæ, les délices, exta, les entrailles, fĭdes, les cordes de la lyre, infĕri, les enfers, insĭdiæ, les embûches, libĕri, les enfants, mājōres, les ancêtres, mānes, les mânes, mœnia, les murs (d'une ville), nūgæ, des bagatelles, prĕces, les prières, rĕlĭquiæ, les restes, sordes, les souillures, sŭpĕri, les dieux supérieurs, viscĕra, les entrailles. — Dans beaucoup de mots de cette espèce la signification plurielle primitive est perdue et on ne se représente plus la chose que comme simple : angustiæ, embarras, situation difficile, bīgæ, quadrīgæ, attelage à deux, à quatre chevaux, cancelli, grille, clītellæ, bât, cūnæ, berceau, ĕpulæ, repas, excŭbiae, garde, exsĕquiæ, obsèques, grātes, reconnaissance, hăbēnæ, rênes, nundĭnæ, jour de marché, nuptiæ, noces, scōpæ, ramilles, tĕnĕbræ, l'obscurité.

Rem. Dans beaucoup de noms la signification du pluriel est essentiellement différente de celle du singulier ; p. ex. :

æd*ēs*, ĭs, le temple ;   ædes, ium, l'édifice.
ăqua, æ, l'eau ;   ăquæ, arum, la source minérale.
auxĭlium, i, le secours,   auxĭlia, orum, les troupes auxiliaires.

carcĕr, la prison ;   carcĕres, la barrière, l'enceinte.
castrum, le fort, le château ;   castra, le camp.
cēra, la cire ;   cēræ, les tablettes.
cŏmĭtium, lieu où se tenait l'assemblée du peuple à Rome ;   cŏmĭtia, les comices, assemblée du peuple.
cōpia, l'abondance ;   cōpiae, les troupes.
cŭpēdia, la gourmandise ;   cŭpēdiae, le morceau friand.
fīnis, la fin ;   fīnes, les limites.
fortuna, la fortune ;   fortūnæ, les biens.
impĕdīmentum, l'empêchement ;   impĕdimenta, les bagages.
littĕra, la lettre de l'alphabet ;   littĕræ, la lettre, l'épître.
(ops) ŏpis, le secours ;   ŏpes, les richesses, les ressources.
ŏpĕra, la peine ;   ŏpĕræ, les ouvriers.
pars, la part ;   partes, le rôle, le parti.
rostrum, le bec ;   rostra, la tribune aux harangues.
sal, le sel ;   săles, les bons mots.

§ 66. *B. Défectifs quant aux cas.* On appelle ainsi les noms dont certains cas ne sont pas usités. Voici les plus importants :

ambāges, les détours, n'est usité qu'à l'ablat. singulier et à tous les cas du pluriel.
arbĭtrātus, l'opinion, n'a que le nom. l'acc. et l'ablat. du singul.
cŏlus, la quenouille, gén. sing. colūs ou coli, pas de datif, acc. colum, abl. colū et colo ; pluriel, nom. colūs, acc. colos et colūs.

I. DU NOM SUBSTANTIF.

compes (*edis*), l'entrave, le sing. n'a que l'abl. ; le pluriel a tous les cas.
daps, le repas ; le nom. sing. de ce mot a vieilli.
faux, le gosier ; l'abl. est le seul cas du sing. qui soit usité.
fors, le hasard, le nom. et l'ablat. sing. sont les seuls cas en usage.
(*frux*), *frūgis*, le fruit ; le nom. sing. ne s'emploie pas.
grātes, actions de grâce, n'a que le nom. et l'accus. du pluriel.
infĭtĭas, n'est usité qu'à l'accus. plur. dans l'expression *infĭtias ire*, nier.
inquies, remuant, inquiet, ne s'emploie qu'au nom. sing.
jūgĕrĕ, *jugeribus*, l'arpent ; ces deux ablat. sont les seuls cas usités ; pour les autres cas, on a la forme *jugerum*, *jugeri*.
lues, le fléau, la contagion, a le nom., l'acc. et l'abl. du sing.
mānĕ, le matin ; nom., acc., abl. sing.
(*ŏbex*), l'obstacle, n'a au sing. que l'abl. *obĭce* et *objĭce*, mais tous les cas du plur.
(*ops*), secours, pl. ressources, richesses ; gén. acc. abl. sing.; tous les cas du plur.
pondo, ablatif isolé, signifiant *de poids*, et par extension *livre*. *centum pondo*, cent livres.
(*prex*), la prière, n'a au sing. que l'abl. *prĕce* ; le pluriel est complet.
sordes, la souillure, n'a au sing. que l'acc. et l'abl.; le plur. en entier.
(*spons*), la volonté, usité seulement au gén. *spontis* et à l'abl. *sponte*.
vēnum, la vente, ne se trouve qu'à l'acc. sing. dans l'expression *venum dare* ou *trādĕrĕ*, mettre en vente.
verber, le fouet ; au sing. gén. et abl. seulement ; tout le pluriel.
vesper, le soir, d'après la seconde déclin. : acc. *vesperum*, et, d'après la 3ᵉ décl. abl. *vespere*.
(*vix*) le tour, la vicissitude ; gén. *vĭcis*, acc. *vicem*, abl. *vice* sont les seuls cas usités au sing.; le pluriel a tous les cas, excepté le génitif.
vis, force, violence, ne se rencontre au sing. qu'au nom., à l'acc. et à l'ablatif. ; au plur. il a tous ses cas : *vires*, *virium*, etc.

§ 67. *Noms indéclinables ou défectifs quant à la déclinaison.*

Ce sont les noms qui gardent à tous les cas la forme du nominatif :

1. Les neutres de la quatrième déclinaison au sing. : *cornu*.
2. Les noms grecs en *i* et en *y*, comme *gummi*, *sĭnāpi*, *asty*.
3. Les noms des lettres de l'alphabet en latin et en grec, au sing. et au plur.

4. Les mots *pondo* (§ 66) et *semis*, un demi as.

5. Tous les mots n'appartenant pas à la classe des noms et qui sont employés substantivement, comme *illud vale*, cet adieu.

§ 68. II. Noms surabondants.

On appelle ainsi les noms qui, sous une même signification, ont plusieurs formes et différentes flexions. A cette espèce appartiennent :

1. Les noms qui ont une double forme de nominatif, comme *fēles* et *fēlis*, le chat, *vulpes* et *vulpis*, le renard, *vōmer* et *vōmis*, le soc de charrue.

2. Les noms qui ont une double forme pour les cas obliques, sous une même forme ou sous deux formes différentes de nominatif.

Tels sont les noms en *us*, génit. *i* et *um*, gén. *i* (*noms hétérogènes*), comme *callus*, le durillon, et *callum*, *băcŭlus*, le bâton, et *băcŭlum*, *clĭpeus*, le bouclier, et *clĭpeum*. *Lŏcus*, gén. *loci*, le lieu, a les deux pluriels *loci* et *loca* ; ce dernier a la signification de lieux, endroits ; *loci* signifie les passages d'un livre, preuves, lieux oratoires ; *Jŏcus* a les deux formes de pluriel *joci* et *joca* dont la dernière est la plus usitée ; *sĭbўlus*, sifflement, fait au pluriel *sibili* et *sibil* (*orum*) ; de *carbăsus* (fém.), la toile à voile, on a le plur. *carbasi* (masc.) et *carbasa* (neutre); de *Tartărus* on a le plur. *Tartara*; de *rastrum* hoyau on a *rastri*; de *cœlum*, ciel, *cœli*.

Les terminaisons *a* et *um* peuvent aussi exister simultanément (*noms hétéroclites*), comme *menda* et *mendum*, la faute, le défaut. Le pluriel de quelques substantifs appartient à une autre déclinaison que le singulier : *dēlĭcium*, *ĕpŭlum*, plur. *deliciæ*, *epulæ*, délices, festins ; *balneum*, bain, fait au plur. *balneæ, arum* et *balnea, orum*.

Les terminaisons *a* (1re déc.) et *es* (5e déc.) sont simultanément usitées dans *barbăria*, le pays étranger, et *barbăries*, la barbarie, cruauté, *dūrĭtia* et *dūrĭties*, dureté, *mollĭtia* et *mollĭties*, mollesse, *luxŭria* et *luxŭries*, le luxe et la luxure.

II. Du nom Adjectif.

§ 69. L'adjectif a aussi genre et déclinaison.

1. Beaucoup d'adjectifs ont une forme particulière pour chacun des trois genres (*adjectifs à trois terminaisons*), savoir :

II. DU NOM ADJECTIF.

Pour le masculin,   pour le féminin,   pour le neutre,

ou   **us** . . . . . **a** . . . . **um**.
ou bien   **er** . . . . . **a** . . . . **um**.
ou bien encore **er** . . . . . **is** . . . . **e**.

Les deux premières espèces se déclinent d'après la seconde déclinaison pour le masculin et le neutre, et d'après la première, pour le féminin.

La troisième espèce suit, pour les trois genres, la troisième déclinaison.

Exemples d'adjectifs à trois terminaisons suivant les deux premières déclinaisons :

Bonus, bona, bonum, bon, bonne et Liber, libera, liberum, libre.

Singulier.

N. Bŏnus	bona	bonum,	Līber	libera	liberum,
G. Boni	bonae	boni,	Liberi	liberae	liberi,
D. Bono	bonae	bono,	Libero	liberae	libero,
A. Bonum	bonam	bonum,	Liberum	liberam	liberum,
V. Bone	bona	bonum,	Liber	libera	liberum,
A. Bono	bona	bono.	Libero	libera	libero.

Pluriel.

N. Boni	bonae	bona,	Liberi	liberae	libera.
G. Bonorum	bonarum	bonorum,	Liberorum	liberarum	liberorum.
D. Bonis	p^r les 3 genr.		Liberis	p^r les 3 genr.	
A. Bonos	bonas	bona,	Liberos	liberas	libera.
V. Bonae	boni	bona,	Liberi	liberae	libera.
A. Bonis	p^r les 3 genr.		Liberis	p^r les 3 genr.	

Ainsi se déclinent :

altus, a, um, haut,   asper, a, um, rude,
mălus, a, um, mauvais,   mĭser, a, um, malheureux,
magnus, a, um, grand,   armĭger, a, um, armé,
tardus, a, um, lent.   frūgĭfer, a, um, fertile.

Rem. Dans les adjectifs ci-dessus en *er*, *a*, *um*, la voyelle *e* appartient au radical et passe à tous les cas obliques. Dans les autres comme *niger*, *nigra*, *nigrum*, noir, le *e* a été intercalé dans le radical (nigr) pour former le nominatif masc. sing.; c'est pourquoi il disparaît de tous les autres cas.

Exemple d'un adjectif à trois terminaisons suivant la troisième déclinaison :

Singulier.   Pluriel.

N. Acer, ăcris, ăcre, *aigu.*   Acres,   acria.
G. Acris, *pour les trois genr.* Acrium, *pour les trois genr.*
D. Acri,   id.   Acribus,   id.
A. Acrem,   acre.   Acres,   acria.
V. Acer; acris, acre.   Acres,   acria.
A. Acri, *pour les trois genres.* Acribus, *pour les trois genr.*

Ainsi se déclinent :

ălăcer, alacris, alacre, alerte, gai;
campester, campestris, campestre, plat, uni;
cĕlĕber, celebris, celebre, fréquenté, célèbre;
cĕler, cĕlĕris, celere, rapide;
ĕquester, equestris, equestre, équestre;
păluster, palustris, palustre, marécageux;
pĕdester, pedestris, pedestre, qui va à pied;
sălŭber, salŭbris, salŭbre, salutaire;
silvester, silvestris, silvestre, boisé;
terrester, terrestris, terrestre, terrestre;
vŏlŭcer, volŭcris, volŭcre, ailé.

Rem. Cĕler seulement conserve aux cas obliques le *e* qui précède *r*; cette lettre appartient donc au radical.

§ **70.** 2. Beaucoup d'adjectifs n'ont que *deux terminaisons* pour les trois genres; la première *is*, est commune au masculin et au féminin; la seconde *e*, caractérise le genre neutre. Ces adjectifs appartiennent à la troisième déclinaison :

Exemple.

Singulier.   Pluriel.

Masc. fém.   *Neutre.*   *Masc. fém.*   *Neutre.*

N. Făcĭlis,   făcĭle, *facile.* Faciles,   facilia.
G. Facilis, *pour les trois genr.* Facilium, *pour les trois genr.*
D. Facili,   id.   Facilibus,   id.

II. DU NOM ADJECTIF.

	Masc. fém.	Neutre.	Masc. fém.	Neutre.
A.	Facilem,	facile.	Faciles,	facilia.
V.	Facilis,	facile.	Faciles,	facilia.
A.	Facili, *pour les trois genr.*		Facilibus, *pour les trois genr.*	

Ainsi se déclinent :

Dulcis, dulce, doux; *difficĭlis, difficile,* difficile; *lēvis, leve,* lisse, uni; *lĕvis, leve,* léger; *brĕvis, breve,* bref; *simĭlis, simile,* semblable, etc.

§ 71. Enfin il y a des adjectifs qui n'ont qu'*une seule terminaison* pour les trois genres. Ils suivent aussi la troisième déclinaison.

Singulier.   Pluriel.

	Masc. fém.	Neutre.	Masc. fém.	Neutre.
N.	Fēlix,	fēlix, *heureux.*	Fēlīces,	felīcia.
G.	Felīcis, } *p^r les 3 genres.*		Felīcium, } *p^r les 3 genres.*	
D.	Felīci,		Felīcĭbus,	
A.	Felīcem,	fēlix.	Felīces,	felīcia.
V.	Felix, } *p^r les 3 genres.*		Felīces,	felīcia.
A.	Felīce.		Felīcĭbus, *pour les trois genr.*	

Ainsi se déclinent :

mendax, menteur; *pernix,* persévérant, infatigable, prompt;
fūrax, rapace, voleur; *infēlix,* malheureux.

Rem. Pour connaître si, dans ces adjectifs, l'ablatif singulier est en *e* ou en *i*, le gén. pluriel en *um* ou en *ium*, et les trois cas semblables du neutre en *a* ou en *ia*, il faut revoir les §§ 49, 50 et 51.

§ 72. 1. Adjectifs irréguliers; *leur déclinaison.*

Les neuf adjectifs ou pronoms suivants en *us, a, um* ou *er, a, um*, ont le génitif singulier en *ius* pour les trois genres, au lieu de *i, ae, i*; ils ont aussi une seule forme de datif sing. en *i*, au lieu de *o, œ, o*.

ūnus, un,   *ullus,* l'un,   *nullus,* aucun, nul.
sŏlus, seul,   *tōtus,* tout entier, *ălius,* un autre.
ŭter, lequel des deux, *alter,* un des deux, *neuter,* aucun des deux.

Les génitifs sont : *unius, solius, utrius, nullius, alterius,* etc.
Les datifs : *uni, soli, utri, ulli, toti, alteri, nulli, alii, neutri.*

Rem. Ainsi se déclinent les composés de ces mots : *ŭterque, ŭtraque, utrumque* (tous deux), *utriusque, utrique*. *Alterŭter* (l'un ou l'autre des deux) se décline dans ses deux parties : *alteriusutrius, alteriutri*, ou seulement dans la dernière, *alterutrius, alterutri*.

2. Adjectifs défectifs.

a.) Beaucoup d'adjectifs d'une seule terminaison n'ont pas le nom., le voc. et l'acc. pluriel neutre ; ce sont particulièrement ceux en *er, es, or, os, fex*, p. ex. *pauper*, pauvre, *dēgĕner*, dégénéré, *āles*, ailé, *dives*, riche, *sospes*, libérateur, *bĭpes*, bipède, *mĕmor* qui se souvient, *concŏlor*, de couleur uniforme, *compos*, participant à, *impos*, qui ne participe pas à, *artĭfex*, ingénieux, et en outre, plusieurs autres adjectifs de diverses terminaisons, comme *ĭnops*, pauvre, dépourvu de tout, *rĕdux*, qui est de retour, *sons*, coupable, *trux*, sauvage, cruel.

b.) *Cēter* ou *cētĕrus*, l'autre, le reste, ne se trouve pas dans les auteurs, mais on rencontre souvent le fém. *cetera* et le neutre *ceterum* ; les autres cas du masc. sing. et tous ceux du pluriel sont usités. — *Plus* n'est employé qu'au neutre sing. ; il est généralement pris substantivement.

3. Adjectifs indéclinables.

A cette catégorie d'adjectifs appartiennent *nēquam*, mauvais, *frūgi*, modeste, frugal, *pŏtis*, capable de, et *quŏt*, combien de, chaque, *tŏt*, autant de, avec leurs composés ; les nombres cardinaux, depuis *quatre* jusqu'à *cent*, et le singulier de *mille*.

4. Adjectifs surabondants.

Beaucoup d'adjectifs ont à la fois la forme en *us, a, um* et celle en *is, e* ; tels sont :

exănĭmus, a, um,   *exanimis, e*, inanimé.
sēmiănĭmus, a, um,   *semianimis, e*, à demi-mort.
ūnănĭmus, a, um,   *unanimis, e*, unanime.
imbēcillus, a, um,   *imbecillis, e*, faible.
ĭnermus, a, um,   *inermis, e*, sans défense.
sēmĭsomnus, a, um,   *semisomnis, e*, assoupi.
hĭlărus, a, um,   *hilăris, e*, gai, joyeux.
prōclīvus, a, um,   *proclīvis, e*, enclin à.

Quelques adjectifs ont simultanément les terminaisons *lens* et *lentus* comme *ŏpŭlens* et *opŭlentus*.

Les substantifs *ultrix* et *victrix* sont aussi employés comme adjectifs et ont dans ce cas un pluriel neutre, p. ex. *arma victrīcia*, des armes victorieuses.

II. DU NOM ADJECTIF.

DEGRÉS DE COMPARAISON.

§ 73. Une qualité peut convenir à un objet à différents degrés.

1. La forme de l'adjectif qui sert à dénommer une qualité tout simplement, sans indiquer son degré de convenance, s'appelle **positif**; p. ex. *bŏnus liber*, le bon livre;

2. La forme de l'adjectif qui indique qu'une qualité convient à tel objet à un plus haut degré qu'à tel autre, se nomme **comparatif**; p. ex. *mēlior liber*, un livre meilleur;

3. Si l'on distingue plus de deux degrés dans une qualité commune à plusieurs objets, la forme de l'adjectif qui indique le plus élevé de ces degrés, s'appelle **superlatif**; p. ex. *liber optĭmus*, le meilleur livre.

Le ***comparatif*** des adjectifs se forme régulièrement en ajoutant au radical, tel qu'il se trouve au génitif du positif, les terminaisons ***ior*** pour le masculin et le féminin et ***ius*** pour le neutre. — Exemples :

altus, gén. *alt-i*, comparatif *alt-ior*, *alt-ius*;
pulcher, gén. *pulchr-i* » *pulchr-ior*, *pulchr-ius*;
lĭber, gén. *libĕr-i* » *liber-ior*, *liber-ius*;
făcĭlis, gén. *facil-is* » *facil-ior*, *facil-ius*;
ācer, gén. *acr-is* » *acr-ior*, *acr-ius*;
cĕlĕr, gén. *celer-is* » *celer-ior*, *celer-ius*.

Rem. **1.** La lettre *i* appartient complètement à la terminaison du comparatif. Pour plus de facilité cependant, on peut dire qu'on forme le comparatif d'un adjectif en ajoutant la terminaison *or* au cas en *i*.

2. Comme on a pu le voir dans les exemples ci-dessus, le *e* des adjectifs en *er* se conserve ou disparaît au comparatif selon qu'il reste ou ne reste pas dans la déclinaison du positif (V. § 42, 8, b). Exceptés sont *sinister*, gauche, gén. *sinistri*, comp. *sinisterior*, et *dexter*, droit, gén. *dextĕri* et *dextri*, comp. *dexterior*.

3. Les adjectifs en *-dĭcus*, *-fĭcus* et *-vŏlus* forment leur comparatif comme s'ils étaient en *-dicens*, *-ficens* et *-volens*; ainsi *mălĕdicus*, médisant, fait *maledicentior*, *bĕnĕfĭcus*, bienfaisant, *beneficentior*, *bĕnĕvolus*, bienveillant, *benevolentior*.

4. Les adjectifs en *us* précédé d'une voyelle n'ont ni comparatif ni superlatif dérivés du positif; on y supplée en ajoutant *magis* au positif pour former le *comparatif*, et **maxime** pour obtenir le *superlatif*, p. ex. *vacuus*, vide, comp. *magis vacuus*, superl. *maxime vacuus*.

§ **74**. Les comparatifs se déclinent comme les adjectifs à deux terminaisons (Voir § 70). *Exemple.*

Singulier.

Masc. fém.   *Neutre.*

N. Altior, *plus haut*, altius.
G. Altioris, *p^r les trois genr.*
D. Altiori, id.
A. Altiorem, altius.
V. Altior, altius.
A. Altiore *et* altiori.

Pluriel.

Masc. fém.   *Neutre.*

Altiores, altiora.
Altiorum, *p^r les trois genres.*
Altioribus, id.
Altiores, altiora.
Altiores, altiora.
Altioribus, *p^r les trois genres.*

§ **75**. Le **superlatif** se forme en ajoutant au radical du positif la terminaison **issimus**; p. ex. *altus*, gén. *alt-i, altissimus, dulc-is, dulcissimus, săpiens, săpient-is, sapientissimus, vēlox, velōcis, velocissimus*.

Rem. **1.** On peut aussi dire que, pour trouver le superlatif, il faut décliner le positif jusqu'à ce qu'on arrive à la terminaison *is*, à laquelle on ajoutera *simus*.

2. Les adjectifs en *er, a, um* et ceux en *er, is, e* ne font pas leur superlatif en *issimus*, mais en *errimus*; p. ex., *pulcher, pulcherrimus, cĕler, celerrimus.* De même, de *vĕtus* et de *nūpĕrus*, on a *veterrimus* et *nuperrimus*. *Māturus* a les deux formes *maturissimus* et *maturrimus*.

3. Quelques adjectifs en *ilis*, tels que *făcĭlis, difficilis, sĭmĭlis, dissimilis, grăcĭlis*, grêle, *hŭmĭlis*, bas, ont leur superlatif en *illimus*; ainsi *făcillimus, simillimus, grăcillimus, hŭmillimus*.

4. Les adjectifs en *-dĭcus, -fĭcus* et *-vŏlus* (Comp. § 73, Rem. 3) prennent au superlatif la terminaison *entissimus, mălĕdĭcentissimus, mūnĭfĭcentissimus, bĕnĕvŏlentissimus*.

§ **76. Comparatifs et superlatifs irréguliers et défectifs.**

1. Le comparatif et le superlatif sont *irréguliers* dans les cinq adjectifs suivants :

bŏnus, bon,   mĕlior, meilleur,   optĭmus, le meilleur.
mălus, mauvais,   pĕjor, pire,   pessimus, le pire.
parvus, petit,   mĭnor, plus petit,   mĭnĭmus, le plus petit.

magnus, grand,	*mājor*, plus grand,	*maximus*, le plus gr¹.
multus, nombreux,	*plus* (neut. sing.) pl. *plūres*,	*plurimus*, le plus nombreux, et plus souvent *plurimi, æ, a*.

§ 77. 2. Défectifs. a.) L'un ou l'autre degré de comparaison de certains adjectifs ne se trouve pas dans les auteurs; c'est ainsi que beaucoup de comparatifs et de superlatifs ne peuvent être rapportés à aucun adjectif au positif et qu'on doit les faire dériver d'un positif inusité, ou d'une particule.

Positif.	Comparatif.	Superlatif.
(*cĭtra*, en deça de),	*cĭtĕrior*, citérieur,	*cĭtĭmus*, situé très-près.
(*intus*, à l'intérieur),	*intĕrior*, intérieur,	*intĭmus*, intime.
(πριν, auparavant),	*prior*, le premier de deux,	*primus*, le premier de tous.
(*prŏpe*, proche),	*propior*, plus proche,	*proximus*, le plus proche.
(*ultra*, au-delà),	*ultĕrior*, ultérieur,	*ultĭmus*, extrême,
(*dēter*, inusité),	*dētĕrior*, pire,	*deterrĭmus*, le pire,
(ὠκύς, rapide),	*ōcior*, plus rapide,	*ōcissĭmus*, le plus rapide,
(*pŏtis*, capable de)	*pŏtior*, préférable,	*pŏtissĭmus*, le meilleur.

Le *comparatif* est inusité dans les adjectifs *dīversus*, divers, *inclĭtus*, célèbre, *invictus*, invincible, *mĕrĭtus*, mérité, juste, *nŏvus*, nouveau, *par*, égal, *săcer*, sacré.

Le *superlatif* manque aux adjectifs *ădŏlescens*, jeune, *jŭvĕnis*, jeune (comp. *jūnior*), *sĕnex*, âgé (comp. *sĕnior*), *diūturnus*, de longue durée, *longinquus*, éloigné, *prŏpinquus*, proche, *ŏpīmus*, fertile, et dans la plupart des adjectifs en *bĭlis, ĭlis, ālis, īlis*.

b.) Beaucoup d'adjectifs ne comportent pas de degrés de comparaison, les uns à cause de leur *forme*, les autres à cause de leur *signification*.

La *signification* n'admet pas les degrés de comparaison dans *ferreus*, de fer, *ligneus*, de bois, et dans tous les autres noms de matière; dans les noms de peuples, *Græcus, Rōmānus*, etc.; dans les mots composés de *cŏlor, gĕnus, grădus, lex, mŏdus, sŏnus*, comme *concolor*, d'une seule couleur, *dēgĕner*, dégénéré, *tardĭgrădus*, qui marche lentement, etc.; dans les adjectifs dont le positif marque déjà une supériorité ou une infériorité, comme *perdūrus*, très-dur, *prædīves*, très-riche, *vĕtŭlus*, assez vieux, *parvŭlus*, tout petit.

La *forme* ne permet pas les degrés de comparaison.

aa.) Dans les adjectifs dont la terminaison *us*, est précédée d'une voyelle comme *ĭdōneus*, propre à, *văcuus*, vide (v. § 73, rem. 4).

bb.) Dans les adjectifs en *bundus* et les participes en *dus*, comme *errābundus*, errant, *lācrĭmābundus*, pleurant, *ămandus*, devant être aimé.

cc.) Dans les adjectifs en *ĭmus*, *ĭcus*, *ĭnus*, *īnus*, *īvus*, *ōrus*, p. ex. *mŏdĭcus*, modique, *lēgĭtĭmus*, légitime, *crastĭnus*, de demain, *diūtĭnus*, de longue durée, *mātūtīnus*, matinal, *festīvus*, gai, *cănōrus*, sonore.

Rem. On rencontre pourtant le superlatif *festīvissimus*.

dd.) Dans beaucoup d'autres adjectifs comme *cānus*, gris blanc, *cĭcur*, apprivoisé, *claudus*, boiteux, *mancus*, manchot, *memor*, qui se souvient.

Par contre un grand nombre de participes sont devenus de véritables adjectifs et partant susceptibles de prendre les degrés de comparaison. Ainsi *abstinens*, qui s'abstient, réservé, *ămans*, aimant, *flōrens*, florissant, *accommŏdātus*, propre à, *ăpertus*, ouvert, *doctus*, instruit, et beaucoup d'autres.

§ 78. 3. Superlatifs surabondants.

Les adjectifs suivants ont un double superlatif.

exter, dehors,   *extērior*, extérieur,   *extrēmus* et *extĭmus*, extrême.

infĕrus, qui est en bas,   *infĕrior*, inférieur,   *infĭmus* et *īmus*, le plus bas.

postĕrus (plur. *postĕri*, les descend.)   *postĕrior*, postérieur,   *postrēmus*, le dernier.
                                                                       postŭmus, le dernier né.

sŭpĕrus, qui est en haut,   *sŭpĕrior*, supérieur,   *sŭprēmus*, le dernier, suprême.
                                                         summus, le plus élevé.

NOMS DE NOMBRE.

§ 79. Les mots qui servent à exprimer le nombre sont ou des adjectifs ou des adverbes. Les premiers, qu'on appelle *noms de nombre*, se divisent de la manière suivante :

NOMS DE NOMBRE.

1. Noms de nombre **cardinaux**, qui indiquent le nombre d'unités et répondent à la question : *combien?*

2. Noms de nombre **ordinaux**, qui marquent l'ordre, le rang, et répondent à la question : *le quantième?*

3. Noms de nombre **distributifs**, qui indiquent le nombre qui, dans un partage, revient à chacun, ou à chaque part et répondent à la question : *Combien pour chacun, ou pour chaque part ?*

1. Cardinaux.   2. Ordinaux.

1. I. ūnus, a, um, *un, une*.   prīmus, a, um, *le premier*.
2. II. duo, æ, o, *deux*.   sĕcundus, a, um, *le second*.
3. III. tres, tria, *trois*.   tertius, a, um, *le troisième*.
4. IV. quatuor, *quatre*.   quartus, a, um.   etc.
5. V. quinque, *cinq*.   quintus, a, um.
6. VI. sex, *six*.   sextus.
7. VII. septem, *sept*.   septĭmus.
8. VIII. octo, *huit*.   octāvus.
9. IX. nŏvem, *neuf*.   nōnus.
10. X. dĕcem, *dix*.   dĕcĭmus.
11. XI. undĕcim, *onze*.   undĕcĭmus.
12. XII. duŏdĕcim, *douze*.   duŏdecimus.
13. XIII. trĕdĕcim, decem et tres, *treize*.   tertius decimus, decimus et tertius.
14. XIV. quatuordecim, decem et quatuor, *quatorze*.   quartus decimus, decimus et quartus.
15. XV. quindecim, decem et quinque, *quinze*.   quintus decimus, etc.
16. XVI. sēdĕcim, sexdecim, *seize*.   sextus decimus.
17. XVII. septemdecim, decem et septem, *dix-sept*.   septimus decimus.
18. XVIII. duodeviginti, *dix-huit*.   duodevicesimus.
19. XIX. undeviginti, *dix-neuf*.   undevicesimus.
20. XX. vīgintī, *vingt*.   vīgēsĭmus, vīcēsimus.
21. XXI. unus et viginti, *viginti-unus*.   ūnus et vicesimus, vīcēsimus prīmus.
22. XXII. duo et viginti, viginti duo, etc.   duo et vicesimus, alter et vicesimus, vīcēsimus sĕcundus.
28. XXVIII. duŏdetrīgintā.   duŏdetrīcēsĭmus.

29. XXIX. undetriginta. . .	ŭndetricesimus,
30. XXX. triginta.	trĭcēsĭmus, trĭgēsĭmus.
40. XXXX, XL, quadraginta.	quadrāgēsĭmus.
50. L. quinquāginta . . .	quinquāgēsĭmus.
60. LX. sexāginta . . .	sexāgēsĭmus.
70. LXX. septuāginta . .	septuāgēsĭmus.
80. LXXX. octōginta . .	octōgēsĭmus.
90. LXXXX, XC. nōnāginta .	nōnāgēsĭmus.
99. IC. undecentum, nonaginta novem, novem et nonaginta.	undecentēsimus, nōnāgēsimus nōnus.
100. C. centum	centēsĭmus.
101. CI. centum et unus . .	centesimus prīmus, primus et centesimus.
200. CC. dŭcenti, æ, a. . .	dŭcentēsĭmus.
300. CCC trĕcenti, æ, a . .	trĕcentēsĭmus.
400. CCCC. quadringenti, æ, a.	quadringentēsĭmus.
500. D. IƆ. quingenti . . .	quingentēsĭmus.
600. DC. IƆC. sexcenti . . .	sexcentēsĭmus.
700. DCC. IƆCC. septingenti .	septingentēsĭmus.
800. DCCC. IƆCCC. octingenti.	octingentēsĭmus.
900. DCCCC. nongenti . . .	nongentēsĭmus.
1000. M, CIƆ. millĕ	millēsĭmus.
2000. MM, IIM. duo millia (bis mille)	bismillēsimus.
5000. IƆƆ. quinque millia . .	quinquiesmillēsĭmus.
10,000. CCIƆƆ. decem millia .	deciesmillēsĭmus.
50,000. IƆƆƆ. quinquaginta millia	quinquāgiesmillēsĭmus.
100,000. CCCIƆƆƆ. centum millia	centiesmillēsĭmus.
500,000. IƆƆƆƆ. quingenta millia	quingentiesmillēsĭmus.
1,000,000. CCCCIƆƆƆƆ. dĕcies centēna millia, ou dĕcies centum millia.	dĕciescentiesmillēsĭmus.

Remarques. I. **Sur les Nombres Cardinaux.**

1. *Unus, duo* et *tres* se déclinent; les nombres depuis *quătuor* jusqu'à *centum* sont indéclinables; *dŭcenti* et les autres centaines se déclinent :

N. ūnus,	ă,	um,	duo,	ae,	o,	trēs, trĭă,
G. unīus,	} p. l. 3 genr.		duōrum,	ārum,	ōrum,	trium,
D. uni,			duōbus,	ābus,	ōbus,	trĭbus,

NOMS DE NOMBRE. 47

A. unum, am, um, duos (duo), duas, duo, tres, triă,
V. unĕ, ă, um, *manque*, *manque*,
A. unō, ā, ō, duōbus, ābus, ōbus, trĭbus.

Le pluriel de *unus* se joint aux substantifs qui ne s'emploient qu'au pluriel, p. ex., *una castra*, un camp.

2. Sur *duo* se décline *ambo*, tous deux.

Ducenti, ae, a et les autres centaines se déclinent régulièrement comme le pluriel des adjectifs à trois terminaisons.

Mille, au sing., est adjectif indéclinable; au plur. il est substantif neutre. Nom. acc. *millia* (ou *milia*), gén. *millium*, dat. et abl. *millĭbus*.

3. Dans les nombres composés depuis 20 jusqu'à 100, le plus petit nombre se place le premier et se joint au plus grand par la conjonction *et*, ou bien il se place le dernier sans *et*; p. ex. *sex et viginti* ou bien *viginti sex*.

A partir de 100 le plus grand se place toujours le premier, avec ou sans *et*, p. ex. *centum quinquaginta* ou *centum et quinquaginta*, 150.

Remarques. II. Sur les Nombres Ordinaux.

Tous les noms de nombres ordinaux sont régulièrement déclinés comme les adjectifs à trois terminaisons en *us, a, um*.

Les observations faites sur l'emploi de *et* dans les nombres cardinaux composés sont aussi applicables aux nombres ordinaux.

5. Nombres distributifs.

1. singŭli, æ, a, *un à chacun, un à la fois*.
2. bīni, æ, a, *deux à chacun*, etc.
3. terni (trīni), etc.
4. quăterni.
5. quīni.
6. sēni.
7. septēni.
8. octōni.
9. novēni.
10. dēni.
11. undēni.
12. duodēni.
13. terni deni.
14. quaterni dēni.
15. quini dēni.
16. seni dēni.
17. septeni dēni.
18. octoni dēni, duodeviceni.
19. noveni dēni, undeviceni.
20. vīcēni.
21. viceni singuli.
22. viceni bini.
28. duodetrīceni.
29. undetrīceni.
30. trīcēni.
40. quadrāgēni.
50. quinquāgēni.
60. sexāgēni.
70. septuāgēni.
80. octōgēni.
90. nōnāgēni.
99. undecēni.
100. centēni.
200. dŭcēni.
300. trecēni.
400. quadringēni.
500. quingēni.
600. sexcēni.
700. septingēni.
800. octingēni.
900. nongeni.

Mille à mille, où *mille à chacun* s'exprime non par *millēni*, mais par *singŭla millia*; de même *bīna millia*, *quīna millia*, *sexāgēna millia*.

Rem. Avec les noms qui ne s'emploient qu'au pluriel (§ 65, 2) on ne se sert pas de *terni, ae, a*, mais de *trini, ae, a*; p. ex. *trinae litterae*, trois lettres.

§ **80.** Dans le but de mieux enchaîner tout ce qui se rapporte aux nombres, il nous a paru convenable de placer ici même les nombres qui ne sont pas des adjectifs.

1. **Les adverbes de nombre** indiquent *combien de fois* une chose a lieu, et répondent à la question : *quoties?* ce sont :

1. sĕmĕl, *une fois.*
2. bis, *deux fois.*
3. tĕr, *trois fois*, etc.
4. quăter.
5. quinquies.
6. sexies.
7. septies.
8. octies.
9. nŏvies.
10. dĕcies.
11. undĕcies.
12. duŏdĕcies.
13. terdecies *ou* trĕdĕcies.
14. quaterdecies *ou* quatuordecies.
15. quinquiesdecies *ou* quindecies.
16. sexiesdecies *ou* sēdecies.
17. septiesdecies.
18. duŏdevīcies *ou* octiesdĕcies.
19. undevīcies *ou* nŏviesdĕcies.
20. vīcies.
21. Semel et vicies, vicies semel, vicies et semel.
22. bis et vicies.
23. ter et vicies.
30. trīcies.
40. quadrāgies.
50. quinquāgies.
60. sexāgies.
70. septuāgies.
80. octōgies.
90. nōnāgies.
99. undecenties.
100. centies.
200. dŭcenties.
300. trĕcenties.
400. quadringenties.
500. quingenties.
600. sexcenties.
700. septingenties.
800. octingenties.
900. nongenties.
1000. millies, 2000, bis millies, etc.
100,000. centies millies.
1,000,000. decies centies millies, ou millies millies.

2. Les nombres **multiplicatifs** sont des *adjectifs* qui expriment *de combien de parties se compose un tout* et répondent à la question : *quotuplex?* ce sont : *simplex*, simple, *dŭplex*, double, *triplex*, triple, *quadrŭplex*, quadruple, *quintŭplex*, quintuple, *septemplex*, septuple, *decemplex*, décuple, *centŭplex*, centuple; il n'y en a pas d'autres d'usités.

3. Les nombres **proportionnels** indiquent *combien de fois*

une chose doit être prise pour former une certaine grandeur. Ils se mettent le plus souvent à l'ablatif à la question *de combien?* (p. ex. plus grand ou plus petit); comme *duplo major*, plus grand du double. On ne rencontre que les suivants dans les écrivains latins: *simplus*, pris une fois, *duplus*, pris deux fois, etc., *triplus, quadruplus, quinquiplus, septuplus, octuplus.*

4. Il ne faut pas confondre avec les adverbes de nombre cités plus haut ceux qui indiquent *pour la quantième fois une chose arrive.* Ces derniers sont dérivés des nombres ordinaux et terminés en *um* et en *o*, p. ex. *secundum* ou *secundo*, pour la seconde fois, secondement; *tertium* ou *tertio* pour la troisième fois, et ainsi de suite.

III. Du Pronom.

§ 81. La personne *qui* parle, est dite la *première personne*; celle *à qui* l'on parle, *la seconde personne*; celle *de qui* l'on parle, *la troisième personne* (voir § 18). Il y a donc des pronoms de la première, de la seconde et de la troisième personne. Ils sont tantôt **pronoms substantifs**, tantôt **pronoms adjectifs**.

Rem. Les pronoms de la troisième personne peuvent jouer le rôle de substantifs ou d'adjectifs (déterminatifs); mais le pronom réfléchi *sui, sibi, se* est toujours substantif.

I. Pronoms de la 1re et de la 2me personne.

Ces pronoms ne pouvant jamais désigner que des personnes ou des choses personnifiées, ont été nommés *pronoms personnels*.

Première personne.   **Deuxième personne.**

Singulier.

N. Egŏ, *je, moi,*   Tū, *tu, toi,*
G. Meī, *de moi,*   Tuī, *de toi,*
D. Mĭhi, *me, à moi,*   Tĭbi, *te, à toi,*
A. Mē, *me, moi.*   Tē, *te, toi,*
V. Manque.   Tū, *toi,*
A. Mē, *de, ou par moi,*   Tē, *de, ou par toi.*

Pluriel.

N.	Nōs, *nous,*	Vōs, *vous,*	
G.	{ Nostrum, *d'entre nous,*	{ Vestrum, *d'entre vous,*	
	Nostri, *de nous,*	Vestri, *de vous,*	
D.	Nōbīs, *à nous, nous,*	Vōbīs, *vous, à vous,*	
A.	Nōs, *nous,*	Vōs, *vous,*	
V.	*Manque.*	Vōs, *vous,*	
A.	Nōbīs, *de, par nous,*	Vōbīs, *de, par vous.*	

Rem. De ces deux pronoms dérivent les pronoms adjectifs (adjectifs possessifs) *meus, mea, meum,* mon, ma ; *noster, nostra, nostrum,* notre, pour la première personne ; *tuus, tua, tuum,* ton, ta, *vester, vestra, vestrum,* votre, pour la deuxième personne.

§ 82. II. Pronoms de la 3me personne.

1. Pronoms démonstratifs.

Singulier.

	Masc.	*Fém.*	*Neutre.*	
N.	Hic,	hæc,	hōc,	*celui-ci, celle-ci, ceci; ce (cet), cette.*
G.	Hūjŭs,	} *pour les trois genres.*		
D.	Huīc,			
A.	Hunc,	hanc,	hōc.	
A.	Hōc,	hāc,	hōc.	

Pluriel.

N.	Hī,	hæ,	hæc,	*ceux-ci, celles-ci, ces choses-ci; ces.*
G.	Hōrum,	hārum,	hōrum.	
D.	Hīs, *pour les trois genres.*			
A.	Hōs,	hās,	hæc.	
A.	Hīs, *pour les trois genres.*			

Singulier.

	Masc.	*Fém.*	*Neutre.*	
N.	Illĕ,	illă,	illŭd,	*celui-là, celle-là, cela; ce (cet) cette.*
G.	Illīus,	} *pour les trois genres.*		
D.	Illī,			
A.	Illum,	illam,	illŭd.	
A.	Illō,	illā,	illō.	

III. DU PRONOM.

Pluriel.

N. Illī, illæ, illă, *ceux-là, celles-là, ces choses-
   là; ces.*
G. Illōrum, illārum, illōrum.
D. Illīs, *pour les trois genres.*
A. Illōs, illās, illă.
A. Illīs, *pour les trois genres.*

Rem. *Iste, ista, istud,* celui-là, celle-là, cela; ce, cette, suit exactement la déclinaison de *ille.*

Singulier.

N. Is, eă, ĭd, *Il, elle, cela; celui, celle, ce; ce, cette.*
G. Ejus, } *pour les trois genres.*
D. Ei,
A. Eum, eam, ĭd.
A. Eō, eā, eō.

Pluriel.

N. Ii, eæ, eă, *Ils, eux, elles, ces choses;
   ceux, celles; ces.*
G. Eōrum, eārum, eōrum.
D. Iis (eis), *pour les 3 genres.*
A. Eōs, eās, eă.
A. Iis (eis), *pour les 3 genres.*

Singulier.

N. Ipsĕ, ipsă, ipsum, *même (moi-même, toi-même,
   lui-même, elle-même, etc.)*
G. Ipsīus, } *pour les trois genres.*
D. Ipsī,
A. Ipsum, ipsam, ipsum.
A. Ipsō, ipsā, ipsō.

Pluriel.

N. Ipsī, ipsæ, ipsă, *mêmes (nous-mêmes, vous-
   mêmes, eux-mêmes, elles-
   mêmes).*
G. Ipsōrum, ipsārum, ipsōrum.
D. Ipsīs, *pour les trois genres.*
A. Ipsōs, ipsās, ipsă.
A. Ipsīs, *pour les trois genres.*

Rem. Par la réunion de *hic* avec *ille* ou *iste*, on obtient *illŭc*, *illaec*, *illōc* (ordinairement *illūc*) et *istīc*, *istaec*, *istōc* (*istūc*), celui-là, celle-là, cela. Ces deux pronoms se renforcent mutuellement.

Hic peut encore être renforcé par l'addition de l'enclitique *ce* : *hicce*, *haecce*, *hocce*. Cette particule correspond à *ci* en français, dans *celui-ci*, etc.

En ajoutant la particule interrogative *ne* on obtient *hiccine*, *haeccine*, *hoccine* (cine = ce-ne), est-ce bien celui-là, celle-là, cela? ou, faut-il que un tel, une telle?

§ 83. 3. Pronom relatif.

Singulier.

N. Quī, quæ, quŏd, *qui, lequel, laquelle.*
G. Cūjus, } p^r les 3 genres. { *de qui, duquel, de laque*^{lle}, *dont.*
D. Cuī, } { *à qui, auquel, à laquelle.*
A. Quem, quam, quŏd, *que, lequel, laquelle.*
A. Quō, quā, quō, *de, par qui, par lequel, par laquelle.*

Pluriel.

N. Quī, quæ, quæ; *qui, lesquels, lesquelles.*
G. Quōrum, quārum, quōrum; *de qui, desquels, desquelles, dont.*
D. Quĭbŭs, *pour les trois genres*; *à qui, auxquels, auxquelles.*
A. Quōs, quās, quæ; *que, lesquels, lesquelles.*
A. Quĭbŭs, *pour les trois genres*; *de, par qui, par lesquels, par lesquelles.*

4. Pronoms interrogatifs.

a.) *Substantif.*

Singulier.

N. Quis (masc. et fém.), quĭd, *qui? quoi?*
G. Cūjus, } *pour les 3 genres.* { *de qui? de quoi?*
D. Cuī, } { *à qui? à quoi?*
A. Quem, quam, quĭd, *qui? quoi?*
A. Quō, quā, quō, *par qui? par quoi?*

III. DU PRONOM.

Pluriel.

N. Quī,   quæ,   quæ,   qui ? quelles choses ?
G. Quōrum, quārum, quōrum, de   »
D. Quĭbŭs, *pour les trois genres*, à   »
A. Quōs,   quās,   quæ,   »
A. Quĭbŭs, *pour les trois genres*, par   »

b.) Adjectif.

N. Qui, quæ, quod, *quel? quelle?* Cet adjectif interrogatif se décline absolument comme le pronom relatif *qui, quæ, quod.*

5. Pronoms indéfinis.

a.) Les pronoms indéfinis les plus simples sont *quis, quid*, quelqu'un, quelque chose, on, qui sont substantifs et *qui, quæ* ou *qua, quod*, quelque, qui sont des adjectifs. La déclinaison de ces pronoms est celle du pronom interrogatif, avec cette seule exception que le nomin. et l'acc. du pluriel font *qua* aussi bien que *quæ*.

Rem. Par la composition on obtient *numquis* et *ecquis*, qui? y en a-t-il qui? y a-t-il quelqu'un qui? etc.

b.) *Aliquis, aliquæ, aliquid*, (substantif) quelqu'un, quelqu'une, quelque chose, et *aliqui, aliqua, aliquod* (adjectif) quelque. — Le pluriel des deux est *aliqui, aliquæ, aliqua*.

c.) *Quidam, quædam, quiddam* (substantif) et *quoddam* (adjectif), un certain, quelqu'un, quelque chose.

Quisquam (sans fémin.), *quidquam*, quelqu'un, quelque chose.

Quispiam, quæpiam, quidpiam ou *quodpiam*, quelqu'un, quelque chose.

d.) *Quisque, quæque, quidque* ou *quodque*, chacun, chaque chose. — *Quivis, quævis, quidvis* ou *quodvis*, qui (ou ce que) l'on voudra.

Quilibet, quælibet, quidlibet ou *quodlibet*, qui (ce que) l'on voudra.

Quicumque, quæcumque, quodcumque (adjectif) et *quisquis, quidquid* (subst. sans fém.), quel qu'il soit, quoi que ce soit.

La déclinaison de ces pronoms est comme celle de *quis*.

Rem. Les syllabes suffixes *dam*, *quam*, *piam*, *que*, etc. sont indéclinables, mais dans *quisquis* les deux mots se déclinent, bien que l'on rencontre peu les cas obliques de cette déclinaison. On trouve cependant *quoquo*. On décline aussi les deux mots dans *unusquisque*, *unaquaeque*, *unumquidque* et *unumquodque*, gén. *uniuscujusque*, qui a la même signification que *quisque*.

§ **84**. Il existe aussi pour la troisième personne un pronom servant à marquer que l'action faite par le sujet retourne sur ce sujet même : p. ex., il se louait (lui-même), *laudabat se*. Ce pronom s'appelle *réfléchi*.

Singulier et Pluriel.

Gén. Suī, *de soi*.
Dat. Sĭbi, *se*, *à soi*.
Acc. Sē (sese), *se*, *soi*.
Abl. Sē (sese), *de soi*, *par soi*.

De ce pronom dérive le pronom adjectif possessif *suus*, *sua*, *suum*, son, sa.

IV. Du Verbe.

§ **85**. La fonction du verbe (v. § 19) consiste à *affirmer quelque chose d'un objet*, ou bien à lier, à rattacher à cet objet une affirmation quelconque. D'après cela il y a différentes espèces de verbes.

I. **Différentes espèces de verbes.**

1. Le verbe peut indiquer, une *action*, *une activité*, *qui part d'un objet pour atteindre ou modifier un autre objet* : **verbe transitif**.

Tout verbe transitif a deux formes, deux *voix* : l'une nous montre le *sujet* (c'est-à-dire l'objet dont on affirme quelque chose) comme *actif* ou *agissant*; c'est la ***voix active***; p. ex., le berger frappe le chien, *pastor verberat canem*; le père aime son fils, *pater amat filium*. Dans ces propositions, on affirme quelque chose du berger et du père; tous deux exercent une action, posent un acte : ils sont *actifs*.

L'autre forme du verbe transitif nous représente le sujet comme *souffrant* une action, comme *atteint* par l'action d'un

IV. DU VERBE.

autre ; c'est la **voix passive** ; p. ex., le chien est frappé, *cănis vĕrbĕrātur* ; le fils est aimé, *filius ămātur*.

2. Le verbe peut aussi exprimer *une simple manière d'être du sujet*, ou bien *une activité qui ne s'exerce sur aucun autre objet, mais est restreinte, bornée au sujet* : **verbe intransitif** ou **neutre** ; p. ex., l'arbre verdit, *arbor vĭret* ; le soleil luit, *sol splendet* ; l'enfant court, *puer currit* ; l'homme est debout, *vir stat*.

Les verbes intransitifs ont exactement la même forme que la voix active des verbes transitifs.

Rem. 1. La forme passive a fréquemment la signification réfléchie, c'est-à-dire qu'elle exprime une action dont le sujet est lui-même l'objet ; p. ex. *ego moveor*, je me meus, *tu moveris*, tu te meus, *ille movetur*, il se meut.

2. Il y a aussi des verbes qui, sous la forme passive, ont une signification transitive ou intransitive ; p. ex. *hortor*, j'exhorte, *imitor*, j'imite. On les appelle **déponents**, parce qu'ils ont *déposé* la signification du passif tout en en gardant la forme, ou la forme active dont ils ont adopté le sens.

3. Un certain nombre de verbes appartiennent par la forme de quelques-uns de leurs temps à la voix active, et par la forme des autres à la voix passive ; p. ex. *audeo*, oser, *ausus sum*, j'ai osé ; *gaudeo*, se réjouir, *gavisus sum* ; *soleo*, avoir coutume, *solitus sum*, etc. On les nomme **verbes sémidéponents**.

D'autres encore ont la forme active et la signification passive : p. ex. *vapulo*, je reçois des coups, *veneo*, je suis vendu ; on les appelle verbes **neutres-passifs**.

§ 86. II. Des temps du verbe.

Le *temps* dans lequel une action s'accomplit est aussi indiqué par des formes du verbe. Il y a en latin six formes distinctes :

1. *Une* pour le **présent** : *amo*, j'aime, *ămor*, je suis aimé (actuellement).
2. *Trois* pour le **passé** : a) pour l'***imparfait*** ou ***passé simultané***, *ămābam*, j'aimais, *ămābar*, j'étais aimé ; b) Pour le ***parfait*** ou ***prétérit***, *ămāvi*, j'ai aimé, *ămātus sum*, j'ai été aimé ;

c) Pour le ***plus-q.-parfait***, *ămāvĕram*, j'avais aimé, *ămātus ĕram*, j'avais été aimé.

5. *Deux* pour l'**avenir :** a) Pour le ***fut. simple***, p. ex., *ămābo*, j'aimerai, *ămābor*, je serai aimé ;

b) Pour le ***fut. passé***, *ămāvero*, j'aurai aimé, *ămātus ĕro*, j'aurai été aimé.

Rem. Il y a encore, pour certains cas, des formes spéciales de *futurs* indiquant que le sujet *est sur le point, a l'intention* de faire une action. On les nomme *futurs périphrasés* : *amaturus sum*, je vais aimer ; *amaturus eram*, j'étais sur le point d'aimer ; *amaturus ero*, je serai sur le point d'aimer.

§ 87. III. Modes du verbe.

On peut affirmer une action du sujet de trois manières différentes. Elle peut en effet être envisagée :

1. Comme *certaine, positive, réelle, accomplie*; par ex. *ămo*, j'aime, *amavi*, j'ai aimé ; c'est le **mode indicatif**.

2. Comme *conditionnelle* ou *dépendante*; p. ex. *amem*, que j'aime ; *amarem*, j'aimerais, que j'aimasse ; c'est le **mode subjonctif**.

3. Comme impliquant *un ordre*, p. ex. *ămā*, aime (maintenant), *amato*, aime (à l'avenir) ; c'est le **mode impératif**.

Ces trois modes pris ensemble forment le *verbe fini* et se nomment *modes finis*.

§ 88. Certaines formes du verbe sont pour ainsi dire la transition du verbe à une autre partie du discours ; ce sont :

1. L'**infinitif**, qui forme la transition du verbe au substantif, en ce qu'il ne fait qu'indiquer l'action sans l'appliquer à un sujet, p. ex. *amare*, aimer (l'amour).

2. Les **gérondifs**, qui ne sont que les cas obliques de l'infinitif : p. ex. *amare*, aimer, *amandi*, d'aimer, *amando*, à aimer.

3. Le **participe**, qui forme la transition du verbe à l'adjectif, en ce qu'il marque une *qualité*, mais comme impli-

IV. DU VERBE.

quant un rapport de temps : p. ex. *amans*, aimant (maintenant) *amatus*, ayant été aimé (autrefois) *amaturus*, devant aimer (à l'avenir).

4. Les **supins**. Il y en a deux :
   a) Le supin en *um*, p. ex. *auditum*, pour entendre ;
   b) Le supin en *u*, p. ex. *auditu*, à entendre.

§ 89. IV. Personnes du verbe.

Enfin le verbe doit avoir des formes caractéristiques pour faire reconnaître à quelle **personne** appartient l'être dont on affirme quelque chose. Il y a pour chacune des trois personnes (v. § 18 et 81) une forme particulière au singulier et au pluriel.

1.) 1re personne sing. : *amo*, j'aime, plur. : *amāmus*, nous aimons.
2.) 2me   id.   : *amas*, tu aimes, pl. : *amatis*, vous aimez.
3.) 3me   id.   : *amat*, il aime, plur. : *amant*, ils aiment.

Voici le tableau des terminaisons indiquant les personnes dans tous les temps des deux voix.

Actif. { Singulier : 1re, o, m, i, 2e, s, 3e, t.
         { Pluriel   :   mus,   tis,   nt.

Passif. { Singulier :   r,   ris,   tur.
          { Pluriel   :   mur,   mini,   ntur.

Rem. Certains verbes ne sont usités qu'à la troisième personne du singulier, p. ex. *tŏnat*, il tonne, *pluit*, il pleut ; on les nomme **verbes impersonnels ou unipersonnels**.

§ 90.
Opérer dans un verbe tous les changements de formes que nous avons énoncés ci-dessus, c'est ce qu'on appelle **conjuguer**.

Il y a en latin 4 conjugaisons : si l'infinitif se termine en
   āre, le verbe appartient à la première conjugaison ;
   ēre   »   »   2e   »
   ĕre   »   »   3e   »
   īre   ».   »   4e   »

Le présent de l'indicatif de la première conjugaison se termine ordinairement en **o**, celui de la seconde en **eo**, celui la troisième en **o** et celui de la quatrième en **io**.

§ 91. Mais pour former régulièrement tous les temps, tous les modes et toutes les personnes du verbe, il faut, outre l'*infinitif*, connaître : *la première personne du présent de l'indicatif actif*; *la 1re du parfait de l'indic. actif et le supin en u m*. On en dérive les autres formes du verbe de la manière suivante.

I. *Du présent de l'indicatif actif se forment :*

1. *Le présent de l'indic. passif*, par le changement de la terminaison o en or, p. ex. amo, amor; dōceo, dōceor, lĕgo, lĕgor, audio, audior;

2. *Le présent du subjonctif actif*, par le changement de o

    a) en em pour la 1re conjugaison : amo, amem;

    b) en am pour les trois autres : doceo, doceam; lego, legam; audio, audiam.

3. *Le présent du subjonctif passif*, par le changem. de o

    a) en er dans la 1re conjugaison · amo, amer;

    b) en ar pour les trois autres : doceo, docear, lego, legar, audio, audiar.

4. *L'imparfait de l'indicatif actif*, par le changement de

    a) o dans la 1re conjug. en ābam : amo, amābam;

    b) eo dans la 2e » en ēbam : doceo, docebam;

    c) o de la 3e » en ēbam : lego, legebam;

    d) io de la 4e » en iēbam : audio, audiēbam.

5. *L'imparfait de l'indicatif passif*, de la même manière que l'actif, avec cette différence que la lettre finale est r au lieu de m : amābar, docēbar, legēbar, audiēbar.

6. *Le futur de l'indicatif actif*, par le changement de

    a) o de la 1re conjug. en ābo, p. ex. amo, amābo;

    b) eo de la 2e » en ēbo : doceo, docēbo;

    c) o de la 3e et de la 4e en am : lĕgo, lĕgam, audio, audiam.

7. *Le futur de l'indicatif passif*, de la même manière que

le futur actif avec cette différence que les terminaisons deviennent or et ar au lieu de o, am.

8. *Le participe présent actif*, par le changement de

a) o de la 1re conjug. en ans : *amo, amans*;
b) eo » 2e » en ens : *doceo, docens*;
c) o » 3e et de la 4e en ens : *lego, legens, audio, audiens*.

9. *Le participe futur passif*, comme le participe présent actif, mais la terminaison ns est remplacée par ndus : *ămandus, dōcendus, lĕgendus, audiendus*.

Les *gérondifs* : *amandi, amando, amandum* sont formés comme le participe futur passif.

II. Du parfait de l'indicatif actif se forment :

1. *Le parfait du subjonctif actif*, par le changement de i en ĕrim : *amāvi, amāvĕrim, docui, docuĕrim, legi, legĕrim, audivi, audivĕrim*;

2. *Le plus-que-parfait de l'indicatif actif*, par le changement de i en ĕram : *amavi, amavĕram, docui, docuĕram, legi, legĕram, audivi, audivĕram*;

3. *Le plus-que-parfait du subjonctif actif*, par le changement de i en issem : *amavi, amavissem, docui, docuissem, legi, legissem, audivi, audivissem*;

4. *Le futur passé actif*, par le changement de i en ĕro : *amavi, amavĕro, docui, docuĕro, legi, legĕro, audivi, audivĕro*;

5. *L'infinitif parfait actif*, par le changement de i en isse : *amavi, amavisse, docui, docuisse, legi, legisse, audivi, audivisse*.

III. Du supin en um sont formés :

1. *Le supin en* u : *amātum amātu, doctum, doctu, lectum, lectu, audītum, auditu*;

2. *Le participe futur actif*, par le changement de um en ūrus : *amātum, amatūrus, doctum, doctūrus, lectum, lectūrus, audītum, auditūrus*;

5. *Le participe parfait passif*, par le changement de um en us, a, um : *amatum, amātus, amāta, amātum; doctus, docta, doctum.*

IV. *De l'infinitif présent actif se forment :*

1. *L'imparfait du subjonctif actif*, par l'addition de **m** : *amare, amārem, docere, docērem, legere, legĕrem, audire, audīrem ;*

2. *L'imparfait du subjonctif passif*, par l'addition de **r** : *amare, amārer, docere, docērer, legere, legĕrer, audire, audīrer ;*

3. *L'impératif actif*, par la suppression de la syllabe finale re : *amare, amā, docere, docē, legere, legĕ, audire, audī ;*

4. *L'impératif passif*, sans aucun changement : *amāre* (inf. act.) aimer, *amāre* (imp. passif) sois aimé ;

5. *L'infinitif présent passif*, par le changement :

    a.) De āre de la 1re conjug. en āri : *amare, amāri ;*
    b.) De ēre » 2e » en ēri : *docere, docēri ;*
    c.) De ĕre » 3e » en i : *legere, lĕgi ;*
    d.) De īre » 4e » en īri : *audire, audīri.*

Tableau des terminaisons de la 1re personne du singulier pour tous les temps de la voix active.

	Indicatif.	Subjonctif.
Présent,	o	em, 1re conjug. am, 2e, 3e, 4e conjug.
Imparfait,	ābam, 1re conj. ēbam, 2e, 3e, 4e conj.	rem.
Parfait,	ī, (uī, sī).	ĕrim.
Plus-que-parf.,	eram	issem.
Futur,	bo, 1re et 2e conj. am, 3e et 4e conj.	
Fut. passé,	ĕro.	

IV. DU VERBE.

Tableau des terminaisons de la 1ʳᵉ personne du singulier pour tous les temps de la voix passive.

Indicatif.   Subjonctif.

Présent,   -ŏr . . . . . { -ĕr, 1ʳᵉ conjug.
                                 -ār, 2ᵉ, 3ᵉ, 4ᵉ conj.

Imparfait, { -ăbār, 1ʳᵉ conj.
               -ēbăr, 2ᵉ, 3ᵉ, 4ᵉ id. } -rĕr.

Futur, { -bŏr, 1ʳᵉ et 2ᵉ conj.
           -ăr, 3ᵉ et 4ᵉ id.

§ 92. Les autres temps et les autres modes de la voix passive sont formés par périphrase au moyen du verbe *esse*, qui pour cette raison est appelé *verbe auxiliaire*. En voici la conjugaison :

Indicatif.   **Subjonctif.**

Présent.

S. Sum, *je suis.*   Sīm, *que je sois.*
   Es, *tu es.*   Sīs, *que tu sois.*
   Est, *il ou elle est.*   Sĭt, *qu'il soit.*
Pl. Sŭmŭs, *nous sommes.*   Sīmŭs, *que nous soyons.*
    Estĭs, *vous êtes.*   Sītĭs, *que vous soyez.*
    Sunt, *ils, elles, sont.*   Sint, *qu'ils soient.*

Imparfait.

S. Eram, *j'étais.*   Essem, *que je fusse, je serais.*
   Erās, *tu étais.*   Essēs, *que tu fusses.*
   Erăt, *il était.*   Essĕt, *qu'il fût.*
Pl. Erāmŭs, *nous étions.*   Essēmŭs, *que nous fussions.*
    Erātĭs, *vous étiez.*   Essētĭs, *que vous fussiez.*
    Erant, *ils étaient.*   Essent, *qu'ils fussent.*

Parfait.

S. Fuī, *je fus, j'ai été.*   Fuĕrim, *que j'aie été.*
   Fuistī, *tu fus, tu as été.* Fuĕrīs, *que tu aies été.*
   Fuĭt, *il fut, il a été.*   Fuĕrĭt, *qu'il ait été.*
Pl. Fuīmŭs, *nous fûmes, nous* Fuĕrĭmŭs, *que nous ayons été.*
       avons été.
   Fuistĭs, *vous fûtes, vous* Fuĕrītĭs, *que vous ayez été.*
       avez été.
   Fuĕrunt, *ils furent, ils*   Fuĕrint, *qu'ils aient été.*
       ont été.

Plus-que-parfait.

S. Fuĕram, *j'avais été.* Fuissem, *que j'eusse été, j'aurais été.*
Fuĕrās, *tu avais été.* Fuissēs, *que tu eusses été.*
Fuĕrăt, *il avait été.* Fuissĕt, *qu'il eût été.*
Pl. Fuĕrāmŭs, *nous avions été.* Fuissēmŭs, *q. n. eussions été.*
Fuĕrātĭs, *vous aviez été.* Fuissētĭs, *que vous eussiez été.*
Fuĕrānt, *ils avaient été.* Fuissent, *qu'ils eussent été.*

Futur.

S. Ero, *je serai.*
Erĭs, *tu seras.*
Erĭt, *il sera.*
Pl. Erĭmŭs, *nous serons.*   *Pas de futur du subjonctif.*
Erĭtĭs, *vous serez.*
Erunt, *ils seront.*

Futur passé.

S. Fuĕro, *j'aurai été.*
Fuĕris, *tu auras été.*
Fuĕrĭt, *il aura été.*
Pl. Fucrĭmus, *nous aurons été.*   *Pas de fut. passé du subjonc.*
Fuerĭtis, *vous aurez été.*
Fuĕrint, *ils auront été.*

Impératif.   ### Infinitif.

S. 2. Es, *sois.*   Présent. Esse, *être.*
Esto, *sois, tu seras.*   Parfait. Fuīsse, *avoir été.*
3. Esto, *qu'il soit, il sera.*   Futur. Futūrum, ăm, ŭm esse,
Pl. 2. Estĕ, *soyez.*   *devoir être.*
Estōtĕ, *soyez, v. serez.*
3. Sunto, *qu'ils soient, ils seront.*

Gérondifs et Supins.   ### Participes.

                                Présent. [Ens, *étant*, inusité].
Manquent.   Futur. Futūrus, ä, ŭm, *devant être.*

IV. DU VERBE.

Rem. Ainsi se conjuguent *possum*, je peux et *prosum*, je suis utile; v. § 107.

§ 93. En combinant les temps du verbe auxiliaire *esse* avec les participes des verbes attributifs, on obtient des formes nouvelles, qu'on nomme **conjugaisons périphrasées**.

I. **Pour la voix active.**

Le *participe futur actif* combiné avec les temps de *esse* donne la conjugaison périphrasée suivante :

Indicatif.   **Subjonctif.**

Présent.

Amāturus, a, um sum, *je suis sur le point, j'ai l'intention d'aimer, je vais, je veux ou je dois aimer.* — Amaturus, a, um sim, *que je doive aimer.*

Imparfait.

Amaturus, a, um eram, *j'allais aimer*, etc. — Amaturus, a, um essem, *j'aimerais, je devrais aimer.*

Parfait.

Amaturus, a, um fui, *j'ai dû aimer.* — Amaturus, a, um fuerim, *que j'aie dû aimer.*

Plus-que-parfait.

Amaturus, a, um fueram, *j'avais dû aimer*, etc. — Amaturus, a, um fuissem, *j'aurais dû aimer, que j'eusse dû aimer.*

Futur.

Amaturus, a, um ero, *je serai sur le point d'aimer*, etc.

Futur passé.

Amaturus, a, um fuero, *j'aurai eu l'intention d'aimer*, etc.

Infinitif. { Présent. Amaturum esse, *devoir aimer, être sur le point d'aimer.*
Parfait. Amaturum fuisse, *avoir été sur le point d'aimer.*

II. Pour la voix passive.

1. Du verbe *esse* joint au participe futur passif se forment :

a.) Amandus, amanda, amandum sum, *je dois être aimé*; amandus eram, *je devais être aimé*; amandus sim, *que je doive être aimé*, etc.

b.) Et du neutre singulier : amandum est, *il faut aimer*, amandum erat, etc., d'où : Mihi amandum est, *je dois aimer*; tibi amandum est, *tu dois aimer*; illi amandum est, *il doit aimer*; Nobis, vobis, illis amandum est, *nous devons, vous devez, ils doivent aimer*. Les autres temps sont formés de la même manière.

2. Du participe passé combiné avec les temps de *esse* sont formés :

a.) **Le parf. passif**, amatŭs, ă, ŭm sum (subj. *sim*), *j'ai été aimé*.

b.) **Le pl.-q.-parf.**, amatus, a, um eram (subj. *essem*), *j'avais été aimé*.

c.) **Le fut. passé**, amatus, a, um ero, *je serai aimé*.

§ **94**. L'*infinitif futur passif* se forme par la combinaison du supin en **um** avec ***iri***, infinitif présent passif de *ire*, aller ; ainsi : *amatum iri, doctum iri, lectum iri, auditum iri*.

§ **95**. Jusqu'ici nous n'avons donné que la première personne du singulier de chaque temps et de chaque mode ; les autres personnes se forment de la première d'après le tableau suivant.

TEMPS.	Conjug.	Mode Indicatif.	Mode Subjonct.	Mode Impératif.
		Actif.		
Présent.	I.	S. -o, -ās, -ăt; Pl. -āmus, -ātis, -ant.	S -ĕm, -ēs, -ĕt. P. -ēmŭs, -ētis, -ent.	S. 2. -ā, -āto, 3. -ātŏ; Pl. 2. -ātĕ, -ātōtĕ, 3. -ant
	II.	S. -co, -ēs, -ĕt; Pl. -ēmŭs, ētĭs, -ent.		S. 2. -ē, -ēto, 3. -ēto; Pl. 2. -ētĕ, ētōtĕ, -ento.
	III.	S. -o, -ĭs, -ĭt; Pl. -ĭmŭs, -ĭtĭs, -iunt.	S. ăm, ās, -ăt; P. -āmŭs, -ātis, ·ant.	S. 2. -ĕ, -ĭto, 3. -ĭto; Pl 2. ĭtĕ, ĭtōtĕ, 3. -unto.
	IV.	S. -io, -īs, -ĭt; Pl. -ĭmŭs, -ĭtĭs, -unt.		S. 2. -ī, itŏ, 3. -īto; Pl. 2. -ītĕ, ītōtĕ, 3. -iunt
Imparfait.	I. II. III. IV.	S. -băm, -bās, -băt; Pl. -bāmŭs, -bātĭs, -bant.	S. -rĭm, -rĭs, -rīt; P. -rĭmŭs, -rĭtĭs, -rint.	
Parfait.	I. II. III. IV.	S. -ī, -istī, -ĭt; Pl. -ĭmŭs, -istĭs, -ērunt ou -ērĕ.	S. -rĭm, -rĭs, -rīt; P. -rĭmŭs, -rĭtĭs, -rint.	
Pl.-q.-parf.	I. II. III. IV.	S. -răm, -rās, -răt; Pl. -rāmŭs, -rātĭs, -rant.	S. -sĕm, -sēs, -sĕt; P. -sēmŭs, -sētĭs, -sent.	
Futur.	I. II.	S. -bo, -bĭs, -bĭt; P. -bĭmŭs, -bĭtĭs, -bunt.		
	III. IV.	S. -ăm, -ēs, -ĕt; P. -ēmŭs, ētĭs, -ent.		
Fut. passé.	I. II. III. IV.	S. -ro, -rĭs, -rĭt; P. -rĭmŭs, -rĭtĭs, -rint.		

IV. DU VERBE. 67

Passif.

Mode Indicatif.	Mode Subjonctif.	Mode Impératif.
ŏr, -ărĭs, -ātŭr; -āmŭr, -āmĭnī, -antŭr.	S. -ĕr, -ērĭs, -ētŭr; Pl. ēmŭr, -ēmĭnī, -entŭr.	S. 2. -ārĕ, -ātŏr, 3. -ātŏr; P. 2. -āmĭnī, -āmĭnŏr, 3. -antŏr.
ĕŏr, -ērĭs, -ētŭr; -ēmŭr, -ēmĭnī, -entŭr.	S. -ăr, -ărĭs, -ātŭr; Pl. -āmŭr, -āmĭnī, -antŭr.	S. 2. -ērĕ, -ētŏr, 3. -ētŏr; P. 2. -ēmĭnī, -ēmĭnŏr, 3. -entŏr. S. 2. -ĕrĕ, -ĭtŏr, 3. -ĭtŏr; P. 2. -ĭmĭnī, -ĭmĭnŏr, 3. untŏr. S. 2. -īrĕ, -ītŏr, 3. -ītŏr; P. 2. -īmĭnī, -īmĭnŏr, 3. -iuntŏr.
ŏr, -ĕrĭs, -ĭtŭr; ĭmŭr, -ĭmĭnī, -untŭr. ŏr, -īrĭs, -ītŭr; īmŭr, -īmĭnī, iuntŭr.		
. -băr, -bārĭs, bātŭr. l. -bāmŭr, -bāmĭnī, -bantŭr.	S. -rēr, -rērĭs, -rētŭr; Pl. -rēmŭr, -rēmĭnī, -rentŭr.	
. -ŭs, -ă, -ŭm sŭm, etc. 'l. -ī, -æ, -ă sŭmŭs, etc.	S. -ŭs, -ă, -ŭm, sĭm, etc. Pl. -ī, -æ, -ă sīmŭs, etc.	
-ŭs, -ă, -ŭm, ĕram, etc. l. -ī, -æ, -ă ĕrāmŭs, etc.	S. -ŭs, -ă, -ŭm essĕm, etc. Pl. -ī, -æ, -ă essemus, etc	
. -bŏr, -bĕrĭs, -bĭtŭr; 'l. -bĭmŭr, -bĭmĭnī, -buntŭr. . -ar, -ērĭs, -ētŭr; 'l. -ēmŭr, -ēmĭnī, -entŭr.		
). -ŭs, -ă, -ŭm ĕre, etc. 'l. -ī, -æ, -ă ĕrĭmŭs, etc.		

§ 96. D'après les règles exposées dans les § 91 à 95, voici le bleau des quatre conjugaisons :

Première conjugaison.

TEMPS	Mode Indicatif.	Mode Subjonctif.
Présent.	S. Amo, *j'aime*, Amas, *tu aimes*, Amat, *il aime*, Pl. Amāmus, *nous aimons*, Amātis, *vous aimez*, Amant, *ils aimaient*.	S. Amem, *que j'aime*, Ames, *que tu aimes*, Amet, *qu'il aime*, Pl. Amēmus, *que nous aimions*, Amētis, *que vous aimiez*, Ament, *qu'ils aiment*.
Imparfait.	S. Amābam, *j'aimais*, Amābas, *tu aimais*, Amābat, *il aimait*, Pl. Amabāmus, *nous aimions*, Amabātis, *vous aimiez*, Amābant, *ils aimaient*.	S. Amārem, *que j'aimasse, j'aimer.* Amāres, *q. tu aimasses, tu aimer.* Amāret, *qu'il aimât, il aimerai* P. Amarēmus, *q. n. aimassions, n. aimer* Amarētis, *que vous aimassiez, v. aim* Amārent, *qu'ils aimassent, ils aimera*
Parfait.	S. Amāvi, *j'ai*, Amāvisti, *tu as* Amāvit, *il a* Pl. Amavīmus, *ns. avons* Amāvistis, *vs. avez* Amavērunt, *ils ont* } *J'aimai, tu aimas, etc. aimé.*	S. Amaverim, *que j'aie* Amaveris, *que tu aies* Amaverit, *qu'il ait* P. Amaverīmus, *q. nous ayons* Amaverītis, *que vous ayez* Amaverint, *qu'ils aient*
Plus-q-parfait.	S. Amavēram, *j'avais* Amavēras, *tu avais* Amavērat, *il avait* Pl. Amaverāmus, *ns. avions* Amaverātis, *vs. aviez* Amavērant, *ils avaient* } *aimé.*	S. Amavissem, *que j'eusse, j'aurais* Amavisses, *que tu eusses, tu aurais* Amavisset, *qu'il eût, il aurait* P. Amavissēmus, *que nous eussions, nous aurions* Amavissētis, *q. v. eussiez, v. auriez* Amavissent, *qu'ils eussent, ils auraient*
Futur.	S. Amābo, *j'aimerai*, Amābis, *tu aimeras*, Amābit, *il aimera*, Pl. Amabĭmus, *nous aimerons*, Amabĭtis, *vous aimerez*, Amābunt, *ils aimeront*.	
Futur passé.	S. Amavēro, *j'aurai*, Amavĕris, *tu auras* Pl. Amavĕrit, *il aura* Amaverīmus, *ns. aurons* Amaverītis, *vs. aurez* Amavĕrint, *ils auront* } *aimé.*	

Gérondifs : { Gén. Amandi, *d'aimer*,
Dat. Amando, *à aimer*,
Ac. (ad) Amandum, *p^r aime*
Abl. Amando, *en aimant*.

IV. DU VERBE.   69

Voix active.

Mode Impératif.	Infinitif.	Participe.
P. { Amā, *aime*, Amāto, *aime, tu aimeras*, Amāto, *qu'il aime*, 2. { Amāte, *aimez*, Amatōte, *aimez, v. aimerez*. 3. Amanto, *qu'ils aiment*.	Amāre, *aimer*.	Amans, *aimant*, *Gén.* amantis, etc.
	Amavisse, *avoir aimé*.	
	Amatūrum, am, um, esse, *devoir aimer*.	Amaturus, a, um, *devant aimer* ou *qui aimera*.
Supins. { 1. Amātum, *aimer, pour aimer*. 2. Amātu, *à aimer*.		

Première conjugaison.

Temps	Mode Indicatif.	Mode Subjonctif.
Présent	S. Amor, *je suis* ⎫ Amāris, *tu es* ⎬ *aimé.* Amātur, *il est* ⎭ Pl. Amāmur, *nous sommes* ⎫ Amamĭni, *vous êtes* ⎬ *aimés.* Amantur, *ils sont* ⎭	S. Amer, *que je sois* ⎫ Amēris, *que tu sois* ⎬ *aimé.* Amētur, *qu'il soit* ⎭ Pl. Amēmur, *que nous soyons* ⎫ Amemĭni, *que vous soyez* ⎬ Amentur, *qu'ils soient* ⎭
Imparfait	S. Amābar, *j'étais* ⎫ Amabāris, *tu étais* ⎬ *aimé.* Amabātur, *il était* ⎭ Pl. Amābāmur, *nous étions* ⎫ Amabāmĭni, *vous étiez* ⎬ *aimés.* Amabantur, *ils étaient* ⎭	S. Amārer, *q. je fusse, je serais* ⎫ Amarēris, *q. tu fusses, tu serais* Amarētur, *qu'il fût, il serait* Pl. Amarēmur, *q. ns. fussions*, etc. Amaremĭni, *q. vs. fussiez*, etc. Amarentur, *qu'ils fussent*, etc.
Parfait	S. Amātus ⎫ sum, *j'ai été, je fus,* etc. (-a) ⎬ es, *tu as été* ⎫ *aimé.* (-um) ⎭ est, *il a été* ⎭ Pl. Amāti ⎫ sumus, *n. avons été* ⎫ (-ae) ⎬ estis, *vous avez été* ⎬ *aimés.* (-a) ⎭ sunt, *ils ont été* ⎭	S. Amātus ⎫ sim, *que j'aie été* (-a) ⎬ sis, *que tu aies été* (-um) ⎭ sit, *qu'il ait été* Pl. Amāti ⎫ simus, *q. ns. ayons été* (-ae) ⎬ sitis, *q. vs. ayez été* (-a) ⎭ sint, *qu'ils aient été*
Pl.-q.-parfait	S. Amātus ⎫ eram, *j'avais été* (-a) ⎬ eras, *tu avais été* ⎫ *aimé.* (-um) ⎭ erat, *il avait été* ⎭ Pl. Amāti ⎫ eramus, *n. avions été* (-ae) ⎬ eratis, *v. aviez été* ⎬ *aimés.* (-a) ⎭ erant, *ils avaient été* ⎭	S. Amātus ⎫ essem, *q. j'eusse été* ⎫ *aimé.* (-a) ⎬ esses, *q. tu eusses été* (-um) ⎭ esset, *qu'il eût été* ⎭ Pl. Amāti ⎫ essēmus, *q. ns. eussions été* (-ae) ⎬ essētis, *q. vs. eussiez été* (-a) ⎭ essent, *qu'ils eussent été*
Futur	S. Amābor, *je serai* ⎫ Amabĕris, *tu seras* ⎬ *aimé.* Amabĭtur, *il sera* ⎭ Pl. Amabĭmur, *nous serons* ⎫ Amabimĭni, *vous serez* ⎬ *aimés.* Amabuntur, *ils seront* ⎭	
Futur passé	S. Amātus ⎫ ero, *j'aurai été* ⎫ (-a) ⎬ eris, *tu auras été* ⎬ *aimé.* (-um) ⎭ erit, *il aura été* ⎭ Pl. Amāti ⎫ erĭmus, *n. aurons été* ⎫ (-ae) ⎬ erĭtis, *v. aurez été* ⎬ *aimés.* (-a) ⎭ erunt, *ils auront été* ⎭	

Ainsi se conjuguent : Accūso, *j'accuse*
Curo, *je soigne*,
Honōro, *j'honore*
Judĭco, *je juge*,

IV. DU VERBE.

Voix passive.

Mode Impératif.	Infinitif.	Participe.
2. { Amāre, *sois aimé*, { Amātor, *sois aimé*, 3. Amātor, *qu'il soit aimé.* 2. { Amămĭni, *soyez aimés*, { Amamĭnor, *soyez aimés.* 3. Amantor, *qu'ils soient aimés.*	Amāri, *être aimé.*	
	Amātum, am, um esse, *avoir été aimé.*	Amātus, ă, um, *aimé.*
	Amātum, iri, *devoir être aimé.*	Amandus, a, um, *devant être aimé.*

libĕro, *je délivre*,
nomĭno, *je nomme*,
orno, *j'orne*,
supero, *je surpasse.*

Première conjugaison.

Temps	Mode Indicatif.	Mode Subjonctif.
Présent.	S. Hortor, *j'exhorte,* Hortāris, *tu exhortes,* Hortātur, *il exhorte,* Pl. Hortāmur, *nous exhortons,* Hortamĭni, *vous exhortez,* Hortantur, *ils exhortent.*	S. Horter, *que j'exhorte,* Hortēris, *que tu exhortes,* Hortētur, *qu'il exhorte,* Pl. Hortēmur, *que nous exhortions* Hortemĭni, *que vous exhortiez* Hortentur, *qu'ils exhortent,*
Imparfait.	S. Hortābar, *j'exhortais,* Hortabāris, *tu exhortais,* Hortabātur, *il exhortait,* Pl. Hortabāmur, *nous exhortions,* Hortabamĭni, *vous exhortiez,* Hortabantur, *ils exhortaient.*	S. Hortārer, *que j'exhortasse,* Hortarēris, *que tu exhortasses* Hortarētur, *qu'il exhortât,* Pl. Hortarēmur, *q. nous exhortassions* Hortarēmĭni, *q. vous exhortàssiez* Hortarentur, *qu'ils exhortassent.*
Parfait.	S. Hortātus (-a) (-um) sum, *j'ai* / es, *tu as* / est, *il a* Pl. Hortati (-ae) (-a) sumus, *nous avons* / estis, *vous avez* / sunt, *ils ont.* — *J'exhortai. exhorté.*	S. Hortātus (-a) (-um) sim, *que j'aie* / sis, *que tu aies* / sit, *qu'il ait* Pl. Hortāti (-ae) (-a) simus, *q. n. ayons* / sitis, *q. vous ayez* / sint, *qu'ils aient*
Pl.-q.-parf.	S. Hortātus (-a) (-um) eram, *j'avais,* / eras, *tu avais,* / erat, *il avait,* Pl. Hortati (-ae) (-a) erāmus, *ns. avions* / erātis, *vous aviez* / erant, *ils avaient* — *exhorté.*	S. Hortātus (-a) (-um) essem, *que j'eusse* / esses, *q. tu eusses* / esset, *qu'il eût* Pl. Hortāti (-ae) (-a) essēmus, *q. n. eussions* / essētis, *q. v. eussiez* / essent, *qu'ils eussent*
Futur.	S. Hortābor, *j'exhorterai,* Hortabĕris, *tu exhorteras,* Hortabĭtur, *il exhortera,* Pl. Hortabĭmur, *nous exhorterons,* Hortabimĭni, *vous exhorterez,* Hortabuntur, *ils exhorteront.*	.
Futur passé.	S. Hortātus (-a) (-um) ero, *j'aurai,* / eris, *tu auras,* / erit, *il aura,* Pl. Hortati (-ae) (-a) erimus, *ns. aurons,* / eritis, *vous aurez,* / erunt, *ils auront,* — *exhorté.*	
Gérondifs :	Gén. Hortandi, *d'exhorter,* Dat. Hortando, *à exhorter,* Acc. Hortandum, *(pour) exhorter,* Abl. Hortando, *en exhortant,*	Supins : 1. Hortātur p* *exhorte* 2. Hortātu *à exhorte*

IV. DU VERBE.

Verbe déponent.

Mode Impératif.	Infinitif.	Participe.
2. { Hortāre, *exhorte*, { Hortātor, *exhorte, tu exhorteras*, 3. Hortātor, *qu'il exhorte*, 2. { Hortamĭni, *exhortez*, { Hortamĭnor, *exhortez, v. exhorterez*, 3. Hortantor, *qu'ils exhortent*.	Hortāri, *exhorter*.	Hortans, *exhortant*.
	Hortātum, am, um esse, *avoir exhorté*.	Hortātus, a, um, *ayant exhorté*.
	Hortatūrum, am, um, esse, *devoir exhorter*.	Hortaturus, a, um, *devant exhorter*.
Ainsi se conjuguent :	{ Aspernor, *je méprise*, { Criminor, *j'accuse*, { Epŭlor, *je fais un repas*,	Imītor, *j'imite*, Opīnor, *je pense*, Precor, *je prie*.

Gramm. lat.

Deuxième conjugaison.

TEMPS.	Mode Indicatif.	Mode Subjonctif.
Présent.	S. Dŏceo, *j'enseigne*, etc. Doces, Docet, Pl. Docēmus, Docētis, Docent,	S. Doceam, *que j'enseigne*, etc. Doceas, Doceat, Pl. Doceāmus, Doceātis, Doceant.
Imparfait.	S. Docēbam, *j'enseignais*, etc. Docēbas, Docēbat, Pl. Docēbamus, Docebātis, Docebānt,	S. Docērem, *que j'enseignasse*, et Docēres, ou Docēret, *j'enseignerais, tu* Pl. Docerēmus, *enseignerais*, etc Doverētis, Docērent.
Parfait.	S. Docui, *j'ai enseigné*, etc., Docuisti, ou Docuĭt, *j'enseignai, tu* Pl. Docuĭmus, *enseignas*, etc. Docuistis, Docuērunt,	S. Docuĕrim, *que j'aie enseigné*. Docuĕris, Docuĕrit, Pl. Docuerĭmus, Docuerĭtis, Docuĕrint,
Pl.-q.-parfait.	S. Docuĕram, *j'avais enseigné*. Docuĕras, Docuĕrat, Pl. Docuerāmus, Docuerātis, Docuĕrant,	S. Docuissem, *q. j'eusse enseigné*, e Docuisses, ou Docuisset, *j'aurais, tu aurais*, Pl. Docuissēmus, *enseigné*, etc. Docuissētis, Docuissent,
Futur.	S. Docēbo, *j'enseignerai*, Docēbis, *tu enseigneras*, etc. Docēbit, Pl. Docebĭmus, Docebĭtis, Docēbunt.	
Futur passé.	S. Docuĕro, *j'aurai, tu auras* Docuĕris, *enseigné*. Docuĕrit, Pl. Docuerĭmus, Docuerĭtis, Docuerint.	
	Gérondifs :	Gén. Docendi, *d'enseigner*, Dat. Docendo, *à enseigner*, Acc. Docendum, *p^r enseigner* Abl. Docendo, *en enseignant*.

IV. DU VERBE.

Voix active.

Mode Impératif.	Infinitif.	Participe.
2. { Docē, *enseigne*, 　　Docēto, *enseigne, tu enseigneras,* 3.　Docēto, *qu'il enseigne,* 2. { Docēte, *enseignez,* 　　Docetōte, *enseignez, v. enseignerez* 3.　Docento, *qu'ils enseignent.*	Docēre, *enseigner.*	Docens, *enseignant.*
	Docuisse, *avoir enseigné.*	
	Doctūrum, am, um, esse, *devoir enseigner.*	Doctūrus, a, um, *devant enseigner.*

Supins : { 1. Doctum, *pour enseigner.*
　　　　 2. Doctu, *à enseigner.*

Deuxième conjugaison.

TEMPS.	Mode Indicatif.	Mode Subjonctif.
Présent.	S. Docĕor, *(je suis enseigné)* Docēris, *on m'enseigne.* Docētur, Pl. Docēmur, Docemĭni, Docentur.	S. Docear, *(que je sois enseigné)* Doceāris, *que l'on m'enseigne.* Doceātur, Pl. Doceāmur, Doceamĭni, Doceantur,
Imparfait.	S. Docēbar, *(j'étais enseigné)* Docebāris, *on m'enseignait.* Docebātur, Pl. Docebāmur, Docebamĭni, Docebantur.	S. Docērer, *(que je fusse enseigné* Docerēris, *qu'on m'enseignât* Docerētur, ou Pl. Docerēmur, *(je serais, tu sera* Doceremĭni, enseigné) Docerentur, *on m'enseignerait*
Parfait.	S. Doctus ⎫ sum, *(j'ai été enseigné)* (-a) ⎬ es, *on m'a enseigné;* (-um) ⎭ est, ou Pl. Docti ⎫ sumus, *(je fus enseigné)* (-ae) ⎬ estis, *on m'enseigna.* (-a) ⎭ sunt,	S. Doctus ⎫ sim, *(q.j'aie été enseigné* (-a) ⎬ sis, *qu'on m'ait enseign* (um) ⎭ sit, Pl. Docti ⎫ simus, (-ae) ⎬ sitis, (-a) ⎭ sint,
Pl.-q.-parf.	S. Doctus ⎫ eram, *(j'avais été en-* (-a) ⎬ eras, *seigné)* (-um) ⎭ erat, *on m'avait en-* Pl. Docti ⎫ eramus, *seigné.* (-ae) ⎬ eratis, (-a) ⎭ erant,	S. Doctus ⎫ essem, *(q.j'eusse été enseigné* (-a) ⎬ esses, *qu'on m'eût enseigné* (-um) ⎭ esset, ou Pl. Docti ⎫ essemus, *(j'aur. été enseigné* (-ae) ⎬ essetis, *on m'aurait enseigné* (-a) ⎭ essent.
Futur.	S. Docēbor, *(je serai enseigné)* Docebĕris, *on m'enseignera.* Docebĭtur, Pl. Docebimur, Docebimini, Docebuntur,	
Futur passé.	S. Doctus ⎫ ero, *(j'aurai été enseigné)* (-a) ⎬ eris, *on m'aura ensei-* (-um) ⎭ erit, *gné.* Pl. Docti ⎫ erimus, (-ae) ⎬ eritis. (-a) ⎭ erunt.	
	Ainsi se conjuguent :	Habeo, habui, habĭtum, habēre, *avoir*, Misceo, miscui, mistum (mixtum), miscere, *mêler*.

IV. DU VERBE.   77

Voix passive.

Mode Impératif.	Infinitif.	Participe.
2. {Docēre, *sois enseigné*, Docētor, *sois enseigné, on t'enseignera* 3. Docētor, *qu'il soit enseigné*, 2. {Docemĭni, *soyez enseignés*, Docemĭnor, *s. enseignés, on v. enseig.* 3. Docentor, *qu'ils s. enseignés.*	Docēri, *être enseigné.*	
	Doctum, am, um, esse, *avoir été enseigné.*	Doctus, *enseigné.*
	Doctum iri, *devoir être enseigné.*	Docendus, a, um, *devant être enseigné.*

Moneo, monui, monĭtum, monēre, *avertir*,
Teneo, tenui, tentum, tenere, *tenir*.

Deuxième conjugaison.

TEMPS.	Mode Indicatif.	Mode Subjonctif.
Présent.	S. Tueor, *je protége,* Tuēris, Tuētur, Pl. Tuēmur, Tuemĭni, Tuentur.	S. Tuear, *que je protége.* Tueāris, Tneātur, Pl. Tueāmur, Tueamĭni, Tueantur.
Imparfait.	S. Tuēbar, *je protégeais.* Tuebāris, Tuebātur, Pl. Tuebāmur, Tuebāmĭni, Tuebantur.	S. Tuērer, *que je protégeasse* Tuerēris, ou Tuerētur, *je protégerais, tu* Pl. Tuerēmur, *protégerais,* etc. Tuerēmĭni, Tuerentur.
Parfait.	S. Tuĭtus ⎫ sum, *j'ai protégé* (-a) ⎬ es, ou (-um) ⎭ est, *je protégeai.* Pl. Tuĭti, ⎫ sumus, (-ae) ⎬ estis, (-a) ⎭ sunt,	S. Tuĭtus ⎫ sim, *que j'aie protégé.* (-a) ⎬ sis, (-um) ⎭ sit, Pl. Tuĭti ⎫ simus, (-ae) ⎬ sitis, (-a) ⎭ sint.
Pl.-q-parfait.	S. Tuĭtus ⎫ eram, *j'avais protégé.* (-a) ⎬ eras, (-um) ⎭ erat, Pl. Tuĭti ⎫ eramus, (-ae) ⎬ eratis, (-a) ⎭ erant.	S. Tuĭtus ⎫ essem, *q. j'eusse protégé* (-a) ⎬ esses, ou (-um) ⎭ esset, *j'aurais, tu aurais,* Pl. Tuĭti ⎫ essemus, etc., *protégé.* (-ae) ⎬ essetis, (-a) ⎭ essent.
Futur.	S. Tuēbor, *je protégerai,* Tuebĕris, *tu protégeras,* etc. Tuebĭtur, Pl. Tuebĭmur, Tuebimĭni, Tuebuntur.	
Futur passé.	S. Tuĭtus ⎫ ero, *j'aurai, tu auras* (-a) ⎬ eris, *protégé,* etc. (-um) ⎭ erit, Pl. Tuĭti, ⎫ erĭmus, (-ae) ⎬ erĭtis, (-a) ⎭ erunt.	
	Gérondifs :	Gén. Tuendi, *de protéger,* Dat. Tuendo, *à protéger,* Acc. Tuendum, *pour protéger,* Abl. Tuendo, *en protégeant.*

IV. DU VERBE.

Verbe déponent.

Mode Impératif.	Infinitif.	Participe.
S. 2. Tuēre, *protége*, Tuētor, *protége, tu protégeras*, 3. Tuetor, *qu'il protége*, Pl. 2. Tuemĭni, *protégez*, Tuemĭnor, *protégez, v. protégerez*, 3. Tuentor, *qu'ils protégent*.	Tuēri, *protéger*.	Tuens, *protégeant*.
	Tuitum, am, um, esse, *avoir protégé*.	Tuitus, a, um, *ayant protégé*.
	Tuitūrum, am, um esse, *devoir protéger*.	Tuitūrus, a, um, *devant protéger*.
Supins : Tuĭtum, *pour protéger*. Tuĭtu, *à protéger*.	Ainsi se conjuguent : Confiteor, confessus sum, confiteri, *avouer* Misereor, misertus sum, misereri, *avoir pitié*. Vereor, veritus sum, vereri, *craindre*.	

Troisième conjugaison.

Temps	Mode Indicatif.	Mode Subjonctif.
Présent.	S. Lĕgŏ, *je lis*, Legis, Legit, Pl. Legĭmus, Legĭtis, Legunt.	S. Legam, *que je lise*, Legas, Legat, Pl. Legāmus, Legātis, Legant.
Imparfait.	S. Legēbam, *je lisais*, Legēbas, Legēbat, Pl. Legebāmus, Legebātis, Legēbant.	S. Legĕrem, *que je lusse*, Legĕres, ou Legĕret, *je lirai, tu lirais*, Pl. Lgerēmus, Legerētis, Legĕrent.
Parfait.	S. Lēgi, *j'ai lu*, Legisti, ou Lēgit, *je lus*. Pl. Legĭmus, Legistis, Legĕrunt.	S. Legĕrim, *que j'aie lu*, Legĕris, Legĕrit, Pl. Legerĭmus, Legerĭtis, Legĕrint.
Pl.-q.-parfait.	S. Legĕram, *j'avais lu*. Legĕras, Legĕrat, Pl. Legerāmus, Legerātis, Legĕrant.	S. Legissem, *que j'eusse lu*, Legisses, ou Legisset, *j'aurais, tu aurais lu* Pl. Legissēmus, Legissētis, Legissent.
Futur.	S. Legam, *je lirai, tu liras*, etc. Leges, Leget, Pl. Legēmus, Legētis, Legent.	
Futur passé	S. Legĕro, *j'aurai lu*. Legĕris, Legĕrit, Pl. Legerĭmus, Legerĭtis, Legĕrint.	
	Gérondifs :	{ Gén. Legendi, *de lire*, Dat. Legendo, *à lire*, Acc. Legendum, *pour lire*, Abl. Legendo, *en lisant*.

IV. DU VERBE.

	Voix active.	
Mode Impératif.	*Infinitif.*	*Participe.*

2. Legĕ, *lis*,
   Legĭto, *lis, tu liras*,
3. Legĭto, *qu'il lise*,
2. Legĭte, *lisez*,
   Legitōte, *lisez, vous lirez*,
3. Legunto, *quils lisent.*
	Legĕre, *lire.*	Legens, *lisant.*

	Legisse, *avoir lu.*	
	Lectūrum, am, um esse, *devoir lire.*	Lectūrus, a, um, *devant lire.*
upins : { 1. Lectum, *pour lire.* { 2. Lectu, *à lire.*		

Troisième conjugaison.

TEMPS	Mode Indicatif.	Mode Subjonctif.
Présent.	S. Lĕgor, *je suis lu.* Legĕris, Legĭtur, Pl. Legĭmur, Legimĭni, Leguntur.	S. Legar, *que je sois lu.* Legāris, Legātur, Pl. Legāmur, Legamĭni, Legantur.
Imparfait.	S. Legebar, *j'étais lu.* Legebaris, Legebatur, Pl. Legebamur, Legebamini, Legebantur.	S. Legĕrer, *que je fusse lu* Legerēris, ou Legerētur, *je serais, tu serais* Pl. Legerēmur, Legeremĭni, Legerentur.
Parfait.	S. Lectus) sum, *j'ai été lu* (-a)) es, ou (-um)) est, *je fus lu.* Pl. Lecti) sumus, (-ae)) estis, (-a)) sunt.	S. Lectus) sim, *que j'aie été lu* (-a)) sis, (-um)) sit, Pl. Lecti) simus, (-ae)) sitis, (-a)) sint.
Plus-q-parf.	S. Lectus) eram, *j'avais été lu.* (-a)) eras, (-um)) erat, Pl. Lecti) erāmus, (-ae)) erātis, (-a)) erant.	S. Lectus) essem, *que j'eusse été* (-a)) esses, ou (-um)) esset, *j'aurais, tu au-* Pl. Lecti) essēmus, *rais été* (-ae)) essētis, (-a)) essent.
Futur.	S. Legar, *je serai, tu seras lu*, etc. Legēris, Legētur, Pl. Legēmur, Legemĭni, Legentur.	
Futur passé.	S. Lectus) ero, *j'aurai, tu auras* (-a)) eris, *été lu*, etc. (-um)) erit. Pl. Lecti) erimus, (-ae)) eritis, (-a)) erunt.	

Ainsi se conjuguent :
{ Cogo, coëgi, coactum, cogere, *forcer.*
Duco, duxi, ductum, ducere, *conduire.*
Flecto, flexi, flectum, flectere, *fléchir.*
Frango, fregi, fractum, frangere, *briser.*

IV. DU VERBE.

Voix passive.		
Mode Impératif.	*Infinitif.*	*Participe.*
2. Legĕre, *sois lu*, Legĭtor, *sois lu*, *tu seras lu*, 3. Legĭtor, *qu'il soit lu*, 2. Legimĭni, *soyez lus*, Legimĭnor, *soyez lus*, *v. serez lus*, 3. Leguntor, *qu'ils soient lus*.	Lĕgi, *être lu*.	
	Lectum, am, um, esse, *avoir été lu*.	Lectus, a, um, *lu*.
	Lectum iri, *devoir être lu*.	Legendus, a, um, *devant être lu*.

Jacio, jeci, jactum, jacĕre, *jeter*.
Laedo, laedi, laesum, laedĕre, *blesser*.
Mitto, misi, missum, mittĕre, *envoyer*.
Pungo, pupugi, punctum, pungĕre, *piquer*.

Troisième conjugaison.

Tmps.	Mode Indicatif.	Mode Subjonctif.
Présent	S. Loquor, *je parle.* Loquĕris, Loquĭtur, Pl. Loquĭmur, Loquimĭni, Loquuntur.	S. Loquar, *que je parle.* Loquāris, Loquātur, Pl. Loquāmur, Loquamĭni, Loquantur.
Imparfait	S. Loquĕbar, *je parlais.* Loquebāris, Loquebātur, Pl. Loquebāmur, Loquebamĭni, Loquebantur.	S. Loquĕrer, *que je parlasse* Loquerēris, *ou* Loquerētur, *je parlerais,* Pl. Loquerēmur, *tu parlerais,* etc Loquerēmĭni, Loquerentur.
Parfait	S. Locūtus (-a) (-um) } sum, *j'ai parlé* es, *ou* est, *je parlai, tu* Pl. Locūti (-ae) (-a) } sumus, *parlas.* estis, sunt,	S. Locūtus (-a) (-um) } sim, *que j'aie parlé.* sis, sit, Pl. Locūti (-ae) (-a) } simus, sitis, sint.
Pl.-q.-parfait	S. Locūtus (-a) (-um) } eram, *j'avais parlé.* eras, erat, Pl. Locūti (-ae) (-a) } eramus, eratis, erant.	S. Locūtus (-a) (-um) } essem, *q. j'eusse parl* esses, *ou* esset, *j'aurais, tu au* Pl. Locūti (-ae) (-a) } essemus, *rais parl* essetis, essent.
Futur	S. Loquar, *je parlerai,* Loquĕris, *tu parleras,* etc. Loquētur, Pl. Loquēmur, Loquemĭni, Loquentur.	
Futur passé	S. Locūtus (-a) (-um) } ero, *j'aurai, tu auras* eris, *parlé,* etc. erit, Pl. Locūti (-ae) (-a) } erĭmus, erĭtis, erunt.	
Gérondifs :	Gén. Loquendi, *de parler.* Dat. Loquendo, *à parler.* Acc. Loquendum, *pour parler.* Abl. Loquendo, *en parlant.*	Supins : { 1. Locūtum, *pour parler.* 2. Locūtu, *à parler.*

IV. DU VERBE. 85

Verbe déponent.

Mode Impératif.	Infinitif.	Participe.

2. Loquēre, *parle.*
    Loquĭtor, *parle, tu parleras.*
3. Loquĭtor, *qu'il parle.*
2. Loquimĭni, *parlez.*
    Loquimĭnor, *parlez, v. parlerez.*
3. Loquuntor, *qu'ils parlent.*
	Loqui, *parler.*	Loquens, *parlant.*

	Locūtum, am, um, esse, *avoir parlé.*	Locutus, a, um, *ayant parlé.*
	Locutūrum, am, um, esse, *devoir parler.*	Locutūrus, a, um, *devant parler.*

Ainsi se conjuguent :
    Fungor, functus sum, fungi, *s'acquitter.*
    Labor, lapsus sum, labi, *tomber.*
    Obliviscor, oblitus sum, oblivisci, *oublier.*
    Patior, passus sum, pati, *souffrir.*

Quatrième conjugaison.

TEMPS	Mode Indicatif.	Mode Subjonctif.
Présent.	S. Audio, *j'entends.* Audis, Audit, Pl. Audīmus, Audītis, Audiunt.	S. Audiam, *que j'entende.* Audias, Audiat, Pl. Audiāmus, Audiātis, Audiant.
Imparfait.	S. Audiēbam, *j'entendais.* Audiēbas, Audiēbat, Pl. Audiebāmus, Audiebātis, Audiēbant.	S. Audīrem, *que j'entendisse* Audīres, ou Audīret, *j'entendrais, tu entendre* Pl. Audirēmus, Audirētis, Audīrent.
Parfait.	S. Audīvi, *j'ai entendu* Audivisti, ou *j'entendis.* Audīvit, Pl. Audivĭmus, Audivistis, Audivērunt.	S. Audivĕrim, *que j'aie entendu* Audivĕris, Audivĕrit, Pl. Audiverĭmus, Audiverītis, Audivĕrint.
Pl.-q.-parfait.	S. Audivĕram, *j'avais entendu.* Audivĕras, Audivĕrat, Pl. Audiverāmus, Audiverātis, Audivĕrant.	S. Audivissem, *que j'eusse enten* Audivisses, ou Audivisset, *j'aurais entendu* Pl. Audivissēmus, Audivissētis, Audivissent.
Futur.	S. Audiam, *j'entendrai,* Audies, *tu entendras,* etc. Audiet, Pl. Audiēmus, Audiētis, Audient.	
Futur passé.	S. Audivĕro, *j'aurai, tu auras* Audivĕris, *entendu,* etc. Audivĕrit, Pl. Audiverĭmus, Audiverītis, Audivĕrint.	
	Gérondifs :	Gén. Audiendi, *d'entendre,* Dat. Audiendo, *à entendre,* Ac. Audiendum, *p^r entendre* Abl. Audiendo, *en entendant*

IV. DU VERBE.

Voix active.

Mode Impératif.	Infinitif.	Participe.

2. { Audī, *entends*,
   { Audīto, *entends, tu entendras*,
3. Audīto, *qu'il entende*,
I. 2. { Audīte, *entendez*,
      { Auditōte, *entendez, v. entendrez*,
3. Audiunto, *qu'ils entendent*.
	Audīre, *entendre*.	Audiens, *entendant*.

	Audīvisse, *avoir entendu*.	
	Auditūrum, am, um, esse, *devoir entendre*.	Auditūrus, a, um, *devant entendre*.

Supins. { 1. Audītum, *pour entendre*.
         { 2. Audītu, *à entendre*.

Quatrième conjugaison.

TEMPS	Mode Indicatif.	Mode Subjonctif.
Présent.	S. Audior, *je suis entendu.* Audīris, Audītur, Pl. Audīmur, Audimĭni, Audiuntur.	S. Audiar, *que je sois entendu.* Audiāris, Audiātur, Pl. Audiāmur, Audiamĭni, Audiantur.
Imparfait.	S. Audiēbar, *j'étais entendu.* Audiebāris, Audiebātur, Pl. Audiebāmur, Audiebamĭni, Audiebantur.	S. Audīrer, *que je fusse entendu* Audirēris, *ou* Audirētur, *je serais, tu serais* Pl. Audirēmur, *entendu.* Audiremĭni, Audirentur.
Parfait.	S. Audītus) sum, *j'ai été* (-a) ⎬ es, *ou* (-um)) est, *je fus entendu.* Pl. Audīti,) sumus, (-ae) ⎬ estis, (-a)) sunt.	S. Audītus) sim, *que je fusse* (-a) ⎬ sis, *entendu.* (-um)) sit, Pl. Audīti) simus, (-ae) ⎬ sitis, (-a)) sint.
Pl.-q.-parfait.	S. Audītus) eram, *j'avais été* (-a) ⎬ eras, *entendu.* (-um)) erat, Pl. Audīti) erāmus, (-ae) ⎬ erātis, (-a)) erant.	S. Audītus) essem, *q. j'eusse été entendu* (-a) ⎬ esses, *ou* (-um)) esset, *j'aurais, tu aurais* Pl. Audīti) essemus, *été entendu* (-ae) ⎬ essetis, (-a)) essent.
Futur.	S. Audiar, *je serai, tu seras* Audiēris, *entendu, etc.* Audiētur, Pl. Audiēmur, Audiemĭni, Audientur.	
Fut. passé.	S. Audītus) ero, *j'aurai, tu auras* (-a) ⎬ eris, *été entendu, etc.* (-um)) erit, Pl. Audīti,) erĭmus, (-ae) ⎬ erĭtis, (-a)) erint.	
Ainsi se conjuguent :	Custodio, custodīvi, custodītum, custodīre, *garder.* Finio, finīvi, finītum, finīre, *finir.* Munio, munīvi, munītum, munīre, *fortifier.* Haurio, hausi, haustum, haurīre, *puiser.*	

Voix passive.

Mode Impératif.	Infinitif.	Participe.
Audīre, *sois entendu*, Audītor, *sois entendu, t. seras ent.* Audītor, *qu'il soit entendu.* Audimĭni, *soyez entendus.* Audimĭnor, *s. ent., v. ser. entend.* Audiuntor, *qu'ils s. entendus.*	Audīri, *être entendu.*	
	Audītum, am, um esse, *avoir été entendu.*	Audītus, a, um, *entendu.*
	Audītum iri, *devoir être entendu.*	Audiendus, a, um, *devant être entendu.*

perio, repĕri, repertum, reperīre, *trouver.*
tio, sensi, sensum, sentīre, *sentir.*

Quatrième conjugaison.

TEMPS.	Mode Indicatif.	Mode Subjonctif.
Présent.	S. Largĭor, *je donne.* Largīris, Largītur, Pl. Largīmur, Largimĭni, Largiuntur.	S. Largiar, *que je donne.* Largiāris, Largiātur, Pl. Largiāmur, Largiamĭni, Largiantur.
Imparfait.	S. Largiēbar, *je donnais,* Largiebāris, *tu donnais,* &. Largiebātur, Pl. Largiebāmur, Largiebamĭni, Largiebantur.	S. Largīrer, *que je donnasse* Largirēris, ou Largirētur, *je donnerais,* Pl. Largirēmur, *donne* Largirēmini, Largirentur.
Parfait.	S. Largītus) sum, *j'ai donné* (-a)) es, ou (-um)) est, *je donnai,* Pl. Largīti) sumus, *tu donnas,* &. (-ae)) estis, (-a)) sunt.	S. Largītus) sim, *que j'aie do* (-a)) sis, (-um)) sit, Pl. Largīti) simus, (-ae)) sitis, (-a)) sint.
Pl.-q.-parfait.	S. Largītus) eram, *j'avais donné.* (-a)) eras, (-um)) erat, Pl. Largīti,) erāmus, (-ae)) erātis, (-a)) erant.	S. Largītus) essem, *que j'eus* (-a)) esses, *donné* (-um)) esset, *j'aurais, tu* Pl. Largīti) essemus, *rais d* (-ae)) essetis, (-a)) essent.
Futur.	S. Largiar, *je donnerai,* Largiēris, *tu donneras,* &. Largiētur, Pl. Largiēmur, Largiemĭni, Largientur.	
Futur passé.	S. Largītus) ero, *j'aurai, tu auras* (-a)) eris, *donné.* (-um)) erit. Pl. Largīti) erĭmus, (-ae)) erītis, (-a)) erunt.	
	Gérondifs : { Gén. Largiendi, *de donner.* Dat. Largiendo, *à donner.* Acc. Largiendum, *p.r donner.* Abl. Largiendo, *en donnant.*	Supins : { 1. Largītum *pour donn* 2. Largītu, *à donner.*

IV. DU VERBE.

Verbe déponent.

Mode Impératif.	Participe.	Infinitif.
Largīre, *donne,* Largītor, *donne, tu donneras.* Largītor, *qu'il donne,* Largimĭni, *donnez,* Largimĭnor, *donnez, v. donnerez.* Largiuntor, *qu'ils donnent.*	Largīri, *donner.*	Largiens, *donnant.*
	Largĭtum, am, um esse, *avoir donné.*	Largĭtus, a, um, *ayant donné.*
	Largitūrum, am, um esse, *devoir donner.*	Largitūrus, a, um, *devant donner.*

| ...si se conjuguent : | Assentior, assensus sum, assentīri, *approuver.*
Experior, expertus sum, experīri, *éprouver.*
Partior, partītus sum, partīri, *partager.* |

§ 97. Remarques sur les quatre conjugaisons.

1.) Les verbes déponents à signification transitive ont aussi *le participe futur passif*, p. ex. *hortandus*, devant être exhorté, *tuendus*, *lŏquendus*, *largiendus*.

2.) Quelques verbes en *co* ne suivent pas la seconde, mais la première conjugaison; tels sont *beo*, rendre heureux, *calceo*, fouler aux pieds, *illăqueo*, enlacer, *dēlineo*, dessiner, *meo*, pénétrer.

3.) De même certains verbes en *io* ne suivent pas la quatrième, mais la troisième conjugaison; de ce nombre sont: *căpio*, prendre, *cŭpio*, désirer, *făcio*, faire, *fŏdio*, fouiller, *fŭgio*, fuir, *jăcio*, jeter, *părio*, enfanter, *quătio*, ébranler, *răpio*, arracher, *săpio*, goûter, et les déponents *grădior*, marcher, *mŏrior*, mourir. Cet *i* se conserve dans la plupart des terminaisons du verbe comme *căp-i-am*, *cap-i-ebam*, *cap-i-or*, *cap-i-unt* et disparaît devant *i* et *ĕ* bref: ainsi, *capis* et non *cap-i-is*, *capĕrer* et non *cap-i-erer*.

4.) Dans les parfaits en *āvi*, *ēvi*, *īvi* et les formes qui en sont dérivées (parf. du subj., plus-que-parf. de l'indic. et du subj., infin. parf. et fut. passé), il y a souvent contraction, particulièrement là où les syllabes *āvis*, *ēvis*, *īvis* et *āver*, *ēver*, *īver* se rencontrent; p. ex., *am-avis-se = amasse*, *delevisse = delesse*, *audivisse = audisse*; *am-aver-am = amāram*, *deleveram = delēram*; de même *amaverim = amārim*.

Pour *audiveram*, *audiverim*, *audivero*, on ne retranche que la lettre *v*: *audieram*, *audierim*, *audiero*.

On trouve la même contraction dans *nosse = nōvisse*, *nōram = nōveram*, *nossem = nōvissem* et encore dans *cognōram = cognoveram*, *cognossem = cognōvissem*.

5.) La troisième personne du plur. du *parf.-ind.-act.* est souvent en *ēre* pour *ērunt*: p. ex. *amavēre*, ils aimèrent, *scripsēre*, ils écrivirent.

6.) La deuxième personne du *présent*, de *l'imparfait* et du *futur passif*, se termine souvent en *re* au lieu de *ris*; ainsi pour *amāris* on dit *amāre*, *doceāris*, *doceāre*, *docebāris*, *docebāre*, *docebĕris*, *docebĕre*, *abutĕris*, *abutĕre*.

7.) Le *participe futur actif* de quelques verbes se forme irrégulièrement; p. ex. de *sĕco*, *secui*, *sectum*, on a, non pas *secturus*, mais *sĕcātūrus*; de *sŏno*, *sonui*, *sonitum*, on forme, non *soniturus*, mais *sonātūrus*; de *părio*, *peperi*, *partum*: *păritūrus*; de *ruo*, *rui*, *rŭtum*: *ruĭtūrus*; de *mŏrior*, *ŏrior*, *nascor*, non pas *morturus*, *naturus*, *orturus*, mais *moritūrus*, *ŏritūrus*, *nascitūrus*.

8.) Les verbes *dīcere*, *dūcere*, *făcere*, *ferre* ont à l'impératif *dīc*, *dūc*, *fac*, *fer*. Mais les composés de *facio*, dans lesquels le *a* du radical se change en *i*, ne suivent pas la même règle: *conficere*, *afficere*, *efficere*, *perficere* font *confĭce*, *affĭce*, *effĭce*, *perfĭce*.

9.) Parmi les formes vieillies de la conjugaison, nous ne ferons remarquer ici que le subjonctif présent en *im* au lieu de *am* dans *sim*, *vĕlim*, *nolim*, *mălim* et le participe futur passif (et les gérondifs) de la troisième et de la quatrième conjugaison en *undus* pour *endus* : *dicundus*, *audiundus* pour *dicendus*, *audiendus*.

Formation du présent, du parfait et du supin au moyen du radical.

§ 98. Jusqu'ici nous avons appris à conjuguer un verbe dont nous connaissions le *présent*, le *parfait*, le *supin* et l'*infinitif*; nous allons donner les règles principales de la formation du **parfait** et du **supin**.

Le radical d'un verbe se termine ou par une *voyelle* ou par une *consonne*. Dans le premier cas, il ne subit pas de changement, si ce n'est une contraction dans quelques formes.

Quand la voyelle finale du radical est

a, le verbe appartient à la *première* conjugaison : *ămo* (primitivement *ama-o*);

e, le verbe appartient à la seconde conjugaison : *dele-o*, *dŏce-o*;

i, le verbe appartient à la *quatrième* conjugaison : *audi-o*, *fini-o*.

Dans la 1re conjugaison le *a* du radical est contracté avec la terminaison *o* du présent de l'indicatif : *ama-o = amo*; cet *a* reparaît dès la seconde personne de ce temps *amās* et subsiste dans tout le reste du verbe : *amā-bam*, *ama-vi*, *amabo*, excepté au présent du subjonctif *amem*, *amēs*, etc.;

Dans la deuxième conjugaison la figurative *e* se montre à tous les temps : *delē-o*, *dele-bam*, *dele-vi*, *dele-bo*;

Dans la quatrième on trouve partout *i* : *audi-o*, *audiebam*, *audi-vi*.

§ 99. Mais si le radical du verbe a pour dernière lettre une *consonne* ou la voyelle *u*, le verbe appartient à la troisième conjugaison : *exu-o*, *leg-o*, *prens-o*. Ces radicaux terminés par une consonne, subissent divers changements.

1. *Formation du présent*.

Le radical terminé par une consonne n'est pas toujours

reconnaissable au présent, mais bien au parfait de l'indicatif. On trouve souvent au présent une *m* ou une *n* intercallées dans le radical; d'abord lorsque le radical est terminé par une *palatale*; p. ex. *vic*, *vinco*, *pag*, *pango*; ensuite lorsqu'il se termine par une *labiale*, comme *cub*, *cumbo*, *rup*, *rumpo*. D'autres radicaux prennent une *n* après eux comme *ster-n-o*, *cer-n-o*, *tem-n-o*; d'autres encore prennent *sc*, comme *cre-sc-o*, *pa-sc-o* (parf. *crevi*, *pavi*); quelques-uns enfin répètent la première consonne du mot qu'ils font suivre de *i*; comme *gen*, *gigno* (de gi-geno), *bo*, *bibo*.

II. *Formation du parfait*.

La terminaison du parfait est *i*; elle s'ajoute au radical

1°) Immédiatement, ce qui fait allonger la voyelle radicale : *lĕgo*, *lēgi*, *ĕmo*, *emi*.

2°) Avec redoublement de la syllabe initiale : *curro*, *cŭcurri*, *posco*, *pŏposci*, *mordeo*, *mŏmordi*.

Rem. Dans l'ancien langage, la voyelle du redoublement était toujours *e*; ainsi *peposci*, *memordi* au lieu de *poposci*, *momordi*.

Si un verbe commence par deux consonnes, le radical perd la première au parfait redoublé : *spondeo*, *spo-pondi*, *sto*, *ste-ti*.

Les verbes composés perdent le redoublement du simple : *respondeo*, *respondi* (et non *respopondi*); cependant les composés de *do*, *sto*, *disco*, *posco* et quelques fois *curro*, gardent le redoublement : p. ex. *circumdo*, *circumdĕdi*, *adsto*, *adstĭti*, *dĕposco*, *depŏposci*.

3°) Précédée d'une *s*, par conséquent *si* : *sūm-o*, *sum-si* (que l'on écrit *sumpsi*), *scrib-o*, *scrip-si*, *rĕg-o* *re-xi* (pour *reg-si*).

4°) Précédée de *u* : *dŏce-o*, *doc-ui*, *dŏm-o* (proprement *doma-o*), *dom-ui*.

Dans la plupart des radicaux terminés par une voyelle, c'est-à-dire dans la première, la deuxième et la quatrième conjugaison, cet *u* devient *v* parce qu'il se trouve entre deux voyelles : *ama-ui*, *amavi*, *dele-ui*, *delevi*, *audi-ui*, *audivi*.

IV. DU VERBE.

III. *Formation du supin.*

Les terminaisons ajoutées au radical pour former le supin sont :

1. **tum**, qui s'y joint, soit immédiatement, comme dans la 1ʳᵉ, la 2ᵉ et la 4ᵉ conjugaison : *amā-tum*, *delē-tum*, *audī-tum*, soit précédée de la voyelle *i* comme *dŏm-ĭtum*.

2. **sum**; p. ex. *curro*, *cur-sum*, *fallo*, *fal-sum*, *pello*, *pulsum*.

§ **100.** Dans la formation des parfaits et des supins il faut encore observer les lois suivantes :

1. Devant *s* ou *t*, **b** se change en **p** : *scribo*, *scripsi*, *scriptum*.

2. Devant *t*, **g**, **h**, **q**, **v** se changent en **c** et ces mêmes lettres deviennent **x** en se fondant avec *s* comme *lego*, *lectum*, *traho*, *tractum*, *linquo*, *lictum*, *vivo*, *victum*; et *rego* devient *rexi* (*reg-si*), *traho*, *traxi* (*trac-si*), *cŏquo*, *coxi* (*cocsi*), *vīvo*, *vixi* (*vic-si*).

3. Devant *s* et *t*, **d** disparaît ou se change en **s**, p. ex. *claudo*, *clausi*, *divido*, *divīsi*, *dīvisum*; *cēdo*, *cessi*, *cessum*.

4. **t** devant *s* disparaît ou se change en **s** : comme *mitto*, *mīsi*, *missum*.

5. **m** se change quelquefois en **s** : *prĕmo*, *pressi* (de *prem-si*) ; mais le plus souvent elle se conserve : *dēmo*, *demsi* (écrire *dempsi*).

6. Quand un radical est terminé par deux consonnes, la seconde disparaît devant *s* et *t* : *mulc-eo*, *mulsi*, *mulsum* (de même *mulgeo*); *sparg-o*, *sparsi*, *sparsum*; *flect-o*, *flexi*, *flexum*; *torqu-eo*, *torsi*, *tortum*.

§ **101.** Dans certains verbes on trouve à la fois un radical terminé par une voyelle et un autre terminé par une consonne; les temps dérivent, les uns du premier radical, et les autres du second. De ce nombre sont :

Sŏno, *sonas*, *sonat*, *sonare* dérivés du radical SONA ; tandis que *sonui*, *sonitum* dérivent du radical SON ;

Augeo, auges, auget, augēre viennent du radical AUGE; *auxi* (aug-si), *auctum* (aug-tum) du radical AUG;

Pĕto, petis, petit, petere viennent du radical PET, mais *petivi, petitum* dérivent du radical PETI.

Liste des Parfaits et des Supins irréguliers.

§ 102.   *Première conjugaison.*

I. *Redoublement.*

Do, dĕdi, dătum, dăre, *donner.* Les composés suivent pour la plupart la troisième conj.; addo, addis, etc., *ajouter,* dedo, *livrer,* reddo, *rendre.*

Sto, stĕti (stātum), stāre, *être debout.* Les composés ajoutant au simple un mot de deux syllabes conservent au parf. *stĕti*: circumsteti; les autres prennent *ĭti*: constiti, *je m'arrêtai*; mais le participe futur actif reprend la formative *a*, *constāturus, extāturus.*

II. *Terminaisons* —*ui,* —*tum,* (—*ĭtum*).

Crĕpo, crepui, crepĭtum, crepāre, *rendre un son.* De même: concrĕpo, *résonner*; mais increpo, *blámer,* fait incrĕpāvi, discrepo, *sonner diversement,* discrepavi; increpo, *faire du bruit,* a les deux formes de supin increpātum et increpitum.

Cŭbo, cubui (*rarem.* cubavi), cubĭtum, cubāre, *être couché.*

Dŏmo, domui, domitum, domāre, *dompter.*

Frĭco, fricui, fricātum et frictum, fricāre, *frotter.*

Jŭvo, (jūvi, jūtum), juvāre, *aider.*

Lăvo, (lavāvi, lavātum) et lāvi, lautum *ou* lōtum, lavāre, *laver.*

Sĕco, secui, sectum, secāre, *couper*; part. fut. act. secaturus.

Mĭco, micui, micare (pas de supin), *briller.* Les composés ont un supin régulier: dimicatum de dīmico, *combattre.*

Plĭco, (plicui, plicĭtum et plicāvi, plicātum), *plier, ployer.* — Dŭplicare, *doubler,* supplicare, *supplier* et les autres dérivés d'adjectifs en *plex* sont réguliers.

Pōto, potavi, pōtum, potare, *boire.*

Sŏno, sonui, sonĭtum, sonāre, *sonner*; part. fut. sonaturus.

Tŏno, tonui, tonĭtum (*rarem.* tonatum), tonāre, *tonner.*

Vĕto, vetui, vetĭtum, vetare, *défendre.*

IV. DU VERBE.

§ 103. *Parfaits et Supins irréguliers de la 2de conjugaison.*

Font régulièrement ēvi, ētum les verbes suivants seulement : leo (vieillir), *frotter, effacer* et ses composés, deleo, *détruire,* fleo, *pleurer,* neo, *filer,* pleo (vieillir), *remplir,* et ses composés, et ceux de l'ancien verbe ŏleo, *croître :* ăbŏleo, *abolir,* ădŏleo et adŏlesco, *grandir,* obsŏleo et obsŏlesco, *vieillir.* — ŏleo, *exhaler une odeur,* fait au parf. olui ; il n'a pas de supin.

I. *Terminaisons -ui, -ĭtum.*

Călĕo, calui, calĭtum, calēre, *avoir chaud ;* calesco, *commencer à avoir chaud.*
Cărĕo, carui, carĭtum, *manquer.*
Dēbĕo, debui, debĭtum, *devoir.*
Dŏlĕo, dolui, dolĭtum, *souffrir, s'affliger.*
Hăbĕo, habui, habĭtum, *avoir.*
Jăcĕo, jacui, jacĭtum, *être couché.*
Lĭcĕo, licui, licĭtum, *être mis à prix.*
Mĕrĕo, merui, merĭtum, *mériter.*
Mŏnĕo, monui, monĭtum, *avertir.*
Nŏcĕo, nocui, nocĭtum, *nuire.*
Pārĕo, parui, parĭtum, *obéir.*
Plăcĕo, placui, placĭtum, *plaire.*
Praebeo, praebui, praebĭtum, *montrer, donner.*
Tăcĕo, tacui, tacĭtum, *taire, se taire.*
Terreo, terrui, terrĭtum, *effrayer.*
Vălĕo, valui, valĭtum, *se bien porter, pouvoir.*

II. *Terminaisons -ui, -tum.*

Dŏcĕo, docui, doctum, *enseigner.*
Misceo, miscui, mixtum, *mêler.*
Tĕnĕo, tenui (tentum), *tenir.*
Torreo, torrui, tortum, *rôtir.*

III. *Terminaisons -ui, -sum.*

Censeo, censui, censum, *estimer, penser.* — Recenseo, *je compte, je passe en revue,* fait recensum et recensĭtum.

IV. *Terminaison -ui, sans supin.*

Arceo, *éloigner.*
āreo, *être sec.*
ĕgeo, *avoir besoin.*
Flōrĕo, *fleurir.*
Horreo, *avoir horreur.*
Langueo, *languir.*
Lătĕo, *être caché.*
Madeo, *être mouillé.*

Maereo, *être triste, s'affliger.*
Nĭteo, *briller.*
Oleo, *sentir.*
Palleo, *pâlir.*
Păteo, *être ouvert.*
Rĭgeo, *être roide.*
Rŭbeo, *rougir.*
Sĭleo, *se taire.*
Splendeo, *briller.*

Sorbeo, *avaler,* parf. sorbui et sorpsi.
Stŭdeo, *s'appliquer.*
Stŭpeo, *être stupéfait.*
Tĭmeo, *craindre.*
Torpeo, *être engourdi.*
Tŭmeo, *être enflé.*
Vĭgeo, *être florissant, en vigueur.*
Vĭreo, *verdir.*

V. *Terminaisons -si, -tum (-xi, -ctum)*', § 100, 2).

Indulgeo, indulsi, indultum, *être indulgent.*
Torqueo, torsi, tortum, *tordre.*
Augeo, auxi, auctum, *augmenter.*
Lūgeo, luxi, luctum, *pleurer.*

Les suivants n'ont pas de supin :

Algeo, alsi, *geler, avoir froid.*
Fulgeo, fulsi, *briller.*
Frīgeo, frixi, *avoir froid, geler.*
Lūceo, luxi, *luire.*

VI. *Terminaisons -si, -sum.*

Ardeo, arsi, arsum, ardēre, *brûler.*
Haereo, haesi, haesum, haerēre, *être attaché, se trouver arrêté.*
Jŭbeo, jussi, jussum, jubēre, *ordonner.*
Măneo, mansi, mansum, manēre, *rester.*
Mulceo, *caresser,* et mulgeo, *traire,* mulsi, mulsum.
Rīdeo, risi, risum, ridere, *rire.*
Suādeo, suasi, suasum, suadere, *conseiller.*

VII. *Terminaisons -i, -sum.*

Mordeo, mŏmordi, morsum, mordēre, *mordre.*
Pendeo, pĕpendi (pensum), pendēre, *être suspendu.*
Sĕdeo, sēdi, sessum, sedēre, *être assis;* les composés dissideo et praesideo n'ont pas de supin.
Spondeo, spŏpondi, sponsum, spondēre, *promettre.*
Tondeo, tŏtondi, tonsum, tondēre, *tondre.*
Vĭdeo, vīdi, vīsum, vidēre, *voir.*

VIII. *Terminaisons -i, -tum.*

Căveo, cāvi, cautum, cavēre, *prendre garde.*
Făveo, fāvi, fautum, favēre, *favoriser.*
Fŏveo, fōvi, fōtum, fovēre, *échauffer, fomenter.*
Mŏveo, mōvi, mōtum, movēre, *mouvoir.*
Vŏveo, vōvi, vōtum, vovēre, *vouer.*

IV. DU VERBE

IV. *Parfait -i, sans supin.*

Ferveo, fervi (et ferbui), *bouillir, être échauffé.*
Păveo, pāvi (rare) d'où expavesco, expavi, expavescĕre, *avoir peur.*

X. *Verbes irréguliers sans parfait ni supin.*

Albeo, *blanchir.*
Aveo, *désirer.*
Hĕbeo, *être émoussé.*
Hūmeo, *être humide.*
Līveo, *être pâle, envieux.*
Rĕnīdeo, *briller, sourire.*
Scăteo, *couler, sourdre.*

XI. *Verbes sémi-déponents* (§ 85, rem. 3).

Audeo, ausus sum, audere, *oser.*
Gaudeo, gāvīsus sum, gaudere, *se réjouir.*
Sŏleo, solĭtus sum, solēre, *avoir coutume.*

§ 104. *Parfaits et supins irréguliers de la 3ᵐᵉ conjugaison.*

I. *Radical terminé par b ou p.*

Carpo, carpsi, carptum, carpĕre, *cueillir.* Composé discerpo, etc.
Nūbo, nupsi, nuptum, nūbĕre, *se voiler, épouser* (en parlant d'une femme).
Rēpo, repsi, reptum, rēpĕre, *ramper.*
Scalpo, scalpsi, scalptum, scalpĕre, *tailler, couper.*
Scrībo, scripsi, scriptum, scrībere, *écrire.*
Sculpo, sculpsi, sculptum, *sculpter.*
Serpo, serpsi (serptum), *ramper.*
Căpio, cĕpi, captum, *prendre.* — Les composés font –cīpio, -cē-pi, –ceptum.
Rumpo, rūpi, ruptum, *rompre.*
Bĭbo, bĭbi, bibĭtum, *boire.*
Lambo, lambi, lambĭtum, *lécher.*
Răpio, răpui, raptum, *arracher, entraîner.*
Săpio, sapui (supin douteux), *goûter, être sage.* Composés : resipui, etc.
Strĕpo, strĕpui, strepĭtum, *faire du bruit.*
Cŭpio, cupĭvi, cupĭtum, *désirer.*

11. *Radical terminé par d et t.*

Claudo, clausi, clausum, *fermer.* — Composés : -clūdo, -clūsi, -clūsum.
Dīvĭdo, dīvīsi, dīvīsum, *diviser, partager.*
Laedo, laesi, laesum, *blesser.*— Composés : -līdo, -līsi, -līsum.
Lūdo, lūsi, lūsum, *jouer.*
Plaudo, plausi, plausum, *applaudir.*
Trūdo, trūdi, trūsum, *pousser.*
Vādo (vāsi, vāsum), *je vais.* — Le parfait et le supin ne se trouvent que dans les composés.
Cēdo, cessi, cessum, *se retirer.*
Mitto, mīsi, missum, *envoyer.*
Quătio (quassi), quassum, *secouer.* — Le parfait n'est en usage que dans les composés, qui se terminent en *ŭtio*, p. ex. concutio, concussi et discutio, discussi, discussum.
Flecto, flexi, flexum, *courber, plier, ployer.*
Necto, nexi et nexui, nexum, *nouer.*
Accendo, accendi, accensum, *allumer;* incendo, incendi, incensum.
ĕdo, ēdi, ēsum, *manger* (v. § 108).
Dēfendo, defendi, defensum, *défendre;* offendo, offendi, offensum, *offenser.*
Fundo, fūdi, fūsum, *verser.*
Prĕhendo, prĕhendi, prĕhensum, *saisir;* on dit aussi : *prendo.*
Scando, scandi, scansum, *monter.*
Verto, verti, versum, *tourner.*
Cădo, cĕcĭdi, cāsum, *tomber.* — Les composés prennent au présent ĭ au lieu de a : incĭdo, incāsum, *tomber dans;* occĭdo, occāsum, *tomber;* recido, recāsum, *retomber.* — Les autres composés n'ont pas de supin.
Caedo, cĕcīdi, caesum, *couper.* — Les composés changent *ae* en *i*: accīdo, accīdi, accīsum, *couper sans abattre,* etc.
Pendo, pĕpendi, pensum, *peser, payer, estimer.*
Tendo, tĕtendi, tensum ou tentum, *tendre.*
Fŏdio, fōdi, fossum, *creuser.*
Pando, pandi, pansum et passum, *ouvrir.*
Findo, fĭdi, fissum, *fendre.*
Scindo, scĭdi, scissum, *couper, scinder.*
Sīdo, sēdi, (sessum), *s'asseoir.* — Les composés ont au parf. — *sēdi*: obsĭdo, obsēdi, obsessum.
Pĕto, petīvi, petītum, *aller vers, demander.*

III. *Radical terminé par c, g, q, h.*

Cingo, cinxi, cinctum, *entourer, ceindre.*

IV. DU VERBE.

Cŏquo, coxi, coctum, *cuire.*
Dĭco, dixi, dictum, *dire.*
Dūco, duxi, ductum, *conduire.*
Flīgo, flixi, flictum, *frapper.* — On ne trouve guères que ses composés : affligo, *abattre*, confligo, *combattre*, etc.
Lăcio (a vieilli), *attirer*, donne les composés : allicio, allexi (allicui), allectum, *allécher*; elicio, elicui, elicitum, *faire sortir*; illicio, illexi, illectum, *attirer dans*; pellicio, pellicui et pellexi, pellectum, *cajoler, attirer par des paroles flatteuses.*
Rĕgo, rexi, rectum, *diriger, gouverner.* Les composés se terminent en -rĭgo. — Pergo, perrexi, perrectum, *se hâter*, est une contraction de *perrigo.*
Specio (a vieilli), *regarder.* — Composés : adspĭcio, *regarder*, conspĭcio, *regarder*, despĭcio, *mépriser*, dispĭcio et perspĭcio, *reconnaître*, inspĭcio, *examiner.* — Parf. -spexi, supin, -spectum.
Tĕgo, texi, tectum, *couvrir.*
Tingo, tinxi, tinctum, *teindre.*
Trăho, traxi, tractum, *tirer.*
Ungo, unxi, unctum, *oindre.*
Vĕho, vexi, vectum, *porter, tirer.*
Fingo, fixi, fictum, *former.*
Jungo, junxi, junctum, *joindre, lier.*
Pango, panxi et pĕpĭgi, pactum, *je frappe, je lie, j'unis.* — *Panxi* a le sens de *faire des vers, chanter*; p. ex. carmina pangere, facta patrum pangere.
Pingo, pinxi, pictum, *peindre.*
Stringo, strinxi, strictum, *étreindre, serrer.*
Ango, anxi (sans supin), *serrer, inquiéter.*
Mergo, mersi, mersum, *plonger.*
Spargo, sparsi, sparsum, *répandre.* — Composé : dispergo, etc.
Fīgo, fixi, fixum, *attacher, fixer.*
Ago, ēgi, actum, *pousser, chasser.* — Composés en -ĭgo, -egi, -actum; seulement cogo, *rassembler*, fait coēgi, coactum.
Făcio, fēci, factum, *faire.* Le verbe irrégulier fio lui sert de passif. — Les verbes composés de facio et d'une préposition font : -fĭcio, -fēci, -fectum; passif, -ficior, p. ex. afficio, *émouvoir*; conficio, *achever*, perficio, etc. Les autres composés gardent facio (p. ex. madefacio, *humecter*) et prennent au passif la terminaison fio : madefio.
Jăcio, jēci, jactum, *jeter.* — Composés : -adjicio, -jeci, -jectum, etc.
Frango, frēgi, fractum, *briser.* — Les composés prennent : -fringo.
Lĕgo, lēgi, lectum, *lire.* — Les composés conservent la formative e comme allēgo, *adjoindre*, perlego, *lire en entier*, relego, *par-*

courir de nouveau, ou bien changent e en i, *comme* collĭgo, *rassembler*, delĭgo, *choisir*, elĭgo, *élire*. — Diligo, intellĭgo et negligo font au parf. -lexi.

Pungo, pupŭpi, punctum, *piquer*. — Les composés ont au parf. punxi.

Tango, tetĭgi, tactum, *toucher*. — Composés : attingo, attigi, etc. *atteindre*.

Vinco, vīci, victum, *vaincre*.

Fŭgio, fūgi, fugĭtum, *fuir*.

Parco, pĕperci et parsi, parcĭtum et parsum, *épargner*.

IV. *Radical terminé par* l, m, n, r.

Cŏlo, colui, cultum, *cultiver, honorer*.

Consŭlo, consului, consultum, *consulter*.

Alo, ălui, ălitum et altum, *nourrir*.

Fallo, fĕfelli, falsum, *tromper*.

Pello, pĕpŭli, pulsum, *chasser*. — Parf. des composés : -pŭli, p. ex. compuli, impuli.

(Cello, inusité) d'où percello, percŭli, perculsum, *pousser, frapper*. Antecello et excello, *surpasser*, (sans supin); excelsus, adj., signifie *haut, élevé*.

Vello, velli et vulsi, vulsum, *tirer, arracher*.

Volo et tollo. (V. les Verbes anomaux, §§ 109 et 110.

Cōmo, compsi, comptum, *arranger, orner*.

Dēmo, dempsi, demptum, *prendre*.

Prōmo, prompsi, promptum, *produire*.

Sūmo, sumpsi, sumptum, *prendre*.

Prĕmo, pressi, pressum, *presser*. — Comp. opprimo, *comprimer, accabler*.

Ĕmo, ĕmi, emptum, *acheter*. — Composés : adĭmo, *enlever*, redĭmo, *racheter*.

Frĕmo, fremui, fremitum, *frémir, mugir, gronder*.

Gĕmo, gemui, gemĭtum, *gémir*.

Trĕmo, tremui (pas de supin), *trembler*.

Căno, cecĭni, cantum, *chanter*. — Composés : -occĭno, -cĭnui, -centum, *faire entendre des cris de mauvais augure*; concĭno, ui, (sans supin), *chanter ensemble*; accĭno, *accompagner en chantant*.

Temno et plus souvent contemno, contempsi, contemptum, *mépriser*.

Gigno, gĕnui, genĭtum, *engendrer*.

Pōno, pŏsui, posĭtum, *placer*.

Cerno, crēvi, crētum, *séparer*. — Ce verbe signifie aussi *voir*, mais dans ce sens, il n'a ni parfait ni supin.

IV. Du verbe.

Sĭno, sīvi, sĭtum, *permettre.*
Sperno, sprēvi, sprētum, *mépriser.*
Sterno, stravi, strātum, *étendre par terre.*
Gĕro, gessi, gestum, *porter, gérer.*
Uro, ussi, ustum, *brûler.*
Părio, pepĕri, partum, *mettre au monde;* part. fut. parĭturus. — Les composés font -perio, comme aperio, *ouvrir,* aperui, apertum ; part. fut. aperturus ; comperio, reperio font compĕri, repĕri. — Ils suivent la 4me conjugaison.
Curro, cŭcurri, cursum, *courir.*
Sĕro, serui, sertum, *joindre, approcher.*
Sēro, sēvi, sătum, *semer.*
Quaero, quaesīvi, quaesītum, *chercher.* — Comp. acquiro, *acquérir.*
Tĕro, trīvi, trītum, *broyer.*
Fero. (Voir les Verbes anomaux, § 109).

V. Radical terminé par s ou x (= cs).

Texo, texui, textum, *tisser.*
Arcesso, arcessīvi, arcessītum, *faire venir.*
Capesso, capessīvi, capessītum, *saisir avidement.*
Lacesso, lacessīvi, lacessītum, *attaquer, harceler.*
Vīso, vīsi, (sans supin), *visiter.*

VI. Radical terminé par u et v.

Acŭo, ăcŭi, acūtum, *aiguiser.*
Argŭo, argŭi, argūtum, *accuser.*
Exŭo, exŭi, exūtum, *retirer,* et *se dépouiller de.*
Imbuo, imbui, imbūtum, *abreuver, tremper.*
Induo, indui, indūtum, *revêtir.*
Mĭnuo, minui, minūtum, *diminuer.*
Ruo, rui, rŭtum, *se précipiter.* Part. fut. ruĭturus.
Stătuo, statui, statūtum, *établir.*
Suo, sui, sūtum, *coudre.*
Trĭbuo, tribui, tribūtum, *accorder.*
Solvo, solvi, solūtum, *délier, dissoudre.*
Volvo, volvi, volūtum, *rouler.*
Mĕtuo, metui, *craindre,*
Pluo, plui, *impers.* pluit, *il pleut.*
Struo, struxi, structum, *élever, bâtir.*
Vīvo, vixi, victum, *vivre.*
Fluo, fluxi, fluxum, *couler.*

VII. Radical terminé par sc.

Le radical de ces verbes est au parfait et au supin terminé par une voyelle. — Disco, didici, *apprendre*, et posco, poposci, *demander*, font seuls exception.

Cresco, crēvi, crētum, *croître*.
Nosco, nōvi, nōtum, *connaître*. — Dans les composés le part. fut. devient iturus, excepté ignosco, *pardonner*, qui fait ignoturus.
Pasco, pāvi, pastum, *paître et faire paître*.
Quiesco, quiēvi, quiētum, *se reposer*.
Suesco, suēvi, suētum, *accoutumer*.

A cette classe appartiennent aussi les *inchoactifs* qui marquent le commencement de l'action ou de l'état exprimé par le verbe simple, auquel les uns empruntent le parfait et le supin. Les autres n'ont pas de supin.

De la première espèce sont :

Coălesco, coalui, coalĭtum (alo), *s'unir à, croître*.
Concŭpisco, concupīvi, concupītum (cupio), *désirer*.
Condŏlesco, condolui, condolītum (doleo), *éprouver de la douleur*.
Convălesco, convalui, convalĭtum (valeo), *se rétablir*.
Exardesco, exarsi, exarsum, *s'enflammer*.
(Olesco). D'où ădolesco, adultum, *croître, grandir*.
Abŏlesco (sans supin), *s'abolir*; exolesco sup. exolētum, *vieillir*; obsolesco, obsolētum, *vieillir*.
Rĕvīvisco, revixi, revictum, *revivre*.

De la seconde espèce sont :

Călesco, calui, *devenir chaud*.
Contĭcesco, conticui, *garder le silence*.
Contrĕmisco, contremui, *je commence à trembler*.
Extĭmesco, extimui, *appréhender*.
Horresco, horrui, *s'effrayer*.
Tĕpesco, tepui, *tiédir*.
Dītesco, *devenir riche*, pinguesco, *devenir gras*. Ces deux verbes et quelques autres encore, n'ont ni parf. ni supin.

VIII. Le verbe sémidéponent fĭdo, fīsus sum, fīdĕre, *se confier* (plus souvent confīdo).

§ 105. *Parfaits et Supins irréguliers de la 4ᵐᵉ conjugaison.*

Sĕpĕlio, sepelivi, sepultum, *enterrer, ensevelir*.
Eo et queo. (Voir les Verbes anomaux, §§ 111 et 112).

IV. DU VERBE.

Farcio, farsi, fartum, *farcir.*
Fulcio, fulsi, fultum, *appuyer, étayer.*
Sarcio, sarsi, sartum, *racommoder.*
Sĕpio, sepsi, septum, *clore de haies.*
Sancio, sanxi *et* sancīvi, sancītum, *établir, ratifier.* D'où le part. parf. sancītus, et l'adj. sanctus, *saint, sacré.*
Vincio, vinxi, vinctum, *lier.*
ămĭcio, ămictum, *habiller,* n'a pas de parfait.
Sentio, sensi, sensum, *sentir.*
Compĕrio, comperi, compertum, *découvrir, apprendre.*
Haurio, hausi, haustum, *puiser.*
Rĕpĕrio, repĕri, repertum, *trouver.*
Vĕnio, vēni, ventum, *venir.*
Apĕrio, ăperui, apertum, *ouvrir.* De même ŏperio, *couvrir.*
Sălio, salui et salii, saltum, *sauter.* — Les composés prennent -silio, -silui.
Caecŭtio, *être aveugle,* fério, *frapper,* prūrio, *éprouver une démangeaison,* n'ont ni parf. ni supin.

§ 106. Verbes déponents.

I. La plupart des verbes déponents suivent la première conjugaison et sont réguliers.

II. Parmi ceux qui appartiennent à la seconde conjugaison, il faut remarquer les suivants :

Mĕreor, merĭtus sum, *mériter.*
Misereor, misertus (miserĭtus) sum, *avoir pitié.*
Vĕreor, verĭtus sum, *craindre, révérer.*
Făteor, fassus sum. — Les composés prennent la figurative ĭ, p. ex. : confĭteor, confessus sum, *avouer.*
Tueor, tuĭtus sum, *protéger.*
Reor, ratus sum, *penser.*
Mĕdeor, *guérir,* n'a pas de parf.

III. *Déponents de la troisième conjugaison.*

ăpiscor, aptus sum. Comp. adĭpiscor, adeptus sum, *obtenir.*
Expergiscor, experrectus sum, *s'éveiller.*
Fruor, fruĭtus et fructus sum, *jouir.*
Fungor, functus sum, *s'acquitter.*

Grădior, gressus sum, *marcher.* Comp. : -gredior, -gressus.
Irascor, iratus sum, *s'irriter.*
Lābor, lapsus sum, *tomber, glisser.*
Loquor, locutus sum, *parler.*
Morior, mortuus sum, *mourir.*
Nanciscor, nactus sum, *obtenir.*

Nascor, natus sum, *naître.*
Nītor, nīsus et nixus sum, *s'appuyer.*
Obliviscor, oblitus sum, *oublier.*
Păciscor, pactus sum (pepigi), *faire une convention.*
Pătior, passus sum, *souffrir.*
Prŏfĭciscor, profectus sum, *partir.*
Quĕror, questus sum, *se plaindre.*
Sĕquor, secutus sum, *suivre.*
Vescor (sans parf.), *se nourrir.*
Ulciscor, ultus sum, *venger.*
ūtor, usus sum, *employer, se servir.*
Rĕvertor, *revenir*, fait au parf. reverti, bien que le participe reversus soit aussi usité.

IV. *Déponents de la quatrième conjugaison.*

Assentior, assensus sum, *consentir.*
Expĕrior, expertus sum, *éprouver.*
Largior, largītus sum, *donner.*
Mentior, mentitus sum, *mentir.*
Mōlior, molitus sum, *entreprendre.*
Ordior, orsus sum, *commencer.*
Ŏrior, ortus sum, *se lever.* Part. fut. oriturus. — Prés. ind., 2ᵉ pers. sing. orĕris, 3ᵉ p. orĭtur.
Partior, partītus sum, *partager.*
Pŏtior, potitus sum, *s'emparer.* 3ᵉ pers. prés. ind. potĭtur.
Sortior, sortītus sum, *tirer au sort.*

Conjugaison irrégulière ou Verbes anomaux.

§ 107. De la composition du verbe *sum* avec *pŏtis*, *pŏte*, *qui est en état* ou *capable de*, est résulté le verbe irrégulier **possum**, *pouvoir.*

Indicatif.   **Subjonctif.**

Présent.

S. Possum, *je puis,*   Possīm, *que je puisse,*
   Pŏtĕs, *tu peux,*   Possīs, *que tu puisse,*
   Pŏtest, *il peut,*   Possĭt, *qu'il puisse,*
Pl. Possŭmus, *n. pouvons,*   Possīmŭs, *que n. puissions,*
   Pŏtestĭs, *vous pouvez,*   Possītĭs, *que vous puissiez,*
   Possunt, *ils peuvent.*   Possint, *qu'ils puissent.*

Imparfait.

S. Pŏtĕram, *je pouvais,*   Possem, *que je pusse,* ou
   Pŏtĕrās, *etc.*   Possēs, *etc., je pourrais.*

IV. DU VERBE.

S. Pŏtuī, *j'ai pu,*   Pŏtuĕrim, *que j'aie pu, etc.*
Pŏtuisti, *tu as pu, etc.*   Potueris.

Plus-que-parfait.

S. Pŏtuĕram, *j'avais pu,*   Potuissem, *que j'eusse pu,*
Pŏtuĕras, *etc.*   Potuissēs, *etc., ou j'aurais pu.*

Futur.

S. Pŏtĕro, *je pourrai,*   *Il n'y a pas de subjonctif du*
Pŏtĕris, *tu pourras, etc.*   *futur.*

Futur passé.

S. Pŏtuĕro, *j'aurai pu,*   *id.*
Pŏtuĕris, *tu auras pu, etc.*

L'Impératif *manque.*

Infinitif.

Présent. Posse, *pouvoir.*   Parfait. Pŏtuisse. *avoir pu.*

Participe.

Pŏtens; il n'est usité que comme adjectif et signifie *puissant*.

Rem. Ainsi se conjuguent : *prōsum, prōfui, prōdesse,* être utile ; imparf. *prodĕram,* subj. *prodessem* ; fut. *prodĕro,* part. *prōfŭtūrus.*

Absum, abfui, ăbesse, *être absent,*
Adsum, adfui, ădesse, *être présent,*
Dēsum, dēfui, dēesse, *manquer à...*
Insum, infui, ĭnesse, *être dans...*
Intersum, interfui, intĕresse, *assister à...*

Obsum, obfui, ŏbesse, *nuire.*
Præsum, praefui, præesse, *être à la tête de...*
Subsum, subfui, sŭbesse, *être dessous.*
Sŭpersum, superfui, sŭpĕresse, *survivre, rester.*

§ 108. Edo, edi, esum, edere, *manger,* peut se conjuguer régulièrement ; mais quelques-uns de ses temps ont une seconde forme irrégulière.

Prés. de l'indicatif.	Imparf. du subjonctif.
S. Edo, *je mange*,	S. Edĕrem *ou* essem, *que je man-*
Edĭs *ou* ēs,	Edĕres *ou* esses, *geasse* ou
Edĭt *ou* est,	Edĕret *ou* esset, *je mangerais*.
P. Edĭmus,	P. Edĕremus *ou* essemus,
Editis *ou* estis,	Edĕretis *ou* essetis,
Edunt.	Edĕrent *ou* essent.

Impératif.	Infinitif.
S. Edĕ *ou* es, *mange*.	Edĕre *ou* esse, *manger*.
Edĭto *ou* esto,	
P. Edĭte *ou* este,	
Edĭtote *ou* estote,	
Edunto.	

On rencontre aussi les formes passives *editur* et *estur*, on mange. — Ce verbe peut donc emprunter à *esse* toutes les formes qui commencent par *es*.

§ 109. Fero, tuli, latum, ferre, *porter*, présente les irrégularités suivantes.

Prés. ind. actif.	Prés. ind. passif.
S. Fĕro, *fers, fert*.	S. Fĕrŏr, *ferris, fertur*.
P. Ferĭmus, *fertis*, ferunt.	*Le reste régulier*.

Impér. actif.	Imp. passif.
S. Fĕr, *ferto, ferto*.	S. Ferre, *fertor, fertor*.
P. *Ferte, fertōte*, fĕrunto.	P. Ferimĭni, ferimĭnor, feruntor.

Tout le reste du verbe se forme régulièrement des temps primitifs énoncés ci-dessus. Ainsi : Parf. subj. actif, *tulĕrim*, plus-q.-parf., *tulĕram, tulissem*, fut. passé, *tulĕro*; parf. passif, *lātus sum, lātus sim*, plus-q.-parf., *lātus eram, lātus essem*.

§ 110. Volo, volui, velle, *vouloir;* **nolo, nolui, nolle,** *ne pas vouloir;* **malo, malui, malle,** *aimer mieux*.

IV. DU VERBE.

Indicatif.   **Subjonctif.**

Présent.

S. Vŏlo,   Nōlo,   Mālo,   Vĕlim, Nōlim, Mālim.
    Vīs,   Non vis,   Māvīs,   Vĕlīs, Nōlīs, Mālĭs.
    Vult,   Non vult,   Māvult,   Vĕlĭt, Nōlĭt, Mālĭt.

(Je ne veux pas. / J'aime mieux.)

P. Vŏlŭmus, Nōlŭmus, Mālŭmus, Velīmus, Nōlīmus, Mālīmus,
    Vultis, Non vultis, Māvultis, Velītis, Nōlītis, Mālītis,
    Vŏlunt, Nōlunt, Mālunt. Velint, Nolint, Mālint.

Imparfait.

S. Vŏlēbam, Nōlēbam, Mālēbam, Vellem, Nollem, Mallem,
    Vŏlēbās, Nōlēbās, Mālēbas, Vellēs, Nollēs, Mallēs,
    etc., régulier.   *etc., régulier.*

Parfait.

S. Vŏlui, Nōlui, Mālui, Volŭĕrim, Nolŭĕrim, Malŭĕrim,
    Vŏluisti, *etc.*   Volueris, *etc.*

Plus-que-parfait.

S. Vŏluĕram, Nōluĕram, Māluĕram, Vŏluissem, Nōluissem, Māluissem,
    Vŏluĕras, *etc.*   Vŏluisses, *etc.*

Futur.

S. Vŏlam, Nōlam, Mālam,
    Vŏles, Nōles, Māles, *etc.*

Futur passé.

S. Vŏluĕro, Nōluĕro, Māluĕro,
    Volueris, Nolueris, Malueris, *etc.*

Impératif.   **Infinitif.**

S. 2. Nōli,
    Nolīto,   Prés. { Velle, *vouloir*,
    3. Nolīto.   Nolle, *ne pas vouloir.*
                       Malle, *aimer mieux.*

Pl. 2. Nolīte,
     Nolītōte,   Parf. { Vŏluisse, *avoir voulu,*
     Nolunto.   Nōluisse, *n'av. pas voulu,*
                     Māluisse, *av. mieux aimé.*

Volo et *malo* n'ont pas d'impératif.

§ 111. Eo, ivi, itum, ire, *aller.*

Indicatif.

Prés. Eo, īs, it, īmus, ītis, eunt.
Imparf. Ibam, ības, *etc.*
Parf. Ivi, īvisti, *etc.* (ii, iisti).
Pl.-q.-p. Iveram, īveras, *etc.*
Futur. Ibo, ībis, *etc.*
Fut. pas. Ivĕro, īveris, *etc.*

Subjonctif.

Eam, eas, eat, eāmus, eātis, eant.
Irem, īres, *etc.*
Iverim, īveris, *etc.*

Ivissem, īvisses *ou* issem, isses, *etc.*

Impératif.

S. 2. { I, *va,*
{ Ito, *va, tu iras,*
3. Ito, *qu'il aille.*
P. 2. { Ite, *allez,*
{ Itote, *allez, v. irez,*
3. Eunto, *qu. aillent.*

Infinitif.

Prés. īre, *aller,*
Parf. īvisse, *être allé,*
Fut. itūrum esse, *devoir aller.*

Participes.

Prés. Iens, *allant.*
Gén. Euntis.
Fut. ĭtūrus, *devant aller.*

Gérondifs.

Gén. Eundi, *d'aller,*
Dat. Eundo, *à aller,*
Acc. Eundum, *pour aller,*
Abl. Eundo, *en allant.*

Supins.

ĭtum, *aller, pour aller,*
ĭtu, *à aller.*

Rem. 1. *Eo* n'a du passif que la troisième personne du singulier à tous ses temps : *Itur,* on va; *ībatur,* on allait; *itum est,* on est allé, etc.

2. Le verbe composé *ambio* (pour *ambeo*) conserve dans toute sa conjugaison la lettre *i* au lieu de *e* : *ambiunt, ambiam, ambībam (ambiebam), ambiens, ambientis, ambiendum.*

3. *Vēneo,* je suis en vente, se conjugue comme *eo;* l'impératif, le participe et le gérondif ne sont pas usités. Ainsi : *venībam, venīrem, vēni, venĕram, vēnissem, venībo, venĕro.*

§ 112. Queo, *je peux,* et nequeo, *je ne peux pas,* se conjuguent comme *eo;* mais le premier de ces verbes n'est usité que dans quelques-unes de ses formes. Aucun des deux n'a de gérondif.

§ 113. Fio, factus sum, fieri, *devenir, être fait.* Ce verbe emprunte de *făcio,* faire, les participes *factus* et *fa-*

IV. DU VERBE.

ciendus, et tous les temps dans lesquels entrent ces participes. Ainsi le parf. est *factus sum*; pl.-q.-parf. *factus eram*; fut. passé, *factus ero*. Le reste du verbe se conjugue comme suit :

Indicatif.   **Subjonctif.**

Présent.

S. Fĭo, *je deviens*, fĭs, fĭt,   Fĭam, *que je devienne*, fĭas,
                                                            fĭat,
P. Fĭmus, fĭtis, fĭunt.   Fĭamus, fĭatis, fĭant.

Imparfait.

S. Fĭēbam, *je devenais*,   Fĭĕrem, *que je devinsse,
                                           je deviendrais*.

Fĭēbas, *etc.*   Fĭĕres, *etc.*

Futur.

Fĭam, *je deviendrai*, fĭes, fĭet, fĭēmus, fĭetis, fĭent.

Impératif.   **Infinitif.**   **Participes.**

S. 2. ⎰ Fĭ, *deviens*. Prés. Fĭĕri, *devenir*. Prés. *Il manque*.
      ⎱ Fĭto,   Parf. Factum esse,   Pas. Factus, *deve-
3.   Fĭto,   *être devenu*.   nu, fait*.
P. 2. ⎰ Fĭte,   Fut. Factum iri,   Fut. Făciendus,
      ⎱ Fĭtōte,   *devoir être fait*.   *dev. être fait*.
3.   Fĭunto.   (*devoir se faire*, fu- (*devant se faire*,
                        turum esse, fore.)   futurus.)

Il n'y a ni gérondifs ni supins.

Verbes défectifs.

§ 114. Nous avons déjà dit qu'un grand nombre de verbes ne peuvent pas être complètement conjugués, et la liste des verbes à parfaits et supins irréguliers nous en a offert beaucoup qui manquent de supin et, par suite, des temps qui en sont formés, et même un certain nombre n'ayant à la fois ni parfait ni supin; cependant nous n'appellerons *verbes défectifs* que ceux dont un petit nombre de formes seulement se trouvent dans les auteurs. Les voici :

Inquam, qui correspond au français *dis-je*, et qu'on intercale dans le discours, sans qu'il ait aucune influence sur la proposition.

Présent. Inquam, inquĭs, inquĭt, inquĭmus, inquĭtis, inquiunt.

Le subjonctif Inquiam, etc., est peu usité.

Imparf. Inquiēbam, *etc. Pas de subjonctif.*
Parf. Inquii, inquiisti (*ordinair.* inquisti), *etc.*
Futur. Inquiam, inquies, *etc.*
Impér. Inquĕ, inquĭto.
Part. Inquiens.

§ **115. Ajo,** *je dis, j'affirme.*

Prés. Aio, ăĭs, ăĭt, āiunt. **Subj.** Aias, āiat, āiant.

Imparf. Aiebam, *etc. Ce temps est complet.* — Il ne se trouve pas d'autres formes de ce verbe dans les auteurs.

Quaeso et **quaesumus**, *je prie, nous prions*, sont deux anciennes formes équivalentes à *quaero* et *quaerimus*. Le reste du verbe manque.

Fari, *parler*. Le présent n'a que la 3ᵉ pers. passive, *fātur*. On trouve en outre le parf. *fātus sum*, le pl.-q.-parf. *fātus eram*, le fut. *fabor*, l'inf. *fāri*, les part. *fans* et *fātus*, le gérond. *fandi*.

Forem, *je serais*, fores, foret, forent. *Infin.*, fore.

Plusieurs impératifs : **apage**, *va-t'en, ôte, emmène*; **salve**, *salut!* (salveto, salvete *et infin.* salvere); **ave** ou **have**, *salut!* (aveto, avete, *infin.* avere;) **vale**, *adieu* (valeto, valete, *infin.* valere); **age**, *plur.* agite, *allons, voyons, courage, soit.*

On voit que ces impératifs jouent dans le discours le rôle d'interjections.

§ **116.** Ne sont usités qu'au parfait et aux temps qui en sont formés : **memini**, *je me souviens*, **odi**, *je hais*, **coepi**, *j'ai commencé*. Ces parfaits ayant la signification de présents, les plus-que-parfaits ont la signification d'imparfaits, et les futurs passés, celle de futurs simples.

IV. DU VERBE.

Parf. ind.	mĕmĭni,	odi,	coepi.
Parf. subj.	mĕmĭnĕrim,	ōdĕrim,	coepĕrim.
Pl. pf. ind.	mĕmĭnĕram,	ōdĕram,	coepĕram.
Pl. pf. subj.	mĕmĭnissem,	ōdissem,	coepissem.
Fut. passé.	mĕmĭnĕro,	ōdĕro,	coepĕro.
Impér.	mĕmento, mĕmentote,	—	—
Infin. parf.	mĕmĭnisse,	ōdisse,	coepisse.
Infin. fut.	—	ōsurum esse,	coeptūrum esse.
Part. fut. act.	—	ōsurus,	ceptūrus.
Part. p. pass.	—	ōsus,	coeptus.

Verbes impersonnels.

§ 117. On nomme *verbes impersonnels* ceux qui, soit toujours (comme *dĕcet*), soit dans certaines significations (comme *expĕdit*), ne s'emploient qu'à la 3ᵉ pers. du singulier et ne peuvent avoir pour sujet ni une *personne* ni une *chose déterminées*. On les reconnaît en français au pronom indéfini *il* dont ils sont précédés; p. ex. : il tonne, *tŏnat*, il pleut, *pluit*, il faut, *ŏportet*, il vaut mieux, *praestat*, il est certain, *constat*.

Outre ceux indiqués plus haut, il faut remarquer :

1.) **De la 1ʳᵉ conjugaison** : Fulgŭrat, *il éclaire*, fulmĭnat, *la foudre tombe*, gĕlat, *il gèle*, grandĭnat, *il grêle*, lăpĭdat, *il pleut des pierres*, jŭvat, *cela fait plaisir*, restat, *il reste*, stat, *il est constant*.

2.) **De la 2ᵈᵉ conjugaison** : Appāret, *il est clair*, attĭnet, *cela regarde*, dĕcet, *il convient*, dēdĕcet, *il ne convient pas*, dŏlet, *cela fait peine*, lĭbet *ou* libĭtum est, *il plaît*, lĭcet *ou* licĭtum est, *il est permis*, lŭcet, *il fait jour*, mĭsĕret, *cela fait pitié*, pĭget, *il y a regret*, plăcet, *cela plait*, poenĭtet, *il y a repentir*, pŭdet, *il y a honte*, taedet, *il y a ennui, dégoût*.

3.) **De la 3ᵐᵉ conjugaison** : Lūcescit, *il commence à faire jour*, ningit, *il neige*, vespĕrascit, *le soir arrive*, accĭdit, *il arrive*, condūcit, *il est avantageux*, contingit, *il arrive*, fŭgit, *cela échappe*, suffĭcit, *il suffit*.

4.) **De la 4ᵐᵉ conjugaison** : Convĕnit, *il convient*, evĕnit, *il arrive*, expĕdit, *il importe, il est utile*.

5.) Sont ***accidentellement impersonnels*** : est,

il se trouve que, *il est permis, on peut;* fit, *il arrive que*, interest, refert, *il importe*.

Dans beaucoup de verbes, la 3ᵉ pers. sing. des temps du passif est aussi employée impersonnellement; p. ex. : cantātur, *on chante*, bĭbĭtur, *on boit*, currĭtur, *on court*, ĭtur, *on va*, sĕdētur, *on est assis*, vīvĭtur, *on vit*.

Rem. Les verbes impersonnels, n'ont ni impératif, ni participes, ni supins, ni gérondifs.

Verbes surabondants.

§ 118. Les *verbes surabondants* sont ceux qui, sous une même signification, peuvent être conjugués de différentes manières.

1.) Ou bien ils suivent à la fois plusieurs conjugaisons : lăvāre *et* lăvĕre, *laver*, cĭēre *et* cīre, *mouvoir, ébranler*, fervēre *et* fervĕre, *bouillir;*

2.) Ou bien ils suivent la forme active et la forme déponente de la même conjugaison; p. ex. assentio *et* assentior, *approuver*, augŭro *et* augŭror, *augurer*, fenĕro *et* fenĕror, *prêter à intérêt*, lăcrĭmo *et* lăcrĭmor, *pleurer*, luxŭrio *et* luxŭrior, *surabonder*, partio *et* partior, *partager*, pŏpŭlo *et* pŏpŭlor, *ravager*.

V. DES PARTICULES OU MOTS INVARIABLES.

A. Adverbes.

§ 119. Les adverbes sont des *mots primitifs* ou des *mots dérivés*.

Les adverbes dérivés se forment :

1.) *De certains cas empruntés à des noms.*

a.) Les suivants sont des *accusatifs* :

Multum, *beaucoup*, Sublīme, *en haut*, Bĭfāriam, *doublement*,
Nĭmium, *trop*, Rĕcens, *nouvellement*, Fŏrās, *dehors*,
Făcĭle, *facilement*, Partim, *en partie*, Aliās, *ailleurs*.

b.) On reconnaît des *ablatifs* dans :

Tūtō, *en sûreté*, Hāc, *par ici*, Suprā, *au-dessus*, Fŏris, *dehors*,

V. DES PARTICULES. — ADVERBES.

Cĭtŏ, *vite,*   Illāc, *par là,*   Spontĕ, *séparément,*   Grātīs, *pour rien,*
Crēbro, *souvent,*   Infrā, *en bas,*   Fortĕ, *p^r hasard,*   Quŏtannīs, *chaque année.*

2.) *Au moyen de terminaisons propres; savoir:*

a.) *Terminaison* **e**. Elle comprend les adverbes dérivés d'un participe ou d'un adjectif en *us, a, um* ou en *er, a, um*; p. ex. *docte,* savamment, de *doctus; mĭsĕrē,* misérablement, de *miser.*

Remarque. Cependant beaucoup d'adverbes dérivés d'adjectifs ont la terminaison ō : *cĭto,* vite, *tūto,* en sûreté, *crēbro,* fréquemment. Quelquefois les deux formes sont usitées, mais avec des significations différentes :

Certō, *certainement, positivement;*   certē, *certes, sans doute, du moins;*
Vērō, *réellement;*   vērē, *conformément à la vérité;*
Cōgĭtātō, *à dessein;*   cōgĭtātē, *avec réflexion.*

b.) *Terminaison* **ter**. Elle indique particulièrement des adverbes dérivés d'adjectifs de la troisième déclinaison, comme *ēlĕganter* de *ēlĕgans.* Si ces adjectifs sont terminés par *is* ou par *er,* la terminaison de l'adverbe est *ĭter,* p. ex. *ūtĭlĭter,* avantageusement, de *utĭlis, fortĭter,* courageusement, de *fortis, celerĭter,* rapidement, de *cĕler, ācrĭter,* vivement, de *ācer.*

Rem. 1. Certains adverbes dérivés d'adjectifs en *us* prennent aussi la terminaison *er* : *gnāvĭter,* avec zèle, de *gnāvus, dūrĭter,* durement, de *dūrus, firmĭter,* fermement, de *firmus, largĭter,* abondamment, de *largus.*

2. Le neutre singulier de certains adjectifs de la 3me déclinaison, sert en même temps d'adverbe : *impūnĕ,* impunément, *făcĭle,* facilement, *rĕcens,* récemment.

3. Il existe encore d'autres terminaisons pour les adverbes dérivés, telles que

im : *carptim,* par pièces, *caesim,* de taille, *vicissim,* tour-à-tour;

tus : *coelĭtus,* du ciel, *divinitus,* de la part de la divinité;

cus : *mordicus,* opiniâtrement.

4. La plupart des adverbes dérivés marquent la manière dont une chose est faite.

§ 120. *Les adverbes primitifs* moins nombreux que les adverbes dérivés, sont des mots simples ou composés exprimant les circonstances qui modifient l'idée à laquelle ils se rapportent.

On les divise en huit classes qui marquent :

a.) L'affirmation :

Etiam, *même,* ⎫ *oui (dans le* Saltem, *du moins,*
Ită, *ainsi,*   ⎬ *style familier),* Sānē, *certes,*
Nae, *certes,*   Scĭlĭcet, *savoir, sans doute,*
Nempĕ, *donc, c'est-à-dire,*   Utĭquĕ, *certes, dans tous les cas.,*
Quidem, *à la vérité, certes,*   Vel, *surtout, même,* etc.

b.) La négation :

Nōn, *non, ne pas,*   Ne quĭdem, *pas même,*
Haud, *point, ne point,*   Neūtĭquam, *en aucune façon,*
Immo, *non, mais, plutôt,*   etc.

c.) Le doute :

Fortasse, *peut-être, probable-*   Forsĭtăn (fors, sit, an) ⎫ *peut-*
ment,   Forsăn   (fors, an)   ⎬ *être, il*
                                                              se pourrait que...

d.) L'interrogation :

Cur, *pourquoi ?*   Num, *est-ce que ?*
An, nĕ, annĕ, *est-ce que ? ou,*   Quando, *quand ?*
Annon, nonnĕ, *ou non, ne...*   Ubi, *où ?*
pas ?   Unde, *d'où ?*

e.) La manière :

Fere, ferme, *presque,*   Măgĭs, *plus,*
Ită, sīc, *ainsi,*   Prorsŭs, *tout-à-fait,*
Item, ĭtĭdem, *de même,*   Sătĭs, *assez,*
Poenĕ, prŏpĕ, *presque,*   Nĭmĭs, *trop,*
Quăsi, *comme,*   Vix, *à peine,*
Tam... quam, *aussi... que,*   etc.
Ut, ŭti, *comme.*

f.) Le temps :

Adhuc, *jusqu'à présent,*   Nūpĕr, *récemment,*
Crās, *demain,*   Olim, *autrefois,*
Jam, *déjà,*   Sempĕr, *toujours,*
Mox, *bientôt,*   Sĭmul, *en même temps,*
Nondum, *pas encore,*   Tum, tunc, *alors, ensuite,*
Nunc, *maintenant,*   Usque, *sans cesse,*

g.) Le nombre :

Sĕmĕl, *une fois,*   Saepe, *souvent.*
Bis, *deux fois,*   (Voir § 80).
Tĕr, *trois fois,*

V. DES PARTICULES. — ADVERBES.

h.) Le lieu :

Indĕ, *de là,*
Intus, *dedans,*
Nusquam, *nulle part,*
Prŏcŭl, *loin, au loin,*
Prŏpĕ, *proche,*

Ubi, *où,*
Undĕ, *d'où,*
Uspiam, ⎫
Usquam, ⎬ *quelque part.*

Rem. 1. Le lieu peut être envisagé sous quatre points de vue différents, par rapport aux trois personnes du discours; de là quatre questions de lieu : lieu où l'on est, *ubi;* lieu d'où l'on vient, *unde;* lieu où l'on va, *quo;* lieu par où l'on passe, *qua.*

2. Parmi les adverbes de lieu, les uns ont un sens *démonstratif,* les autres, un sens *relatif* ou *interrogatif,* les autres, *indéfini* ou *général.* En voici le tableau; il contient des adverbes dérivés aussi bien que des adverbes primitifs.

	FORME interrogative.	FORME relative.	FORME démonstrative.	FORME indéfinie.	FORME générale.	
Lieu où l'on est.	**Ubi**, *où? en quel lieu?* ŭbĭnam, *où?* utrŭbi, *où (de deux endroits?)*	ŭbi, *où.* ŭbiŭbĭ, *où que.* ŭbĭcumque, *partout où.*	ibi, *là.* ibīdem, *là-même.* hīc, *ici (où je suis).* istīc, *là (où tu es).* illīc, *là (où il est).*	alicubi, *quelq. part.* alībi, *ailleurs.*	ubīque, ubĭvis, ubilĭbet.	*partout.*
L. d'où l'on vient.	**Undĕ**, *d'où?* undēnam, *d'où?*	undĕ, *d'où.* undeundĕ, *n'importe d'où.* undĕcumquĕ, *d'où que ce soit.*	indĕ, *de là.* indīdem, *du même côté.* hinc, *d'ici (où je suis).* istinc, *de là (où tu es).* illinc, *de là (où il est).*	alĭcunde, *de quelq. part.* aliundĕ, *d'ailleurs.*	undīque, undĕvis, undelĭbet	*de toute part.*
Lieu où l'on va.	**Quō**, *où? vers quel lieu?* quōnam, *où?* utrō, *vers où (de 2 endr.)?*	quo, *où.* quoquo, *vers quelque lieu que.* quocumque, *partout où.*	eō, *là.* eōdem, *là-même.* hūc, *ici (où je suis).* istūc, *là (où tu es).* illūc, *là (où il est).*	alĭquō, *quelque part.* aliō, *ailleurs.* quōquam, *quelq. part.*	quōvis, quolĭbet,	*partout.*
L. pr où l'on passe.	**Quā**, *pr où?* quānam, *par où?* utrā, *par où (de 2 chemins)?*	quā, *par où.* quāquā, *pr quelque lieu que.* quācumque,	cā, *par là.* eādem, *pr là-même.* hāc, *par ici (où je suis).* istāc, *par là (où tu es).* illāc, *par là (où il est).*	aliquā, *par quelqu'endroit.* aliā, *par un aut. endroit.*	quāvis, quālĭbet,	*par tout chemin.*

§ 121. Degrés de comparaison, dans les adverbes.

1.) Les seuls adverbes susceptibles de prendre les degrés de comparaison sont ceux en ***o, e, ter***, dérivés d'adjectifs pouvant aussi avoir un comparatif et un superlatif. C'est pourquoi le comparatif des adverbes est en ***us***, comme le neutre de l'adjectif : *doctus, doctior, doctiŭs*.

Le superlatif de l'adverbe se forme de celui de l'adjectif en changeant la terminaison *us* en ***e*** : *doctissimus, doctissĭmē*; *pulcherrimus, pulcherrĭmē*; *sapientissimus, sapientissĭme*.

2.) Les adverbes suivants forment irrégulièrement leurs comparatifs et leurs superlatifs.

Bĕnĕ, *bien,*	mĕlius, *mieux,*	optĭmē, *très-bien, le mieux.*
Mălĕ, *mal,*	pējus, *pire,*	pessimē, *très-mal.*
Paulum, *peu,*	minus, *moins,*	mĭnĭmē, *très-peu.*
Multum, *beaucoup,*	plus, *plus* (magis),	plūrĭmum, *le plus* (maxime).
Prŏpĕ, *près,*	prŏpius, *plus près,*	proximē, *le plus près.*
Intrā, *en-dedans,*	intĕrius, *plus intérieurement,*	intĭme, *intimement.*
Ultra, *au-delà,*	ultĕrius, *plus loin,*	ultimo, *le plus loin possible.*
Diū, *longtemps,*	diutius, *plus longtemps,*	diutissĭmē, *le pl. longtemps.*

3.) Les adverbes suivants n'ont pas de positif :

Detĕrius, *plus mal,*	deterrime, *le plus mal possible.*
Ocius, *plus vite,*	ōcissime, *le plus vite possible.*
Pŏtius, *de préférence,*	pŏtissimum *et* pŏtissime, *surtout.*
Prius, *plus tôt,*	prīmum, primo, *d'abord.*
Ubĕrius, *plus abondamment,*	ūberrime, *très-abondamment.*

4.) Les suivants n'ont pas de comparatif :

Meritō, *à juste titre,*	meritissimō, *à très-juste titre.*
Nŏvĕ, *nouvellement,*	nŏvissĭmē, *en dernier lieu.*
Nūper, *naguère,*	nuperrime, *tout récemment.*

5.) Les suivants n'ont pas de superlatif :

Sătis, *assez,*	sătius, *préférablement.*
Sĕcŭs, *autrement,*	sēciŭs, *moins.*

V. DES PARTICULES. — PRÉPOSITIONS.

§ 122. B. Prépositions.

Les prépositions étaient originairement des adverbes auxquels dans la suite on a joint des cas. C'est ainsi que *contra* signifiait *en face*, *vis-à-vis*; mais joint à un cas, p. ex. *contra hostem*, il devint préposition et signifia *en face de* et par suite *contre*.

L'union des prépositions avec l'accusatif ou l'ablatif est du domaine de la syntaxe, nous allons néanmoins en donner la liste :

1.) Prépositions qui régissent l'*accusatif* :

ăd, *à*, *vers*, *pour*,
adversum, adversŭs, *contre*, *en face de*,
antĕ, *devant*, *avant*,
ăpŭd, *chez*, *auprès de*,
circā, circum, *autour de*,
circĭter, *environ*,
cis, citrā, *en deçà*,
contrā, *contre*,
ergā, *envers*, *à l'égard de*,

extrā, *au-dehors de*,
infrā, *au-dessous de*,
intĕr, *entre*, *parmi*,
intrā, *au-dedans de*,
juxtā, *à côté de*,
ŏb, *à cause de*,
pĕnĕs, *au pouvoir de*,
pĕr, *par*, *au travers de*,
pōnĕ, *derrière*, *après*,

post, *après*,
prŏpĕ, *auprès de*,
praetĕr, *excepté*, *outre*,
proptĕr, *près de*, *à cause de*,
secundum, *selon*, *le long de*,
sĕcŭs, *auprès de*,
suprā, *au-dessus de*,
trans, *au-delà de*,
ultrā, *au-delà de*,
versŭs, *vers*.

2.) Prépositions qui gouvernent l'*ablatif* :

A, ăb, abs, *de*, *par*,
absquĕ, *sans*,
clam, *à l'insu de*,
cōram, *en présence de*,
cum, *avec*,

dē, *de*, *sur*, *touchant*,
ē, ex, *de*, *hors de*,
prae, *devant*,
prō, *pour*, *au lieu de*, *eu égard à*,
sīnĕ, *sans*,
tĕnŭs, *jusqu'à*.

3.) Prépositions qui gouv. l'*accusatif* et l'*ablatif* :

In, *dans*, *en*, *à*, *contre*,
Sŭb, *sous*, *vers* (en parlant du temps),

Sŭpĕr, *sur* (en parlant de lieu) *sur*, *touchant*,
Subtĕr, *au-dessous de*.

Rem. Adversum, ante, circum, post, propter, subter, super sont quelquefois employés sans complément; ils jouent alors le rôle d'adverbes.

Circa, circiter, citra, contra, coram, extra, infra, intra, juxta, pone, prope, supra, ultra, sont de véritables adverbes qui ont la propriété de gouverner des cas, et font ainsi l'office de prépositions.

§ 123. C. Conjonctions.

Les conjonctions, eu égard à leur usage, sont entièrement du domaine de la syntaxe. Nous allons cependant donner la liste et la classification des plus usitées.

Elles se partagent en deux grandes classes :

a.) Conjonctions de coordination, qui unissent des mots ou des propositions de même nature.

Elles se subdivisent selon leur signification en

1.) Conjonctions copulatives, qui marquent un *rapprochement* ou une *union* :

et, ac, atquĕ, quĕ, *et (que* s'ajoute à la fin du second des deux mots rapprochés), ĕtĭam, quŏquĕ, *aussi, encore,*
ĭtem, ĭtĭdem, *de même,* nec, nĕque, *ni, et ne... pas,* nec non, *et.*

2.) Conjonctions disjonctives, qui marquent une *alternative*, un *choix* :

aut, vel, sīve, seu, ve, *ou (ve* se place après le second des deux mots), aut... aut, vel... vel, *ou... ou,*
sīve... sīve. *soit que... soit que,* mŏdŏ... mŏdŏ, nunc... nunc, *tantôt... tantôt,* nēve, neu, *ou ne... pas.*

5.) Conjonctions adversatives, qui marquent entre les idées qu'elles unissent, une *opposition* soit totale (*exclusion*), soit partielle (*restriction*) :

ăt, autem, sĕd, vērum, vērō, *mais,* tămĕn, attămen, sedtămen, verumtămen, *pourtant, cependant, néanmoins, toutefois.*
ăt ĕnim, *et pourtant,* atquī, *mais, or, mais, cependant,* ăt vērō, *et pourtant,* cētĕrum, *au reste, mais,* vērumĕnimvērō, *mais en vérité.*

4.) Conjonctions causatives, qui expriment la *cause*, la *raison* de ce qui précède.

nam, namquĕ, *car,*
ĕnim (après un mot), *car,*
ĕtĕnim, *en effet, car.*

5.) Conjonctions conclusives, qui marquent une *conséquence* ou une *conclusion*.

ergo, *donc,*
ĭgĭtur, ĭtăquĕ, *ainsi, donc,*
eō, ĭdeō, idcircō, prōinde, proptĕreā, *pour cette raison,*
voilà pourquoi, c'est pourquoi.
quāproptĕr, quārē, quamobrem, quōcircā, *c'est pourquoi.*

6.) Conjonctions comparatives, qui marquent la *ressemblance*, la *comparaison*.

ac, atque, *que,* } (après les comparatifs).
quam, *que,* }
quăsĭ, ut si, ac si, *que si,*
ceu, *comme si,*
ut, ŭtī, }
sīcut, sīcŭtī, } *comme, de même que,*
vĕlut, vĕlŭtī, }
prōut, *selon que, suivant que,*
praeut, *au prix de, eu égard à.*

b.) Conjonctions de subordination, qui enchaînent étroitement les propositions, de manière à n'en faire qu'un seul tout, à faire de l'une le complément ou une dépendance de l'autre.

Elles se subdivisent en :

1.) Conjonctions causatives, qui marquent la *cause*, la *raison* d'une chose :

quŏd, quĭă, *parce que,*
quum, quŏnĭam, *puisque, vu que,*
quando, quandŏquĭdem, *puisque,*
quippĕ, *car, enfin,*
sĭquĭdem, *puisque.*

2.) Conjonctions de temps, qui marquent le *temps*, l'*époque* d'une action :

cum, quum, *lorsque, quand, pendant que, après que,*
quum primum, ut primum, *dès que, aussitôt que,*
quando, *quand,*
ŭbi } *lorsque, dès que,*
ut }
sĭmul ac, sĭmul atque, sĭmul ut, *aussitôt que, dès que,*
antĕquam, priusquam, *avant que,*
dum, *tandis que, pendant que,*
dōnec, quoad, *tant que, jusqu'à ce que, en attendant que.*

3.) *Conjonctions finales*, qui marquent la *fin*, le *but*, l'*intention* :

ut, ne non, quo, *afin que, pour que, afin de, pour,*
nē, ut ne, *de peur que, afin que... ne... pas,*

quĭn, *que... ne,*
quōmĭnŭs, *que... ne,*
nēve, neu, *pour que... ne... pas.*

4.) *Conjonctions conditionnelles*, qui marquent une *condition* :

Si, *si,*
sīn, sīn autem, *mais si, si au contraire,*
nĭsĭ, *si non, si ne, si ce n'est que, à moins que,*

si mŏdŏ, dummŏdŏ, *pourvu que.*
dummŏdŏ nē, mŏdŏ nē, ⎱ *pourvu*
dumne,   ⎰ *que... ne... pas.*

5.) *Conjonctions concessives*, qui marquent une *concession*, une *restriction :*

etsi, etiamsi, tametsi, lĭcĕt, *quoique, bien que, encore que,* quamquam, *quoique,*

quamvīs, ⎱ *quoique, quelque...*
quantumvis, ⎰ *que, tout... que.*

6.) *Conjonctions interrogatives*, qui servent à introduire une *interrogation indirecte :*

Num, ăn, si, *si.*
utrum, ăn, si... *ou si.*

nĕ (après un mot), nonne, *si.*

Rem. Num et utrum s'emploient aussi dans les interrogations directes ; ils sont adverbes dans ce cas.

§ 124.   D. **Interjections.**

Voici les principales : elles servent à exprimer

1. La *joie :* Iō, iu, ha, he, hahahe, ēvoē, ēvax ! *ah, bon, ha, hai !*
2. La *douleur :* vae, heu, ēheu, ohe, au, hei, prō ! *ah, hélas, aïe, hé, quoi !*
3. L'*étonnement :* o, en, ecce, hui, hem, ehem, āh, atat, păpae, vah ! *oh, hé, bah !*
4. L'*aversion :* phui, ăpăgĕ ! *pouah, loin, fi !*
5. L'*action d'appeler :* heus, ohe, eho, ehodum ! *holà, hé, hem !*

VI. DE LA DÉRIVATION DES MOTS.

6. *L'encouragement:* eiă, eugĕ, ăgĕ, mactĕ! *ça, or ça, courage, bien, bravo!*
7. *La menace:* vae, *malheur à...!*
8. *L'indignation:* prōh, prō, ó, ah!

Rem. 1. Des substantifs, des adjectifs, des adverbes, des verbes se trouvent aussi employés comme interjections. Tels sont :

Pax! *silence! paix!*
Indignum! *fi!*
Infandum! *chose épouvantable!*
Nēfas! *quelle indignité!*
Macte! (au sing.) ⎱ *courage!*
Macti! (au plur.) ⎰
Ăgĕ, agite! *allons, courage!*

Quaeso! ⎱ *s'il vous plaît!*
Prĕcor! ⎰ *je vous prie!*
Amābo!
Cĕdo! *donnez, dites!*
Sōdes! (si audes) ⎫
Sīs! (si vis)   ⎬ *je v. en prie!*
Sultis! (si vultis) ⎭

2. Dans les serments et les invocations aux dieux, les anciens se servaient des formules suivantes, que nous pouvons considérer comme autant d'interjections :

Mehercule!   ⎫
Mehercle!   ⎪
Mehercules! ⎬ *par Hercule!*
Hercle!   ⎪
Hercule!   ⎭
Mēdius fĭdĭŭs (me, deus, fides)! *par le Dieu qui préside à la bonne foi!*
Mēcastor! ⎱ *par Castor!*
Ecastor!   ⎰
Pol!   ⎱ *par Pollux!*
Edepol!   ⎰

Per Deum!   ⎫
Per deum immortalem! ⎬ *par Jupiter!*
Per Jovem!   ⎭
Proh Jupiter! *oh Jupiter!*
Pro dii immortales! *au nom des dieux immortels!*
Pro deum fidem, *j'en atteste les dieux!*
Pro deum atque hominum fidem! *j'en atteste les dieux et les hommes!*
Pro deum!   ⎱ *s. ent.*
Pro deum immortalium! ⎰ *fidem!*
(*même sens q. pl. haut*).

VI. DE LA DÉRIVATION DES MOTS.

§ 125. A. **Les verbes dérivés** ont pour radical :

1. *D'autres verbes.*

Ce sont :

1.) Les **verbes fréquentatifs** qui marquent une action souvent répétée; ils sont dérivés du supin par le changement de *um* en **are**; p. ex. dīco, dictum, dictare, *dire souvent, répéter;* curro, cursum, cursare, *courir çà et là;* eo, itum, itare, *aller fréquemment.*

Si le supin est en *ātum*, le fréquentatif se termine en ***itare*** ; p. ex. *rŏgo, rogātum, rogĭtare,* demander instamment ; *vŏlo, volātum, volĭtare,* voltiger.

Rem. D'autres fréquentatifs de même signification sont dérivés, de la même manière, de ces premiers fréquentatifs ; p. ex. *dico, dictum, dictāre, dictatum, dictĭtāre,* dire souvent, ne cesser de répéter ; *curro, cursum, cursare, cursatum, cursĭtare,* courir çà et là.

2.) Les ***verbes inchoatifs***, qui marquent un commencement, se terminent en ***sco*** (*asco, esco, isco*) et suivent la troisième conjugaison : p. ex. *călĕo, călesco,* s'échauffer ; *lūceo, lūcesco,* commencer à luire ; *ingĕmo,* gémir, *ingĕmisco,* se lamenter.

Rem. Le parfait de ces verbes ne diffère pas de celui du verbe radical ; ils n'ont pas de supin.

3). Les ***verbes désidératifs***, qui expriment un désir et se forment du radical du supin par l'addition de la terminaison ***urio*** ; p. ex. *ĕdo, ēdi, ēsum,* manger, *ēsurio,* je désire manger, j'ai faim ; *ĕmo, ēmi, emptum,* acheter, *empturio,* je désire acheter.

4.) Les ***diminutifs***, qui marquent une action plus faible ou moindre que celle qu'indique le verbe radical, se terminent en ***illo*** et suivent la première conjugaison ; p. ex. *canto,* chanter, *cantillo,* fredonner, chantonner.

II. *Des noms.*

Ils peuvent avoir pour radical un *substantif* ou un *adjectif.* Ceux de la première conjugaison sont en général transitifs, ceux de la seconde, intransitifs, p. ex. : de *signum,* signe, vient *signare,* marquer ; de *aptus,* apte, *aptare,* adapter ; de *vox,* voix, *vŏcare,* appeler ; de *lĕvis,* léger, *lĕvare,* alléger ; de *flos,* fleur, *florēre,* fleurir ; de *lux,* lumière, *lucēre,* luire.

§ 126. B. **Les substantifs dérivés** ont pour radical :

I. *D'autres substantifs :*

1.) Les ***diminutifs*** se terminent en ***ulus, ula, ulum; olus, ola, olum***, quand la terminaison est précédée d'une voyelle ; *culus, cula, culum.* Ainsi *nĭdus* fait

VI. DE LA DÉRIVATION DES MOTS.

nĭdulus, petit nid; *silva*, *silvŭla*, petite forêt; *saxum*, *saxŭlum*, petite pierre; *filius*, *filiolus*, fils chéri, fils en bas âge; *līnea*, *lineola*, petite ligne; *frater*, *fratercŭlus*, petit frère; *āvis*, *avicŭlus*, petit oiseau; *corpus*, *corpusculum*, corpuscule. — Les désinences françaises correspondantes sont : *ule*, *eau*, *ille*, *âtre*, etc.

Rem. *Lăpillus*, petite pierre, vient de *lapidulus*, *opella*, petit travail, de *operula*, par la suppression du premier *u* de la terminaison et l'assimilation avec *l* de la consonne qui le précède immédiatement.

2.) La *terminaison* **arium**, marque un endroit où l'on peut renfermer quelque chose : *columbarium*, un colombier, de *columba*, colombe; *armarium*, une armoire, de *arma*, des outils; *pōmarium*, un verger, de *pōmus*, arbre fruitier.

3.) La *terminaison* **etum**, marque un endroit où se trouvent réunis une foule d'objets de la même espèce; p. ex. *quercētum*, chênaie, de *quercus*, chêne; *myrtetum*, lieu planté de myrtes, de *myrtus*, myrte; *vīnetum*, vignoble, de *vīnum*, vin, se rapportant à *vītis*, vigne. — Désinence française *aie* ou *oie*.

II. Des adjectifs.

Les substantifs dérivés d'adjectifs se terminent en **ia**, **itia**, **itas**, **itudo** et servent à exprimer des idées abstraites, de même que les substantifs français en *ie*, *té*, *tié*, *ité* et *itude*. Ainsi de *grātus*, aimé, *gratia*, amitié; *insānus*, insensé, *insānia*, folie; *mălus*, mauvais, *mălĭtia*, méchanceté; *piger*, paresseux, *pigritia*, paresse; *celer*, rapide, *celeritas*, rapidité; *lĕvis*, léger, *levitas*, légèreté; *fortis*, courageux, *fortĭtudo*, courage; *sĭmĭlis*, semblable, *similĭtūdo*, similitude, ressemblance.

III. Des verbes.

1.) Les substantifs en **or** formés d'un radical de verbe, marquent une manière d'être, un état; ils correspondent aux substantifs français en *eur* : *ămor*, amour, vient de *ămo*, aimer, *călor*, chaleur, de *căleo*, avoir chaud, *fŭror*, fureur, de *fŭro*, être furieux.

2.) Les substantifs en **or** dérivés du supin, sous la forme *tor* ou *sor*, désignent un être masculin comme agissant : *ămo*, *amātum*, *ămātor*, amateur ; *moneo*, *monitum*, *monĭtor*, celui qui avertit ; *lector*, lecteur, du supin *lectum* de *lego* ; *auditor*, auditeur, du supin *auditum* de *audio* ; *suāsor*, qui persuade, du supin *suasum* de *suadeo*. — Désinences françaises : *eur* (*teur*, *seur*), *trice*.

Rem. Ces substantifs ont une forme féminine en *trix* *adjūtrix*, de *adjūtor*, aide, *fautrix* de *fautor*, fauteur (*faveo*, favoriser).

3.) Les substantifs en **io** et en **us** (4ᵉ décl.) sont dérivés du supin et représentent des idées abstraites marquant l'action comme les substantifs français en *ment*, en *ion* et autres ; p. ex. *consensio* et *consensus*, le consentement universel ; *motio* et *motus*, le mouvement ; *cursio* et *cursus*, la course ; *actio* et *actus*, action et acte. — Il y a cette différence entre les deux terminaisons que la désinence *io* marque l'action comme momentanée ; la désinence *us* la présente comme plus durable et, par conséquent, comme état.

4.) Les substantifs en **crum, trum, culum, mentum**, représentent des instruments propres à l'accomplissement d'une action, le moyen de la produire. Ces désinences s'ajoutent soit au radical du présent de l'indicatif, soit à celui du supin ; p. ex. : *involūcrum*, enveloppe, *sĕpulcrum*, tombeau, *fĕrĕtrum*, brancard, *ŏpercŭlum*, couvercle, *ălĭmentum*, aliment. — Désinences françaises : *cle*, *cre*, *ment*.

§ 127. C. Les adjectifs dérivés ont pour radical :

I. *Des verbes.*

1.) La désinence **bundus** renforce souvent la signification du participe présent ; p. ex. : *mīrābundus*, plein d'admiration ; *vĕnĕrābundus*, plein de respect.

2.) La *terminaison* **idus** donne à l'adjectif la même signification que le radical du verbe ; p. ex. : *căleo*, j'ai chaud, *călĭdus*, chaud ; *valeo*, je suis fort, *vălĭdus*, fort.

3.) Les *désinences* **ilis** et **ibilis** expriment une possibilité et ont un sens passif, comme les terminaisons françaises *ile*, *ible* et *able* ; p. ex. : *dŏcĭlis*, docile (*dŏcēre*, instruire) ;

VI. DE LA DÉRIVATION DES MOTS.

făcĭlis, facile (à faire, facĕre), mōbĭlis, mobile (pour movibilis, de movēre, mouvoir), plăcābĭlis, qui se laisse fléchir, implacabilis, implacable (plăcāre, apaiser), portăbĭlis, supportable (portāre, porter).

4.) La *désinence* **ax** marque une inclination, une propension à une chose, pour l'ordinaire, mauvaise; p. ex. fūrax, enclin au vol, (fūrāri, voler); mendax, porté à mentir, menteur (mentīri, mentir), lŏquax, bavard, loquace (lŏqui, parler). — Désinence française *ace*.

II. *Des substantifs.*

1.) La *désinence* **eus** marque la matière dont une chose est faite, ou une ressemblance avec la chose exprimée par le radical; p. ex. : ferreus, de fer (ferrum), aureus, d'or (aurum), nĭveus, de neige (nix, nĭvis), ou blanc comme la neige.

2.) Les *désinences* **ius, icus, ilis, alis, aris, ernus, ensis** marquent un rapport d'appartenance, de conformité, comme les terminaisons *al*, *el*, *il*, *ile*, *rne*, *eux*, *euse* et *ique* dans les adjectifs français; p. ex. : patrius, paternel, ōrātōrius, oratoire, rēgius, royal, bellicus, guerrier, (bellum), virĭlis, viril, servīlis, servile, nāvālis, naval, popŭlaris, populaire, māternus, maternel, castrensis, relatif au camp, de camp.

La *désinence* **arius** marque la même idée : grĕgārius, relatif aux troupeaux, pecuārius, de bétail.

3.) Les *désinences* **osus** et **olentus** expriment la plénitude, l'abondance, elles correspondent aux terminaisons *eux* et *olent* des adjectifs français : aquosus (ăqua, eau), aqueux, vitiosus, vicieux, somnolentus, assoupi, somnolent, violentus, violent.

4.) Les *désinences* **itus, atus, utus** (qui appartiennent aussi à des participes) indiquent qu'un objet est pourvu de tel avantage, de tel ornement; p. ex. ālatus, ailé, pourvu d'ailes; auratus, doré.

5.) Les *désinences* **anus, inus, as** marquent l'origine, le lieu d'où quelque chose provient; p. ex. urbānus, urbain, de la ville, marīnus, marin, de la mer, Lătīnus, Latin, du

Latium, *Arpīnas*, d'Arpinum. — Désinences françaises : *an*, *ain*, *in*, *ate*.

Pour la dérivation des adverbes, v. § 119.

§ 128.   D. De la composition des mots.

1.) Si la première partie d'un mot composé est une *particule*, elle reste invariable : *bĕnĕvŏlus*, bienveillant, *sătăgĕre* (*sat*=*sătis*), se donner la peine nécessaire pour une chose. — On ne rencontre la contraction de la particule que dans les verbes *nōlo* pour *non volo*, *mālo* pour *magis vŏlo*.

2.) Les mots composés où le verbe *făcio* entre comme second élément, sont les seuls dont la première partie puisse être un verbe : *mădĕfăcio* (*madēre*), humecter, *călĕfăcio* (*calēre*), échauffer, *pătĕfăcio* (*patēre*), ouvrir. — Le premier verbe perd, comme on le voit, sa terminaison *re*.

3.) Si le premier mot de la composition est un *nom*, il prend toujours la terminaison *i*, p. ex. : *agricŏla*, cultivateur, *artĭfex*, artiste, *triformis*, qui a trois formes, *mĕdĭterrāneus*, qui est au milieu des terres.

4.) Certains mots sont composés d'un *verbe* et d'un *nom* ou même de *deux noms*; ce sont ordinairement des adjectifs. P. ex. *foedifrăgus* (foedus, frango), qui viole les traités, perfide; *causĭdicus* (*causam dicere*), avocat; *magnănĭmus* (*magnus*, *ănĭmus*), magnanime, généreux; *trĭcorpor*, (*tres*, *corpus*), qui a trois corps.

5.) Le verbe comme seconde partie d'un mot composé, est presque toujours allié à une préposition. Dans ce cas les voyelles *a* et *e* du verbe se changent ordinairement en *ĭ*, la diphthongue *ae* en *ī*, p. ex. : *făcio*, *confĭcio*, terminer, *ĕmo*, *rĕdĭmo*, racheter, *quaero*, *conquīro*, rassembler.

Rem. 1. La voyelle *a* se conserve dans les composés de *căveo* et de *trăho*, mais elle se change en *e* dans ceux de *scando*, monter à, *spargo*, répandre, *fallo*, tromper : *ascendo*, monter, *aspergo*, arroser, *rĕfello*, réfuter; — *e* reste dans les composés de *fĕro*, *gĕro*, porter, *pĕto*, aller à, *lĕgo*, cueillir; — *ae* ne se maintient que dans ceux de *haereo*, adhérer.

2. Les prépositions, en entrant dans les mots composés subissent aussi des changements dans leur forme primitive : la consonne qui termine la préposition s'altère ou reste invariable, selon la lettre qui commence le second mot.

VI. DE LA COMPOSITION DES MOTS.

Ad. — *d* final se conserve devant les voyelles et les consonnes *d, j, m, v : adĭmere*, perdre, *addĕre*, ajouter, *adjŭvare*, aider, *admīrari*, admirer, *advŏcare*, appeler; ce *d* s'assimile avec toutes les autres consonnes : *accipĕre*, accepter, *afferre*, apporter, *aggrĕdi*, attaquer, *allidĕre*, heurter, *annectĕre*, joindre, *appellĕre*, aborder, *arripĕre*, arracher, *attrăhere*, attirer; il disparaît devant *sc*, *sp*, *st* : *ascendĕre*, monter, *aspīrare*, favoriser, *astare*, être auprès. — Quelquefois pourtant il se conserve devant ces consonnes. — *Ad* comme préfixe, marque tendance, direction, proximité, augmentation : *ădīre*, s'approcher de, *attrăhĕre*, tirer à soi, *adjăcēre*, être étendu auprès, *addĕre*, ajouter.

Ante. — Ce mot employé comme préfixe reste invariable : *antĕpōnĕre*, préférer.

Circum. — Est invariable : *circumīre*, environner; cependant ce verbe donne *circuit* et *circuitum*, où *m* final disparaît.

Inter. — Est invariable, excepté dans *intelligo*, comprendre, où *r* s'assimile avec *l* qui suit.

Ob. — *b* s'assimile avec *c, f, g, p* : *occĭdere*, tomber, *offerre*, offrir, *oggannire*, murmurer tout bas; il ne change pas devant les autres consonnes: il disparaît dans *ŏmittere*, omettre. Le préfixe *ob* signifie position au-dessus, situation en face de, résistance, etc., *obtĕgere*, couvrir la surface; *oppōnere*, placer en face; *ŏbesse*, faire obstacle.

Per. — *r* final reste invariable excepté dans *pellĭcĕre*, attirer, *pellūcere*, luire à travers; il disparaît dans *pējĕrare*, se parjurer. Le préfixe *per* marque mouvement à travers un espace, achèvement : *perfŏdere*, percer de part en part, *persĕqui*, suivre jusqu'au bout, *perfĭcere* (facere), achever.

Post. — Reste invariable, *posthăbēre*, placer après; *st* disparaît dans *pōmoerium*, rempart, boulevard, et dans *pōmĕrīdianus*, d'après midi.

Praeter. — Est invariable : *praetĕreo*, aller au-delà.

Trans. — Est invariable devant les voyelles et souvent devant les consonnes : *transīre*, passer, *transcurrere*, traverser en courant; *s* final disparaît devant une autre *s* : *transcrībere*, transcrire; *ns* se suppriment dans quelques composés : *trādere*, livrer, *trānare*, passer à la nage, *trādūcere*, faire passer, etc. Ce préfixe marque passage d'un lieu dans un autre, position antérieure, transmission, transformation : *transīre*, passer, *transalpīnus*, situé au-delà des Alpes, *transferre*, transporter, *transformare*, transformer.

A, ab, abs. — *a* ne s'emploie en composition que devant *m* et *v* : *āmŏvēre*, écarter, *āvŏcare*, rappeler; *ab* se place devant les voyelles et devant les autres consonnes : *abire*, s'en aller, *abrĭpere*, arracher ; *b* final se change en *u* devant *ferre*, porter, et *fŭgere*, fuir : *auferre*, emporter, *aufŭgere*, s'enfuir ; *abs* s'emploie devant les consonnes *c, q, t* : *abscondĕre*, cacher, *absque*, sans, *abstĭnere*, s'abstenir ; *abs* perd *b*, quand le mot suivant commence par *p* : *asportare*, emporter.

Ce préfixe marque éloignement, négation, déviation, destruction, parenté : *abĭgere*, chasser, *abrŏgare*, abroger, *abnormis*, qui s'écarte de la règle, *absūmere*, détruire, *ăbăvus*, le trisaïeul.

De. — Ne change pas devant une consonne ; *e* devient bref devant une voyelle ou la lettre *h* : *dĕinde, dĕhinc*, ensuite ; dans certains cas, *e* se contracte avec la syllabe suivante : *dēgĕre (de-agere)*, passer sa vie, *dēbilis (de-hăbilis)*, faible, *dēmere (de-ĕmĕre)*, enlever.

Ce préfixe exprime sortie, privation, négation, cessation, achèvement, direction de haut en bas : *decēdere*, s'éloigner, *dĕesse*, manquer, *decŏlor*, qui a perdu sa couleur, *decrescere*, décroître, *demonstrare*, démontrer, *despĭcere*, regarder de haut en bas, mépriser.

E, Ex. — *Ex* s'allie aux mots commençant par une voyelle où l'une des consonnes *c, p, q, s, t* : *exire*, sortir, *excĭpere*, retirer, *expellere*, chasser, *exquīrere*, rechercher, *exsĕqui*, poursuivre, *extendere*, étendre ; — *x* final s'assimile avec *f* dans *efferre*, emporter, *effŭgere*, échapper à. — *E* se place devant les autres consonnes.

Ce préfixe marque sortie, changement d'état, achèvement, effort : *exire*, sortir, *effĕrare*, rendre farouche, *exĭgere*, chasser, *ēvincere*, évincer.

In. — *n* final se change en *m* devant *b, p* : *imbĭbere*, s'imbiber, *impellere*, pousser à ; il s'assimile avec *l, m* et *r* : *illĭdere (laedere)*, briser, *irrumpere*, pénétrer, *immergere*, plonger dans, noyer ; *in* est invariable devant les autres consonnes.

Ce préfixe exprime négation, direction vers, entrée, augmentation, retour de l'objet sur lui-même : *indignus*, indigne, *incĭtare*, pousser à, *ingrĕdi*, entrer, *intendere*, tendre fortement, *incurvus*, recourbé.

Prae. — est invariable ; *praeire*, précéder, *praeferre*, préférer.

Pro. — est ordinairement invariable ; il prend un *d* euphonique devant les verbes *esse, ire, agere* : *prōdesse*, être utile, *prōdire*, s'avancer, *prōdĭgere*, prodiguer ; de *pro* et *rĕgere* se forme *porrĭgĕre*, présenter, par la transposition dans *pro* de la lettre *r*.

Sub. — est invariable devant les voyelles : *sŭbire*, aller ou venir sous ; *b* final s'assimile avec *c, f, g, m, p* : *succēdĕre*, aller sous, *sufficere*, substituer, *suggĕrĕre*, porter sous, *summŏvēre*, éloigner, *supplere*, compléter ; *b* disparaît devant *sp*,

VI. DE LA COMPOSITION DES MOTS.

suspīrare, soupirer; il se change en *s* dans *suscĭpĕre* (*capere*), entreprendre, *suscĭtare*, susciter, *suspendĕre*, suspendre, *sustĭnēre*, soutenir.

Ce préfixe exprime situation au-dessous, subordination, atténuation : *subdere* (*dare*), mettre dessous, soumettre, *subcustos*, gardien en sous ordre, *subămārus*, un peu amère.

Super. — est invariable : *sŭpersĕdere*, être assis sur, s'abstenir de, surseoir à.

Subter. — est invariable : *subterfugĕre*, se sauver par la fuite, s'échapper.

Com. — ancienne forme de *cum*, avec, est invariable devant *b*, *m*, *p* : *combŭrere* (*buro* pour *uro*), brûler, *committere*, confier, *compōnere*, comparer; *m* final s'assimile avec *l*, *n*, *r* : *collĭgere*, rassembler, *connectere*, joindre, *corrĭpere* (*rapere*), saisir; il se change en *n* devant toutes les autres consonnes : *conferre*, comparer, *congĕrere*, rassembler ; *m* disparaît presque toujours devant toutes les voyelles et la lettre *h* : *coarguĕre*, convaincre, *coīre*, se réunir, *cŏhĭbēre* (*habere*), contenir. Dans *cōgere*, rassembler, la lettre *a* de *agere* s'est contractée avec *o*, qui pour ce motif est devenu long.

Ce préfixe marque réunion, concordance, communauté, rapport, liaison, renforcement de l'idée : *coire*, venir ensemble, *concentus*, concert, *confinis*, contigu, *commercium*, commerce, *conjungere*, joindre ensemble, *comprŏbare*, approuver entièrement.

3. Les prépositions ou particules inséparables étaient des adverbes aujourd'hui tombés en désuétude et qui ne se rencontrent plus que dans les mots composés :

am, amb, autour : *ambio*, aller autour, environner, *amplector*, embrasser.

dis, séparément, en morceaux : *discerpo*, déchirer, mettre en pièces.

rĕ, et devant une voyelle *red*, de nouveau : *remitto*, renvoyer, *redeo*, retourner.

sē, de côté, à l'écart : *sejungo*, séparer, *securus*, exempt de soucis.

vĕ, privé de : *vēsanus*, privé de bon sens, insensé, *vecors*, fou, en délire.

ne, non : *nefas* (non, fas), sacrilége, *nemo* (ne, homo), personne, *nequeo* (non queo), je ne puis.

DEUXIÈME PARTIE.

SYNTAXE.

Chapitre Premier.

De la proposition et de ses parties.

§ **129.** Toute proposition est l'*expression d'une pensée*; c'est un ensemble de mots servant à énoncer le jugement porté sur un objet.

La proposition doit donc contenir :

1.) L'*objet* sur lequel le jugement a été porté; c'est le **sujet** de la proposition; p. ex. *arbor*, l'arbre.

2.) L'*énonciation de ce jugement*; c'est l'**attribut** (*prédicat*) de la proposition; p. ex. *viridis*, vert.

Ainsi *arbor est viridis*, l'arbre est vert, est une proposition.

L'attribut doit être uni au sujet, pour montrer qu'il existe entre eux, non pas une simple juxtaposition, mais une union, un rapport intime. Le mot qui sert de lien dans l'exemple ci-dessus est le verbe *est*.

§ **130.** Le sujet est ordinairement un substantif, comme plus haut, *arbor*; mais un pronom, un adjectif, un infinitif ou toute autre partie du discours employée substantivement, peuvent également devenir le sujet d'une proposition; p. ex. *illi*, ceux-là (= ces gens-là), *boni*, les bons (= les gens de bien), *errare*, se tromper (= l'erreur), *a*, la lettre a, *si*, la conjonction si.

§ **131.** Quand l'attribut est un *nom* ou un *pronom*, il

doit être uni à son sujet par le verbe auxiliaire *esse* ou tout autre verbe équivalent à un auxiliaire (p. ex. *fieri*, devenir, § 133, 1). Ce verbe s'appelle alors la **copule**; p. ex. *pater est bonus*, le père est bon.

Mais l'attribut n'est pas toujours *explicitement* exprimé; il est très-souvent *implicitement* contenu dans le verbe avec la copule; p. ex. *amat*, il aime, équivaut pour le sens à *amans est*, il est aimant. L'attribut, dans ce cas, est le radical du verbe (*ama*) et la copule est représentée par la terminaison *t* qui marque le temps présent et la 3e pers. du singulier (§ 89). Tout verbe qui renferme ainsi l'attribut, se nomme *verbe attributif*.

Mais comme les désinences du verbe peuvent indiquer de quelle personne est le sujet (§ 18 et 181), le verbe attributif seul peut former une proposition complète; p. ex. *amo*, j'aime, équivaut à *ego sum amans*, je suis aimant.

Du rapport qu'ont entre eux le Sujet, l'Attribut et la Copule.

§ 132. I. Le **sujet** de la proposition se met au **nominatif** (cas qui sert à nommer; car avant tout, il faut nommer l'objet dont on veut affirmer quelque chose), p. ex. *Vir est bonus*, l'homme est bon; *Pater aegrotat*, le père est malade; *Ego laboro*, je travaille.

§ 133. L'***attribut*** est

1.) **Explicite**, c'est-à-dire exprimé par un *adjectif*, un *substantif* ou un *pronom*. Dans ce cas l'attribut est uni au sujet par les verbes *esse*, être, *fieri*, devenir, *manere*, rester, *vocari*, être appelé, *dici*, être dit, *creari*, être créé, *eligi*, être élu, *designari*, être désigné, *nasci*, naître, *videri*, paraître, *haberi*, passer pour, *credi*, *existimari*, *judicari*, *putari*, être regardé comme et autres semblables.

a.) Si l'attribut est un ***adjectif*** ou un ***pronom***, il s'accorde avec le sujet *en genre, en nombre* et *en cas*; p. ex. *Equus est alacer*, le cheval est vif. *Nix est candida*, la neige est blanche. *Animalia sunt mansueta*, les animaux sont apprivoisés. *Ego dives fac-*

tus sum, je suis devenu riche. *Tu manebis beatus*, tu resteras heureux. *Ille avarus dicitur*. Il est appelé avare.

Rem. De là, les expressions latines : *Hic est meus pater; haec est questio; ea demum vera amicitia est;* tandis que le français dira : C'est mon père, c'est là la question, voilà la véritable amitié.

Cependant l'accord *en genre* cesse d'avoir lieu en latin, lorsque le sujet est employé, non comme être particulier, mais comme idée générale; p. ex. *Femina semper varium et mutabile est*, la femme (c'est-à-dire les femmes en général) est un être mobile et changeant. *Omnium rerum mors est extremum*, la mort est la fin de toutes choses. *Mors ipsa quid sit primum est videndum*, voyons d'abord ce que c'est que la mort.

b.) Si l'attribut est un **substantif variable** (§ 27), il s'accorde avec le sujet *en genre, en nombre et en cas;* p. ex. *Vita rustica parcimoniae magistra est.* Cic. La vie champêtre est l'école de l'économie. *Stilus optimus dicendi effector ac magister est.* Cic. L'exercice de la plume est le meilleur maître d'éloquence. *Stellae nuper magnarum calamitatum praenuntiae fuerunt.* Des comètes annoncèrent dernièrement de grands malheurs.

Tout autre substantif servant d'attribut, s'accorde avec le sujet en *cas* seulement; p. ex. *Bonum mentis est virtus*, La vertu est le bien de l'âme. *Natura est juris fons*, La nature est la source du droit. *Captivi militum praeda fuerunt*, Les prisonniers furent la proie des soldats. *Romani erant populus fortissimus*, Les Romains étaient un peuple très-courageux.

2.) Implicite, c'est-à-dire *renfermée dans le verbe avec la copule.*

Le **verbe attributif** s'accorde avec le sujet *en nombre et en personne;* p. ex. *Ego hoc facio*, Je fais cela. *Tu hoc facis*, Tu fais cela. *Nos legimus Homerum*, Nous lisons Homère. *Vos legitis Platonem*, Vous lisez Platon. *Illi nesciunt litteras*, Ils ne connaissent pas les belles-lettres.

§ 134. II. La **copule** s'accorde également avec le

sujet *en nombre* et *en personne*; p. ex. *Ego sum homo*, Je suis homme. *Illi sunt tristes*, Ils sont tristes.

Rem. Il est donc de règle que le nombre de l'attribut n'influe en rien sur celui de la copule. Cependant quelquefois la copule s'accorde avec l'attribut, surtout lorsque le sujet est trop éloigné; par ex. *Consulatus tui fuit* (=*fuerunt*) *initium ludi compitalitii*. Cic. Les compitales marquèrent le commencement de ton consulat. *Ea loca, quae proxima Carthagini, Numidia appellatur* (=*appellantur*). Sall. Cette contrée très-rapprochée de Carthage, a reçu le nom de Numidie.

De même, dans les temps composés du verbe, le participe devrait s'accorder en genre avec le sujet; par ex. *Paestum, Graecis Posidonia appellatum*, Pestum, que les Grecs appelaient Posidonia; mais on trouve des exemples où le participe s'accorde en genre avec l'attribut; p. ex. *Non omnis error stultitia est dicenda* (= *dicendus*), Toute erreur ne doit pas être nommée sottise.

§ 135. 1.) Lorsque la proposition a **plusieurs sujets du même genre**, l'attribut s'accorde avec eux en genre, mais prend le *nombre pluriel*, p. ex. *Pater et filius mortui sunt*, Le père et le fils sont morts. *Mater et filia mortuae sunt*, La mère et la fille sont mortes.

2.) Si les sujets sont des **noms de personnes de différents genres**, l'attribut se met *au pluriel* et prend le genre du sujet le plus noble. Le masculin est plus noble que le féminin, et le féminin est plus noble que le neutre; p. ex. *Pater mihi et mater mortui sunt*, Mon père et ma mère sont morts.

3.) Si les sujets sont **des noms de choses**, l'attribut se met ordinairement au *neutre pluriel*; p. ex. *Secundae res, honores, imperia, victoriae fortuita sunt*. La prospérité, les honneurs, les magistratures, les victoires sont des effets du hasard.

Rem. Cependant on trouve quelquefois l'attribut s'accordant en genre et en nombre avec le plus proche des noms de choses; p. ex. *Visae, faces ardorque coeli*. Cic. On apercevait des lueurs menaçantes, un ciel enflammé. *Cingetorigi principatus atque imperium est traditum*. Caes. Le premier rang et le pouvoir suprême furent donnés à Cingétorix.

4.) Si les sujets sont **de différents genres** et désignent des **personnes** et des **choses**, l'attribut s'accorde ordinairement avec l'idée principale; p. ex. *Thrasybulus a* *tyrannis contemptus est atque ejus sōlitūdŏ*. C. Nep. Thrasybule fut méprisé des tyrans, à cause du petit nombre de ses partisans.

§ 136. Si les sujets peuvent être considérés comme *un tout homogène*, l'attribut reste au singulier; p. ex. *Senatus populusque Romanus intelligit*. Cic. Le Sénat et le peuple Romain comprennent : le Sénat et le peuple représentent l'État comme une unité.

Mais si l'on peut envisager *séparément* chacun des sujets, l'attribut ou le verbe attributif se mettent *au pluriel*; p. ex. *Castor et Pollux ex equis pugnare visi sunt*. Cic. On vit Castor et Pollux combattant à cheval.

Rem. 1. On peut admettre en règle générale et pour la plupart des cas, que *plusieurs sujets désignant des personnes*, demandent l'attribut et le verbe attributif *au pluriel*; mais s'ils désignent *des choses*, le verbe et l'attribut se mettent soit au singulier, soit au pluriel.

2. Quand plusieurs sujets sont unis par *aut, vel, et-et, nec-nec*, le verbe et l'attribut se mettent aussi bien au singulier qu'au pluriel. Ce dernier nombre est pourtant rare avec *nec-nec*. Par ex. *Si Socrates aut Antisthenes diceret*. Cic. Si Socrate ou Antisthène disait. *Si quid Socrates aut Aristippus fecerint*. Cic. Si Socrate ou Aristippe ont fait quelque chose.

§ 137. Si les sujets sont de *différentes personnes*, la première l'emporte sur la seconde, et celle-ci sur la troisième; p. ex. *Si tu et Tullia valetis, bene est; ego et Cicero valemus*. Cic. Si Tullie et vous êtes en bonne santé, j'en serai ravi; Cicéron et moi nous nous portons bien aussi.

Rem. Dans les propositions où plusieurs sujets sont unis par les particules disjonctives *vel* ou *aut*, ou la particule *et* dans le sens distributif, l'attribut et le verbe attributif s'accordent avec le sujet le plus rapproché; par ex. *Si tu et omnes homines sciunt*. Cic. Si tous les hommes savent comme vous.

§ 138. Tout substantif singulier marquant la *pluralité* (*les noms collectifs*) peut prendre le verbe et l'attribut au pluriel; p. ex. *Pars per agros dilapsi, pars urbem petunt*. Liv. Les uns se dispersent dans les champs, les autres gagnent la ville. *Magna multitudo hominum ex agris in urbem convenerant*, Une grande multitude était accourue des champs dans la ville. *Vulgus propter hominum indignorum honores irascebantur*, Le peuple s'indignait de ce que les charges publiques étaient conférées à des hommes qui les méritaient si peu.

Rem. Uterque signifiant *tous deux* peut aussi prendre son verbe au pluriel, par ex. *Eodem die uterque eorum e castris exercitum educunt.* Cæs. Tous deux, le même jour, font sortir leur armée du camp. *Hic, cum uterque me intueretur seseque ad audiendum significarent paratos...* Cic. Alors, comme tous deux avaient les yeux sur moi et me fesaient voir qu'ils étaient prêts à m'écouter...

Proposition simple et proposition complexe.

§ **139.** On appelle ***proposition simple*** celle qui ne contient que les trois éléments indispensables : le *sujet*, l'*attribut* et la *copule*. Mais dans la plupart des propositions, le sujet ou l'attribut, ou même tous deux à la fois, sont accompagnés d'expressions qui en modifient ou en déterminent le sens. Ces sortes de propositions sont dites ***complexes***. P. ex. *Pater mortuus est*, Le père est mort, est une proposition simple ; *Pater amici mei multum amatus misere mortuus est*, Le père chéri de mon ami est mort d'une manière déplorable, est une proposition complexe. Le sujet *pater* est accompagné de deux expressions qui le déterminent : On dit de lui qu'il est *aimé* et qu'il est le père *de mon ami* ; l'attribut *mortuus* est également modifié par l'idée accessoire : *d'une manière déplorable*.

A. Apposition et adjectif qualificatif.

§ **140.** La manière la plus simple de rendre une proposition complexe, c'est d'ajouter au sujet une expression qui le détermine, le distingue de tous les objets de la même espèce. Si ce déterminatif est un *substantif*, on le nomme **apposition** ; mais si c'est un *adjectif*, on l'appelle **qualificatif**. P. ex. *Cicero consul ; orator clarus ; arbor virens*. Le mot *consul* distingue Cicéron de tous les autres personnages du même nom ; *clarus* sépare *orator* de tous les orateurs sans renommée ; *viridis* distingue *arbor* de tous les arbres dépouillés de leur feuillage.

Le **qualificatif** s'accorde avec le sujet *en genre, en nombre et en cas.* P. ex. *Cnaeus et Publius Scipiones*, Les deux Scipions, Cneus et Publius. *Romani totius orbis victores*, Les Romains vainqueurs de tout l'univers.

Le **substantif apposé** au contraire ne s'accorde qu'en cas : *Natura juris fons*, La nature source du droit : *fons* est du masc. et *natura* du fém.; *Athenae eruditionis magistra*; Athènes, la maîtresse de l'érudition : *Athenae* est du pluriel et son apposition, *magistra*, est du singulier.

Rem. Les expressions marquant le lieu précis, comme *au milieu de, à la fin de, au haut de, au bas de*, etc. se rendent en latin par des *qualificatifs* : *in medio mari*, au milieu de la mer; *in extremo agmine*, à l'arrière-garde; *in ima arbore*, au pied de l'arbre.

§ **141.** Il ne faut pas confondre avec *l'apposition* ou *l'adjectif qualificatif*, certains substantifs ou adjectifs au même cas que le sujet ou le complément, mais dépendant en réalité du verbe attributif ou de l'attribut. *Ciceronem consulem vidi*, peut signifier : j'ai vu le consul Cicéron; *consulem* est apposition, parce qu'il équivaut à *qui consul erat*; mais cette proposition peut signifier aussi : J'ai vu Cicéron consul; alors l'idée *consulem* dépend de *vidi*; j'ai vu Cicéron et c'est lorsqu'il était consul; *consulem* équivaut donc ici à *cum consul esset*.

Rem. La proposition : *Socrate a enseigné cela le premier*, présente en français un double sens; elle peut signifier : *Socrate est le premier philosophe qui ait enseigné cela*, ou bien, *C'est la première chose que Socrate ait enseignée.* Ce double sens ne peut subsister en latin, car dans le premier cas on dira : *Socrates hoc primus docuit*, et dans le second, *Socrates hoc primum docuit.* — Il en est de même de *ultimus* et *ultimum*, *extremus* et *extremum*, *solus* et *solum*.

B. Des cas.

§ **142.** La manière la plus ordinaire de rendre une proposition complexe, c'est l'emploi des cas (§ 29). Ces compléments sont de trois espèces, comme on le verra par les exemples suivants : Alexandre, roi de Macédoine, *Alexander rex Macedoniae;* Il a oublié ce qu'il connaissait, *Oblitus est cognitorum;* L'armée partit en grande hâte,

LA PROPOSITION ET SES PARTIES. — GÉNITIF.   139

Exercitus profectus est cum magna festinatione.

Dans le premier exemple, le génitif *Macedoniae* est un complément de l'idée *rex* et tient lieu d'un *qualificatif*, parce qu'on peut faire la question *quel roi?* De même *Vir summo ingenio*, un homme de talent équivaut à *vir ingeniosus*.

Dans le second exemple, l'action d'oublier est appliquée à *ce qu'il connaissait;* cette dernière idée s'appellera *objet*, ou *complément :* elle sert en effet à compléter l'idée d'*oblitus*, qui sans cela serait incomplète, car nous désirons savoir *ce qui a été oublié*.

Dans le troisième exemple on exprime la *manière* dont partit l'armée. La partie du discours qui marque la manière est l'adverbe (§ 20) et par conséquent les mots, *cum magna festinatione*, en tiennent lieu, et l'on pourrait mettre à leur place, *valde festinanter*.

Ainsi l'usage de tous les cas se rapporte :

1.) Ou à l'idée de **qualificatif** ou d'*apposition*,
2.) Ou à l'idée de **complément**,
3.) Ou à l'idée de **modificatif**, c.-à-d. d'*adverbe*.

1. Génitif.

§ **143**. Le génitif sert proprement à indiquer qu'**un objet dépend d'un autre objet**. Cette dépendance se montre clairement dans le génitif possessif. *Fructus arborum*, signifie les fruits *qui pendent aux* arbres et par suite, *les fruits des arbres*.

Mais de cette signification restreinte, dérive cette autre plus étendue, ne marquant plus une simple juxtaposition matérielle, mais impliquant l'idée de **propriété**, de **possession** : *servi patris*, les esclaves *qui appartiennent au père :* les esclaves *du père; Gloria imperatoris*, la gloire *qui appartient au général*, la gloire *du général*.

Enfin de cette signification, dérive le cas où le *génitif* avec *esse* tient lieu d'attribut du sujet et se traduit par *est le propre de, la propriété de, appartient à;* p. ex. *Gallia est Ariovisti*. Caes. La Gaule appartient à Ariovistes.—*Cujusvis hominis est errare*. Cic. m. à. m. Se tromper est le propre de tout homme : Tout homme peut se tromper. —

Omnia quae mulieris fuerunt, viri fiunt dotis nomine. Cic. Tout ce qui appartenait à la femme devient la propriété de l'homme, sous le nom de dot.

§ **144.** Le génitif est **subjectif** ou **objectif**. *Amor Dei*, peut signifier l'amour *que Dieu porte en lui* et qu'il *manifeste* à ses créatures. Ce génitif est *subjectif* ou *actif*. Mais *amor Dei* peut encore signifier l'amour *que les créatures portent à Dieu*. Le génitif *Dei* est alors *objectif* ou *passif*; car dans ce cas Dieu est l'*objet* vers lequel se dirige l'amour des créatures.

Mansuetudo populi romani, La douceur du peuple romain; — *Fortitudo veterum Germanorum*, La valeur des anciens Germains; — *Stultitia hominum*, La sottise des hommes; voilà autant d'exemples où le génitif ne peut être que *subjectif*. — On voit que le génitif subjectif a beaucoup d'analogie avec le génitif possessif.

Dans les exemples suivants, au contraire, il est nécessairement *objectif*: *Lectio librorum*, la lecture des livres; — *Cupido imperii*, Le désir du pouvoir; — *Odium servitutis*, La haine de l'esclavage.

Rem. **1.** Le génitif objectif est quelquefois remplacé par une préposition suivie du cas qu'elle gouverne : *Amor Dei* peut se rendre par *amor erga Deum*; — *Injuria imperatoris*, par *injuria in imperatorem*, comme en français : L'amour envers Dieu, l'offense envers le général.

2. On trouve quelquefois le génitif là où l'on attendrait une apposition; par ex. *Urbs Patavii*, comme en français, la ville *de* Padoue, pour *urbs Patavium; causa vastitatis*, signifiant non pas *la cause de la désolation*, mais bien : *la désolation en est la cause*, comme dans l'exemple suivant : *Asia nunc paucos incolas habet propter causam vastitatis*, L'Asie n'a aujourd'hui que très-peu d'habitants, à cause de l'état de désolation où elle se trouve. On aurait pu dire également *propter vastitatem*.

§ **145.** A ceci se rattache le **génitif partitif**. On met au génitif *un tout* comparé à ses parties envisagées en lui, ou hors de lui. Ce génitif sert de complément surtout à certains adjectifs passés à l'état de substantifs et qui marquent une division; comme *tantum*, tant, *quantum*, que, ou combien de, *aliquantum*, un peu, *multum*, beaucoup, *plus*, plus, *plurimum*, le plus, *amplius*, davantage, *minus*, moins, *minimum*, le moins, *paulum*, peu, *paululum*, un peu, *reliquum*, le reste ; avec les pronoms *hoc*, *illud*, *quod*, *id*, *alter*, *uter*, *neuter* et avec les noms de nombre ; p. ex. *multum virium*, beaucoup de forces ; *plus pecuniae*, plus d'argent ; *aliquantum militum*, un petit nombre de soldats ; *plurimum frumenti*, une grande quantité de blé ; *minus copiarum*, moins de troupes ; *paululum diligentiae*, un peu de diligence ; *reliquum tritici*, le reste du froment ; *sapientum octavus*, le huitième sage ; *tertius vestrum*, le troisième d'entre vous.

Rem. 1. Ce *génitif partitif* peut être un adjectif neutre de la seconde déclinaison, comme *nihil mali*, rien de mauvais ; *multum boni*, beaucoup de bon ; mais on ne dira pas *nihil tristis*, pour *nihil triste*, rien de triste ; parce que le génitif singulier des adjectifs de la troisième déclinaison ne se distingue pas suffisamment des autres cas en *is* et pourrait par là donner lieu à des équivoques.

2. Au génitif partitif se rattache encore :

a.) Le *génitif dépendant d'un comparatif ou d'un superlatif*, comme *prior horum*, le premier de ceux-là ; *Gallorum fortissimus*, le plus courageux des Gaulois.

b.) Le *génitif* après *abunde*, abondamment, *affatim*, à satiété, *satis*, assez : *Armorum satis erat*, Il y avait assez d'armes.

c.) Le *génitif après les adverbes de lieu et de temps* : *Ubi terrarum*, en quel lieu du monde ; *tunc temporis*, alors (*en ce point du temps*).

3. Le génitif partitif est quelquefois remplacé par des prépositions suivies du cas qu'elles gouvernent, surtout après le superlatif : *Acerrimus ex nostris sensibus est sensus videndi*, De tous nos sens, le plus perçant est celui de la vue. *Themistocles de servis suis quem habuit fidelissimum ad regem misit.* C. Nep. Themistocle envoya auprès du Roi celui d'entre ses esclaves qu'il regardait comme le plus fidèle.

4. Il faut se garder d'employer le génitif partitif là où le tout n'est pas opposé à ses parties. L'expression française « J'ai beaucoup d'amis » ne se traduira pas par *Multum amicorum habeo*, mais bien par *multos amicos habeo*. C'est que, dans cette proposition, on n'oppose pas *beaucoup d'amis* à *tous les amis*, mais on veut dire qu'on a des amis *en grand nombre*.

§ 146. Le génitif sert encore à marquer la **qualité**, la **valeur**, la **mesure**, le **prix** d'un objet. *Vir et consilii magni et virtutis.* Caes. Un homme d'une grande prudence et d'un grand courage (aussi prudent que brave).

— *Corona parvi ponderis*, Une couronne de peu de poids.
— *Fossa quindecim pedum*, Une fosse de quinze pieds. —
Via tridui, Un voyage de trois jours.— *Bibliotheca multorum nummorum*, Une bibliothèque d'une grande valeur (qui a coûté beaucoup d'argent).

Ces sortes de génitifs s'emploient aussi comme attributs avec *esse* : *Senonum civitas est imprimis firma et magnae inter Gallos auctoritatis*. Caes. B. G. Les Sénons forment une nation très-puissante et jouissant d'une grande influence parmi les Gaulois.— *Securi es animi*. Cic. Tu es sans inquiétude.

Rem. 1. Le *génitif de la qualité* doit toujours être accompagné d'un adjectif qui indique le *degré* ou la *mesure* de cette qualité. On ne dira donc pas *Vir ingenii*, mais *Vir magni ingenii*, un homme d'esprit, un homme de talent.

2. Au lieu du génitif, on trouve souvent l'*ablatif* pour marquer la qualité : *Vir acri ingenio*, Un homme d'un esprit pénétrant; *Orator summa facundia*, Un orateur d'une grande éloquence. — Le génitif ne peut même pas être employé pour marquer des qualités du corps. On ne dira donc pas *Homo capillorum alborum*, mais *Homo albis capillis*, Un homme à cheveux blancs. — Cet ablatif de la qualité doit également être accompagné d'un adjectif.

§ 147. Le génitif de certains adjectifs se trouve aussi employé comme complément de verbes marquant l'**estime**, le **cas** que l'on fait de quelque chose, la **valeur vénale** qu'on y attache, comme *aestimo, duco, facio, habeo, pendo*, estimer, faire cas de, *emo*, acheter, *vendo*, vendre, *consto*, coûter. Ces adjectifs sont : *magni*, beaucoup, *pluris*, davantage, *maximi* ou *plurimi*, le plus, *parvi*, peu, *minoris*, moins, *minimi*, très-peu, *tanti*, autant, *quanti*, combien (que). Le génitif *pretii* est sous-entendu avec tous ces adjectifs; on le trouve même exprimé avec *esse*. Ex. *Facio eum maximi*, J'ai une très-grande estime pour lui. *Regis auctoritas magni habebatur*, L'autorité du roi était fort respectée. *Tribuni rem publicam nihili ducunt*, Les tribuns ne font aucun cas de la république. *Villa mihi magni constat*, Ma maison de campagne me coûte beaucoup. *Librum tuum plurimi aestimo*, Je fais le plus grand cas de ton livre. — *Emit hortos tanti, quanti Pythius voluit*. Cic. Il acheta les jardins aussi cher que voulut Pythius.

§ **148.** Avec les verbes signifiant *accuser*, *convaincre*, *condamner*, *absoudre*, le nom marquant le crime, le délit, la faute, se met au génitif. Ces verbes sont accūso, incūso, accuser; *arguo, coarguo, convinco*, convaincre; *condemno*, condamner, *absolvo, libero*, absoudre, etc.

Ce génitif a beaucoup de rapport avec le génitif possessif; car il attache une *qualité* à l'accusation, à la plainte; il en indique la *nature. Accusat cum perduellionis*, Il l'accuse de haute trahison. *Coarguit Verrem avaritiae*, Il convainquit Verrès d'avarice. *Themistocles proditionis est damnatus*, Thémistocle fut condamné (pour trahison) comme traître. *Senatus regem ejus culpae liberavit*, Le sénat accorda au roi le pardon de sa faute.

Rem. Ce génitif peut aussi dépendre des ablatifs *nomine* ou *crimine*, sous-entendus, et même quelquefois exprimés: *Accusare aliquem nomine furti*, Accuser quelqu'un de vol. — On emploie aussi après ces verbes *de* et l'ablatif: *Accusare aliquem de furto*, Accuser quelqu'un de vol. — Condamner quelqu'un à mort se rend en latin par *Capitis damnare*.

§ **149.** Avec les *adjectifs* qui marquent la *participation*, la *capacité*, l'*abondance* ou la *disette*, le *savoir* ou l'*ignorance*, le *souvenir* ou l'*oubli*, on emploie le génitif de la chose. Tels sont: *particeps*, qui participe à, *compos*, maître de, *expers*, privé de, *consors*, qui participe à; *capax*, qui peut contenir, *potens*, capable de, *plēnus, refertus*, plein de, *fertĭlis*, fertile en, *inops, ĕgēnus*, privé de; *conscius*, qui connait, *nescius*, qui ignore, *perītus*, habile, *imperītus*, inhabile; *gnārus*, qui sait, *ignārus*, qui ne sait pas, *prūdens*, qui connait, *imprudens*, qui ne connait pas; *mĕmor*, qui se souvient, *immemor*, qui ne se souvient pas, etc.

De même après les *verbes* qui marquent *abondance* ou *disette*, *souvenir* ou *oubli*: *impleo, repleo*, emplir, *egeo, indigeo*, manquer de; *memini, recordor, reminiscor*, se souvenir; *obliviscor*, oublier; *moneo, admoneo, commoneo*, rappeler.

EXEMPLES. *Solus homo rationis est particeps.* CIC. L'homme seul a la raison en partage. *Rationis compos*, qui jouit de sa raison. *Imperii potens*, capable de commander. *Locus insi-*

diarum plenus, Lieu rempli d'embûches. *Italia quonda referta Pythagoreorum fuit.* Cic. L'Italie fut autrefois remplie de Pythagoriciens. *Gallia frugum hominumque fertilis est.* Liv. La Gaule est fertile en grains et en hommes. *Inops auxilii humani.* Liv. Privé de tout secours humain.

Peritus reipublicae, qui a l'expérience des affaires publiques. *Inscius rerum omnium*, ignorant toutes choses. *Immemor patriae*, qui ne se souvient pas de sa patrie.

Gravitas morbi facit ut medicinae indigeamus. Cic. La gravité du mal exige que nous employions un remède.

Res adversae admonuerunt religionum. Liv. Les revers rappelèrent aux idées religieuses. *Admonitus recordabitur flagitiorum suorum.* On le fera ressouvenir de ses désordres. *Oblivisci eorum quae mutari jam non possunt, sapientis est*, C'est une preuve de sagesse que d'oublier les choses qu'on ne peut changer. *Si meminisses alieni infortunii, tibi cavisses melius.* Si tu avais eu les malheurs d'autrui présents à la mémoire, tu aurais été plus circonspect.

Rem. 1. Sur le génitif avec les adjectifs qui marquent *ressemblance*, voir le chap. du *datif*.

2. Les adjectifs et les verbes qui marquent *abondance* ou *disette*, se construisent aussi avec l'ablatif. — *Implēre* prend habituellement ce cas.

3. Les verbes *se rappeler, oublier* peuvent aussi se construire avec l'*accusatif* ou avec l'*ablatif* précédé de *de*. Les verbes actifs marquant le *souvenir* ne souffrent d'autres accusatifs que ceux des pronoms au neutre; par ex. *Ego te hoc admoneo*, Je t'avertis de cela.

§ 150. Le *génitif de la chose* accompagne encore les adjectifs et les verbes qui expriment une **disposition de l'âme**, un **effort**, un **désir**, une **aversion**, un **sentiment de pitié**, de **honte**, de **repentir**, de **dépit**, etc., comme :

1.) *ăvĭdus*, avide de, *cupĭdus*, qui désire, *stŭdĭosus*, qui a du goût pour, *fastīdiosus*, qui dédaigne;

2.) Les verbes personnels *mĭsĕreor* et *mĭsĕresco*, avoir pitié (*mĭsĕror* et *commĭsĕror* prennent l'acc.)

3.) Les impersonnels *mĭsĕret*, *mĭsĕrescit*, avoir pitié, s'attendrir, *pŭdet*, avoir honte, *pĭget*, être fâché de, *poenĭtet*, se repentir de, *taedet*, être dégoûté de.

Exemples. *Cicero laudis bonorum cupidissimus erat*, Cicéron désirait par-dessus tout les louanges des gens de bien. *Verres pecuniae alienae avidissimus erat*, Verrès était très-avide de l'argent d'autrui. *Litterarum studiosum oportet diligentem et industrium esse*, Celui qui a le goût des lettres doit nécessairement être laborieux et zélé. *Miseremini sociorum*. Cic. Ayez pitié de vos alliés. *Me vehementer vitae mae poenitet*. Cic. Je me repents beaucoup de ma vie passée. *Sunt homines quos libidinis infamiaeque suae neque pudeat neque taedeat*. Cic. Il est des hommes qui n'éprouvent ni la honte ni le dégoût de leurs débauches et de leur infamie.

§ 151. Quelques ***participes présents*** marquant une *qualité* et étant par conséquent employés comme adjectifs, régissent également le génitif : *Amans patriae*, qui aime sa patrie ; *Tolerans injuriarum*, qui sait supporter les injures ; *Frigoris patiens*, qui sait endurer le froid ; *Appetentissimus honestatis*. Cic., avide de considération.

§ 152. Les impersonnels ***interest***, il est de l'intérêt de, et ***refert***, il importe, prennent au génitif le nom de la personne : *Interest patris*, il est de l'intérêt du père.

On met également au génitif le mot qui indique *combien ou combien peu* il importe ; c'est le ***génitif du prix*** (§ 146) : *Magni refert*, il importe beaucoup. Mais on ne dit pas : *majoris, maximi, plurimi, minoris, minimi interest* ; on emploie de préférence : *multum, magis, maxime, plus, plurimum, minus, minimum, minime, tantum, quantum, aliquantum*.

La chose *qui importe*, n'est pas exprimée par un nom, mais bien par un infinitif ou une proposition entière, introduite, d'après le sens, tantôt par *ut* (rarement par *quod*), tantôt par les particules interrogatives *ne, num, utrum, an* ou par *quis* : *Hostem vinci (ut hostis vincatur) multum interest*, Il importe beaucoup que l'ennemi soit vaincu.

EXEMPLES. — *Interest omnium recte facere*. Cic. Il importe à tous de bien faire. *Illud mea magni interest, te ut videam*. Cic. Ce qui m'importe beaucoup, c'est de te voir. *Postrema syllaba brevis an longa sit, ne in versu quidem, refert*. Cic. Il importe peu, même dans un vers, que la dernière syllabe soit longue ou brève. *Permagni interest quo tibi tempore epistola reddita sit*. Cic. Le moment où cette lettre vous sera remise est chose fort importante.

Rem. Pour rendre les pronoms *à moi, à toi, à lui, à nous, à vous* accompagnant *il importe*, le latin n'emploie pas les génitifs *mei, tui, sui, nostri, vestri interest*, mais les ablatifs *meā, tuā, suā, vestrā, nostrā interest*.

§ 153. Les *noms de villes* de la première et de la seconde déclinaison, au singulier, se mettent au génitif à la question *ubi*, où? *Romae*, à Rome, *Ephesi*, à Éphèse, *Beneventi*, à Bénévent. — Il en est de même de *domi*, à la maison (et aussi *en temps de paix*) *belli* et *militiae*, en temps de guerre, *humi* et *terrae*, à terre.

Rem. Causā et *gratiā*, pour, n'étant au fond que des substantifs fesant l'office de prépositions, prennent aussi le génitif. Le premier signifie *à cause de*; le second, *en faveur de*. Ils répondent tous deux à la question *de qui*?

2. Ablatif.

§ 154. La signification primitive de l'ablatif est celle **d'arrivée, de sortie d'un lieu.** *Le lieu à l'ablatif marque donc le point de départ. Venio Athenis*, Je viens d'Athènes; *movere loco*, changer de place; *Hostem loco movere*, chasser l'ennemi de sa position.

De là les verbes signifiant **éloigner, s'éloigner, tenir éloigné**, se construisent avec l'*ablatif de la chose*. Ces verbes sont *arceo*, éloigner, *exclūdo*, exclure, *intercludo*, séparer, *prohĭbeo*, empêcher, *abstĭneo*, tenir éloigné, s'abstenir, *depello*, *expello*, chasser, *absterreo*, détourner; *abeo*, s'en aller, *exeo*, sortir, *cēdo*, se retirer, *dēsisto*, s'abstenir, *exsŭlo*, s'expatrier, exiler.

Il en est de même pour les verbes qui marquent une **différence**: *differo, discrĕpo, disto*, différer.

Tous ces verbes peuvent aussi être construits avec les prépositions *a, de, ex*, qui cependant ne conviennent pas toutes à chacun d'eux.

EXEMPLES — *Hostem commeatu interclusimus*, Nous avons coupé les vivres à l'ennemi. *Morbum medicus corpore aegri expellit*, Le médecin chasse la maladie du corps du malade. *Cicero exul urbe decessit*, Cicéron partit de Rome pour l'exil. *Destiti proposito*, J'ai abandonné mon projet. *Exules urbe prohibentur*, On ne permet pas aux exilés l'accès de la ville. *Abstineto pecuniā alienā*, Respecte le bien d'autrui. *Philosophia discentes male factis absteret*, La philosophie détourne du mal. *Consul magistratu abiit*, Le consul sortit de charge. *Cedes coëmptis saltibus et domo et villa, quam Tiberis alluit*, Tu quitteras ces bois, ce palais et cette villa au bord du Tibre que tu avais accaparés.

§ 155. L'ablatif latin équivaut aussi aux expressions françaises, *quant à, du côté de, à l'égard de, par rapport à, relativement à* : *Mille numero* (mille quant au nombre), au nombre de mille ; *Natione Medus*, Mède de (eu égard à la) nation. *Natu major* (plus grand relativement à l'âge), plus âgé, l'aîné.

§ 156. De même après un comparatif, **l'objet qui sert de terme de comparaison** se met à l'ablatif, au lieu du nominatif ou tout autre cas avec *quam*, que. *Hic liber meo melior est*, Ce livre est meilleur que le mien (*quam meus*), c.-à-d. comparé au mien.

§ 157. Dans les déterminations générales de **lieu** on emploie aussi l'ablatif à la question *ubi*, où? *Multis locis*, dans beaucoup d'endroits ; *hoc loco*, ici ; *totā Asiā*, dans toute l'Asie.

Par la même raison les **noms de villes** de la 1re et de la seconde déclinaison, au pluriel, et tous ceux de la troisième, aux deux nombres, se mettent à l'ablatif à la question *ubi* : *Athenis*, à Athènes ; *Pessinunte*, à Pessinonte ; *Tibure*, à Tibur.

Rem. L'ablatif *ruri*, à la campagne suit la règle des noms de villes.

§ 158. De l'idée d'*arrivée*, de *sortie* de quelqu'endroit, s'est déduite celle d'**origine**. *Mercurius Jove natus et Maïa*. Cic. Mercure, fils de Jupiter et de Maïa. *Lacedemoniorum reges sese Hercule ortos esse praedicabant*, Les rois de Lacédémone se prétendaient issus d'Hercule. *Romulum gentis conditorem Romani Marte genitum ferunt*. Les Romains disent que Romulus, le fondateur de leur nation, est issu de Mars. — De même on dit : *Nobili genere, humilibus parentibus ortus*, de haute naissance, de basse extraction.

148   SYNTAXE.

§ 159. A *l'ablatif d'origine* se rattachent :

1.) L'ablatif servant à exprimer la **cause**. *Hoc tuā imprudentiā factum est*, Cela est arrivé par ton imprudence.

2.) L'ablatif marquant le **moyen**, ou l'***instrument***. *Hoc mea manu scripsi*, J'ai écrit cela de ma propre main. *Cornibus tauri, apri dentibus, morsu leones, aliae bestiae fugā se, aliae occultatione tutantur.* Cic., Pour se défendre, les taureaux usent de leurs cornes, les sangliers de leurs boutoirs, les lions de leurs dents; d'autres animaux prennent la fuite, d'autres encore se cachent.

3.) L'ablatif indiquant la **manière** dont une chose s'est faite. *More Romanorum*, selon la coutume Romaine ; *ferre aequo animo*, supporter avec calme.

EXEMPLES. — *In culpa sunt qui officia deserunt mollitia animi*, Cic. Ils sont coupables ceux qui abandonnent leurs devoirs par faiblesse. *Quid est absurdius quam res deformes deorum honore afficere.* Cic. Quoi de plus absurde que d'accorder les honneurs divins à des choses hideuses. *Legiones profectae sunt alacri animo et erecto.* Cic. Les légions partirent pleines d'ardeur et de fierté. *Brevis profecto res est si uno tenore peragitur.* Liv. Une chose est en effet bientôt terminée quand elle s'exécute tout d'un trait. *Epaminondas a judicio capitis maximā discessit gloriā.* C. Nep. Epaminondas se tira avec beaucoup d'honneur de l'accusation capitale lancée contre lui.

Rem. 1. L'ablatif d'instrument ou de moyen ne peut être qu'un nom de chose; pour les personnes on se sert d'une circonlocution, comme *mei fratris auxilio* ou *operā, juvante meo fratre*, par le secours de mon frère, par mon frère.

2. Si le substantif employé comme ablatif de manière n'est pas accompagné d'un adjectif, il est alors généralement précédé de la préposition *cum. Cum prudentia*, prudemment, équivaut à *prudenter.* — Quelques expressions seulement, comme *more*, selon la coutume, ou à la manière de, *jure*, avec raison, *injuria*, à tort, *vi*, par violence, *fraude*, par ruse, ne prennent pas la préposition *cum.*

3. Quand la prép. française *avec* marque accompagnement, *cum* doit être employé en latin. *Romam veni cum febri*, Je suis arrivé à Rome avec la fièvre.

Cum s'emploie aussi pour désigner des choses qu'on a sur sa personne, qu'on porte sur soi, *Homines cum vestibus albis*, Des hommes en habits blancs ; *Esse cum gladio*, porter une épée.

§ 160. A l'ablatif de manière se rattache l'**ablatif de la qualité** (V. § 146). Cet ablatif, comme le génitif de la qualité, est tantôt ajouté au substantif comme apposition (attribut, épithète), tantôt il est lié avec *esse* et *fieri*. *Herodotus tantā est eloquentiā, ut me quidem magnopere delectet.* Cic. Hérodote a tant d'éloquence qu'il me charme au plus haut point. *Britanni capillo sunt promisso.* Caes. Les Bretons ont la chevelure longue. *Magno timore sum.* Cic. J'ai une grande crainte. — *Praestantissima virtute civis.* Cic. Un citoyen d'un mérite éclatant. *Difficili transitu flumen ripisque praeruptis.* Caes. Une rivière dont le passage est difficile et les rives escarpées.

§ 161. Les verbes et les adjectifs marquant **plénitude, abondance, disette** ou **privation** se construisent aussi avec l'ablatif. Tels sont :

1.) *Impleo, oppleo*, remplir, *expleo*, combler, *compleo*, compléter, *satio*, assouvir, *saturo*, saturer, rassasier. — L'ablatif qui suit ces verbes a beaucoup d'analogie avec l'*ablatif d'instrument*.

2.) *ăbundo*, abonder, *rĕdundo*, *affluo*, regorger de, *circumfluo*, avoir en abondance, *scăteo*, fourmiller de ; ainsi que *careo, ĕgeo*, manquer de, *văco*, être exempt de, *indigeo*, avoir besoin, *privo, orbo*, priver de, *nūdo, spolio*, dépouiller de.

3.) *rĕfertus, plēnus*, rempli de, *inops*, dépourvu de, *līber*, exempt de, *văcuus*, libre de ; *orbus, nūdus*, privé de.

Exemples. — *Implere aliquem cibo*, Gorger quelqu'un de nourriture. *Satiatus pecuniā*, Rassasié de richesses. *Crudelitas vestra nostro sanguine non potest expleri*, Notre sang ne peut assouvir votre cruauté. *Res gestas Romanorum cum comtemplamur, admiratione implemur*, Nous sommes remplis d'admiration en contemplant les exploits des Romains. *Rex mancipiis locuples pecuniā eget*, Le roi, si riche en esclaves, a besoin d'argent. *Liberi parentibus orbati saepe calamitatibus conflictantur*, Les enfants privés de leurs parents ont souvent bien des maux à souffrir. *Galliă abundat auro*, L'or abonde dans la Gaule. *Reges saepe carent amicis*, Les rois souvent n'ont pas d'amis. *Nemo meritus dignitate suā spoliari potest*, Un homme qui a rendu des services ne peut être dépouillé de ses mérites. *Regio opibus referta*, Une contrée pleine de richesses. *Italia plena mendicis est*, L'Italie est remplie de mendiants. *Nemo curis liber est*, Personne n'est exempt de soucis.

Rem. Tous les verbes énumérés ci-dessus à l'exception de ceux qui marquent *privation*, peuvent aussi se construire avec le génitif (comp. § 149). Parmi les adjectifs, *liber*, *văcuus*, *orbus* et *nūdus* prennent toujours l'ablatif; *fertĭlis*, *fĕrax*, fertile en, *expers*, privé de, dépourvu de, sont presque toujours accompagnés du génitif.

§ 162. Opus est (proprement: c'est l'ouvrage, l'effet, le besoin, et de là, il est nécessaire) est tantôt *attribut*, et alors le sujet, la chose nécessaire, se trouve au nominatif; comme *Dux opus est*, un chef est nécessaire; tantôt il forme déjà par lui-même une proposition complétée par l'ablatif de la chose nécessaire: *opus est duce*, il est besoin d'un chef. — On met au datif le nom de la personne qui a besoin de quelque chose.

EXEMPLES. — *Hujus rei nobis exempla permulta opus sunt*. Cic. Nous avons besoin de beaucoup d'exemples de cette chose. *Xenomenes omnia pollicitus est quae tibi essent opus*. Cic. Xenomènes a promis tout ce dont tu aurais besoin. *Auctoritate tua nobis opus est et consilio et gratia*. Cic. Nous avons besoin de ton autorité, de tes conseils et de ton crédit. *Non opus est verbis*. Cic. Il n'est pas besoin de paroles.

Rem. La chose nécessaire peut aussi être indiquée par le supin en *u*, le participe parfait passif, une proposition introduite par *ut*, ou par un infinitif; p. ex. *Scitu opus est*, Il est nécessaire de savoir. *Consulto opus est*, Il faut délibérer. *Scire, ut sciamus opus est*, Il faut que nous sachions.

§ 163. L'ablatif sert encore à indiquer la **mesure :**

1.) *Par rapport à l'étendue ;* lorsqu'il faut indiquer la différence de grandeur de deux objets; p. ex. *Turris decem pedibus altior*, une tour plus élevée de dix pieds qu'une autre. *Fundus jugero major*, un fonds d'un arpent plus grand qu'un autre.

2.) *Par rapport au temps ;* et d'abord après les comparatifs, comme *Biennio major quam ego*, plus âgé que moi de deux ans; ensuite dans toutes les déterminations du temps, aux questions *quand?* et *combien de temps?* comme *hoc biennio*, pendant ces deux années; *hac aestate*, pendant cet été.

3.) *Par rapport à la valeur*, au *prix*, au *mérite*. Cet ablatif a beaucoup d'analogie avec l'ablatif d'instrument. P. ex. *Magnos homines virtute metimur*, Nous jugeons les grands hommes d'après leurs mérites. *Scriptorum ingenium libris eorum judicamus*, Nous jugeons du talent des auteurs par leurs écrits.

Rem. 1. D'après le n° 1, l'*éloignement* se marque aussi par l'ablatif de la mesure, comme *Millibus passuum sex a Caesaris castris consedit*. Caes. Il prit position à six milles du camp de César. *Ventidius bidui spatio abest*. Cic. Ventidius est à deux journées de distance. — Mais l'*accusatif de la distance* est plus fréquent que l'ablatif.

2. La *distance dans le temps* peut aussi être marquée par l'ablatif : *Tribus annis ante* ou *abhinc*, il y a trois ans; *multo post*, longtemps après; *biennio post*, deux ans après. — Les prépositions *ante* et *post* peuvent pourtant être suivies du cas qu'elles gouvernent : *ante tres annos*, il y a trois ans; *post biennum*, deux ans après.

3. Par analogie avec le n° 3, le *degré de qualité* par lequel un objet l'emporte sur un autre, s'indique par l'un des termes de comparaison *multo*, de beaucoup, *paulo*, de peu, *nimio*, de trop, *nihilo*, de rien, *eo*, de cela, *quo*, que, *hoc*, de cela, *tanto*, d'autant, *quanto*, de combien, que, *aliquanto*, de quelque peu; *eo... quo*, plus... plus; *tanto... quanto*, d'autant plus... que : *Multo pauciores*, beaucoup moins nombreux, *Quanto superiores sumus, tanto nos geramus submissius*. Cic. Plus notre rang est élevé, plus nous devons être modestes. — La comparaison peut aussi être marquée par un verbe attributif, comme *multo praestat*, il vaut beaucoup mieux; *multo malo*, je préfère de beaucoup.

4. *Tanto, quanto* et *multo* se joignent aussi à des superlatifs : *Frequens conspectus vester mihi multo jucundissimus est*. Cic. Vous voir assemblés en foule est ce qui peut m'être le plus agréable.

5. Les verbes signifiant *acheter, vendre, donner* ou *prendre en location, prêter, emprunter*, prennent à l'ablatif le nom du *prix*, quand il est indiqué par une somme déterminée. Mais s'il est indiqué d'une manière générale ou indéterminée, on emploie aussi bien le génitif (§ 147) que l'ablatif. — On ne dit pas pourtant *parvi, magni, vendĕre* ou *emĕre*, mais *parvo, magno emĕre*. — *Plūris, minōris*, ou *plūre, minōre vendere*; mais on dira *vendĕre denario* et non *denarii*, vendre pour un denier. *Agrum emit talento, vendidit duplo pluris*, Il a acheté ce champ un talent et l'a revendu le double.

§ **164.** Les adjectifs *dignus*, digne, *indignus*, indigne, *frētus*, se fiant à, *contentus*, content de, *vēnālis*, qui est à vendre, se construisent aussi avec l'ablatif. *Dignus laude mea*, digne d'être loué par moi. *Fretus conscientia recte factorum nihil metuo*, Fort de la conscience de mes bonnes actions, je ne crains rien. *Sorte tua contentus esto*, Sois content de ton sort. *Virtus nec auro nec purpura venalis est*, La vertu ne se vend ni pour des richesses, ni pour des dignités.

Rem. L'ablatif qui accompagne *vēnālis*, *dignus* et *indignus* peut expliquer par la rem. 5 du § 163.

§ **165.** Plusieurs **verbes transitifs** se construisent vec l'*ablatif* au lieu de l'accusatif (complément direct, § 142, comp. § 168.) Ce sont : *ūtor*, se servir, *ăbūtor*, abuser, *fruor*, jouir, *vescor*, se nourrir, *glorior*, se vanter, *laetor*, se réjouir, *fungor*, s'acquitter, *dignor*, juger digne, honorer, *nītor*, se soutenir. *Vescimur frugibus*, Nous nous nourrissons des fruits de la terre; *Fungeris magistratu*, Tu exerces une magistrature; *Nitor humeris tuis*, Je me soutiens sur tes épaules. *Scaevola Ciceronem adolescentem consuetudine sua dignabatur*, Scaevola jugeait digne de son intimité Cicéron tout jeune encore. *Laetamur fortuna vestra, quia dignis contigit*, Nous nous réjouissons de votre bonheur, parce qu'il est échu à des gens qui le méritent. *Saepe ignavi gloriantur fortiter factis*, Souvent les lâches se vantent d'actions d'éclat.

§ **166.** L'ablatif d'instrument a encore donné naissance à l'***ablatif absolu*** ou ***ablatif de la conséquence*** : *Sole oriente dies fit*, signifie proprement : Par le lever du soleil le jour arrive; le lever du soleil produit le jour; mais ce sens d'ablatif d'instrument disparaît souvent entièrement et le *participe présent* accompagnant un substantif à l'ablatif, ne marque plus que la *simultanéité*; tandis que le *participe passé* marque l'*antériorité*; p. ex. *Solo et Pisistratus, Servio Tullio regnante, Romae fuerunt*. Cic. Solon et Pisistrate vinrent à Rome sous le règne de Servius Tullius. *Cicerone principatum eloquentiae tenente, multi praeterea oratores nobiles fuerunt*, Tandis que Cicéron tenait le sceptre de l'éloquence, un grand nombre d'autres orateurs se firent également remarquer. *Me inspiciente homo innocentissimus ad supplicium raptus est*, Un homme complètement innocent fut traîné au supplice sous mes yeux. — *Occiso Germanico Tiberius omni metu vacuus videbatur*, Après l'assassinat de Germanicus, Tibère paraissait délivré de toute crainte. *Audita hostium incursione exercitus ex urbe eductus est*, Lorsqu'on eut appris l'invasion des ennemis, on fit sortir l'armée de la ville.

Souvent l'ablatif absolu marque à la fois la *cause* et le *temps*; p. ex. *Dione interfecto Dionysius rursus Syracusarum potitus est*. C. Nep. Après la mort, ou, à cause de la mort de Dion, Denys redevint maître de Syracuse.

Rem. 1. Ces sortes d'ablatifs peuvent souvent être traduits par, *lorsque*, ou *quoique*, *bien que*, *malgré que*, etc. *Navis motum suum retinet intermisso impetu pulsuque remorum*. Cic. Le navire continue encore à voguer, *lors même que* les rames ont cessé d'agir. *Omne pondus, nulla re impediente moveatur et feratur necesse est*. Cic. Tout corps pesant, lorsqu'aucun obstacle ne l'arrête, doit nécessairement se mettre en mouvement et continuer de tomber.

2. Très-souvent un substantif ou un adjectif prennent la place du participe : *Natura duce* pour *ducente*, sous l'impulsion de la nature. *Caesare ignaro* (= *ignorante*), à l'insçu de César. — Par contre un participe seul peut quelquefois être employé comme ablatif absolu : *audito*, lorsqu'on apprit; *nuntiato*, lorsqu'on eut appris la nouvelle.

3. L'ablatif absolu accompagné d'une négation se rend souvent en français par *sans* suivi d'un infinitif, ou *sans que* introduisant un verbe à un mode personnel : *Nulla die praestituta*, Sans avoir fixé le jour d'avance; *Nemine impediente*, Sans que personne y mit obstacle; *Nullo duce*, sans avoir de chef, sans chef.

4. Les propositions françaises introduites par *lorsque*, *quand*, *tandis que*, *pendant que*, ne peuvent pas se rendre en latin par l'ablatif absolu, lorsque leur sujet fait aussi fonction de sujet ou de complément dans la proposition principale; p. ex. Mélius fut tué, tandis qu'il cherchait à s'emparer de l'autorité suprême, *Maelius interfectus est cum regnum appeteret*, ou *regnum appetens* et non pas *Maelio regnum appetente interjectus est*. « Lorsque Mélius chercha à s'emparer du pouvoir, les Romains le mirent à mort, » se traduira : *Maelium regnum appetentem interfecerunt Romani*; ou *Maelium, cum regnum appeteret, interfecerunt Romani* et non pas *Maelio regnum appetente, eum interfecerunt Romani*.

3. Accusatif.

§ 167. La signication fondamentale de l'accusatif est celle de **tendance vers un lieu**. Cette signification se trouve surtout clairement indiquée dans la construction des **noms de villes** qui, à la question *quo* (le lieu où l'on va)? se mettent à l'accusatif. *Romam veni*, Je suis arrivé à Rome; *Athenas profectus sum*, Je suis parti pour Athènes.

On emploie de même à la question *quo*, *domum*, à la maison, *rus*, à la campagne : *Domum nihil detuli*, Je n'ai rien porté à la maison, chez moi ; *rus ibo*, j'irai à la campagne.

Rem. La *direction* vers quelqu'endroit s'indique plus clairement encore en fesant précéder l'accusatif de la préposition *ad*; p. ex. *Iter dirigere ad Mutinam*, Se diriger vers Modène.

Devant *rus*, on emploie la préposition *in*, quand on veut désigner une campagne particulière et non la campagne en général. *In sua rura venerunt.* Cic. Ils vinrent à leurs campagnes; — De même aussi devant *domus*, quand on veut désigner l'habitation : *Socrates philosophiam in domos introduxit*. Socrate introduisit la philosophie dans les maisons particulières.

§ 168. L'objet vers lequel se dirige l'action marquée par un verbe transitif, c'est-à-dire le **complément direct** (§ 142, 2), se met à l'accusatif à la question *qui?* ou *quoi?* P. ex. *Milites arma capiunt*, Les soldats prennent les armes. *Solem video*, Je vois le soleil. *Parentes amant liberos suos*, Les parents aiment leurs enfants.

Rem. Certains verbes intransitifs en français sont transitifs en latin ; p. ex. *Te omnis majorum virtus deficit*, La vertu de vos ancêtres vous fait complètement défaut.

Les impersonnels *decet*, il convient, *dedecet*, il ne convient pas, *fallit*, *fugit*, *praeterit*, il échappe ou il est caché, prennent aussi à l'accusatif le nom de la personne à qui la chose convient, échappe, etc. : *Decet adolescentem modestia*, La modestie sied à un jeune homme. *Neminem fallit tua dissimulatio*, Ta dissimulation n'échappe à personne.

§ 169. L'accusatif marque la **durée**, à la question *combien de temps?* p. ex. *Aulo Trebonio multos annos utor valde familiariter.* Cic. Il y plusieurs années que je suis très-lié avec Aulus Trébonius.

Rem. Quelquefois l'ablatif est employé dans le même sens; p.

ex. *Scriptum est a Posidonio Panaetium triginta annis vixisse.* Cic. Posidonius a écrit que Panétius avait vécu trente ans.

§ 170. L'accusatif marque aussi l'***extension dans l'espace***, la ***dimension***, à la question : *de quelle longueur? de quelle largeur? de quelle profondeur? de quelle hauteur?* p. ex. *Mensa sex pedes longa*, une table de six pieds de long. — *Arabes gladios habent longos quaterna cubita.* Liv. Les Arabes ont des glaives longs de quatre coudées. *Puteus viginti pedes altus*, Un puits de vingt pieds de profondeur. *Conclave longum viginti, latum duodecim pedes*, Une chambre de vingt pieds de long et de douze de large.

Rem. Le nom qui marque le *poids* se met aussi à l'accusatif. *Corona libram pondo.* Liv. Une couronne du poids d'une livre.

§ 171. L'accusatif s'emploie ***adverbialement***, sans être complément d'aucun mot de la phrase (*accusatif absolu*), dans les expressions : *magnam* et *maximam partem*, en grande partie ; *caetera* et *caeterum*, du reste, *nihil*, en rien, *summum* (*ad summum*), tout au plus, *minimum* (*ad minimum*), au moins, *quid*, en quoi, pourquoi, *id*, en cela, *vicem*, au lieu de (*à cause de*, avec le génitif). P. ex. *Magnam partem ex iambis constat oratio.* Cic. Le discours est en grande partie composé d'iambes. *Sollicitus eorum vicem.* Liv. Inquiet pour eux. *A me consilium petis, quid tibi sim auctor.* Cic. Tu me demandes ce que je te conseille de faire. *Hoc tibi essentior*, En cela, je suis de votre avis. *Illud velim tibi persuadeas, laudem esse virtutis comitem.* Soyez bien persuadé de cette vérité, que la gloire est la compagne de la vertu.

§ 172. Les poètes emploient cet accusatif dans le sens de *quant à*, *par rapport à*, même avec les ***verbes passifs*** qui régulièrement devraient être accompagnés de l'ablatif ; p. ex. *Os humerosque deo similis*, pour *ore humerisque deo similis*, semblable à un dieu, quant au visage et aux épaules : Ayant les traits et les épaules d'un dieu. *Redimitus tempora lauro*, pour *in temporibus*, couronné de lauriers, quant aux tempes = ayant la tête couronnée de lauriers. *Expleri mentem nequit*, pour *mente*, Elle (Didon) ne peut être rassasiée en son cœur = Elle ne peut se rassasier (de la vue d'Ascagne).

§ **173.** Les verbes signifiant *enseigner, demander, interroger, prier*, se construisent avec deux accusatifs, celui de la *personne* et celui de la *chose*. Tels sont : *dŏceo*, enseigner, *interrogo, percontor*, interroger, *flāgĭto, posco*, solliciter, *rŏgo*, demander, *ōro, prĕcor*, prier, *quaeso*, demander avec prière. P. ex. *Quid nunc te litteras doceam?* Cic. Pourquoi t'enseignerais-je les lettres maintenant? *Legati habebant mandata, ut Verrem simulacrum Cereris et Victoriae reposcerent.* Cic. Les députés avaient ordre de redemander à Verrès la statue de Cérès et celle de la Victoire.

Rem. 1. Le verbe *cēlo*, cacher, se construit aussi de la même manière : *Celabo te res Romanas.* Cic. Je te laisserai dans l'ignorance des affaires de Rome.

2. L'accusatif de la chose subsiste même quelquefois, quand la phrase est tournée par le passif; cependant, dans ce cas, on emploie plus souvent l'ablatif avec ou sans *de*. — *Cicero per legatos cuncta edoctus.* Sall. Cicéron instruit de tout par les députés. *Rogatus* ou *interrogatus sententiam*, Invité à dire son avis.

§ **174.** Un *double accusatif* accompagne aussi les verbes signifiant *faire, nommer, choisir, avoir pour, tenir pour, regarder comme, juger, croire*, etc. Le premier de ces accusatifs est le régime direct du verbe et il a le second pour attribut. Les verbes qui admettent cette construction sont : *făcio*, faire, *reddo*, rendre, *appello*, appeler, *dīco*, dire, *vŏco*, appeler, *creo*, créer, *eligo*, élire, *dēsigno*, désigner, *dēclāro*, je déclare, *hăbeo, arbĭtror*, tenir pour, *dūco, existĭmo*, regarder comme, *jūdĭco*, juger, *pŭto*, croire, etc.

Si la proposition se tourne par le passif, les deux accusatifs deviennent des nominatifs dont l'un sujet et l'autre attribut (§ 153.) P. ex. *Montem murus circumdatus arcem efficit.* Caes. Un mur élevé autour de la montagne, en fait une citadelle. *Summum consilium majores nostri appellarunt senatum.* Cic. Nos ancêtres donnèrent au conseil suprême le nom de Sénat. *Ciceronem cuncta Italia consulem declaravit.* Cic. Toute l'Italie nomma Cicéron au consulat. *Pericles habuit collegam in praetura Sophoclem.* Cic. Périclès eut Sophocle pour collègue dans la préture. — Au passif : *Mons arx efficitur*, La montagne devient une citadelle. *Cicero ab universi Italia consul declaratus est*, Cicéron fut nommé Consul par (les suffrages de) toute l'Italie.

Rem. Habere ne peut se tourner par le passif que dans le sens de *tenir pour, regarder comme*, et non dans la signification de *avoir*. Ce verbe peut aussi se construire avec *pro: Antonium pro hoste habeo*, Je regarde Antoine comme mon ennemi; ou : J'ai Antoine pour ennemi.

§ **175.** Les ***verbes composés d'une préposition*** qui gouverne l'accusatif et marquant une direction *vers, outre, autour, par-dessus, dans*, prennent le cas que demande la préposition : *adire, aggredi*, approcher, *praeterire*, passer outre, *praeterfluere*, traverser (se dit d'un cours d'eau), *praetervolare*, traverser en volant, *obire, circumire*, parcourir, *traducere*, faire passer, *transire, transgredi*, traverser, *ingredi, inire, intrare*, entrer dans. P. ex. *Urbem adiit*, il s'approcha de la ville; *me praeteriit*, il passa à côté de moi, il me dépassa. *Rhenus oppidum praeterfluit*, Le Rhin traverse la ville. *Consul totam provinciam circumit*, Le consul parcourt toute la province. *Exercitus pontem trangressus est*, L'armée traversa le pont. *Marius urbem iratus intravit*, Marius entra dans la ville enflammé de colère. *Verba magistri discipulorum non attentorum aures praetervolant*, Les paroles du maître traversent les oreilles des élèves inattentifs. *Hadrianus totum imperium Romanum pedibus obiit*, Adrien parcourut à pied tout l'empire Romain. *Equi multi non libenter ingrediuntur aquam*, Beaucoup de chevaux n'entrent pas volontiers dans l'eau.

§ **176.** Les ***exclamations*** occasionnées par la douleur ou l'étonnement se mettent aussi à l'accusatif : *Me miserum!* Malheureux que je suis! *O rem inauditam!* O chose inouïe !

Rem. Pour *l'accusatif avec l'infinitif*, voir plus loin.

4. **Datif.**

§ **177.** Le ***datif*** marque un *rapport extérieur* d'un objet à un sujet et répond principalement à la question *à qui? à quoi?*

§ 178. Il sert de **complément indirect** aux *verbes transitifs* et marque l'objet auquel s'adresse une action faite au moyen d'un autre objet. P. ex. *Cicero librum mittit Attico*, Cicéron envoie un livre à Atticus. Le livre est l'objet envoyé; l'action d'envoyer s'adresse à Atticus, puisqu'il reçoit le livre. On expliquerait de même : *Nuntiavit imperatori*, il fit savoir au général; *Promisit militibus*, il promit aux soldats.

§ 179. Le datif s'emploie encore pour marquer qu'une action est faite *à l'avantage* ou *au désavantage* de quelqu'un (à la question *pour qui?*) P. ex. *Si quid peccat, mihi peccat*, S'il commet quelque faute, c'est à mon détriment. *Hominem sibi condemnat*, Il condamne cet homme à son avantage. *Non scholae sed vitae discimus*, Nous apprenons, non pour l'école, mais pour la vie.

§ 180. Le datif accompagne aussi les *verbes intransitifs* : *Est mihi aliquid*, quelque chose m'appartient; *Cedit mihi aliquid*, quelque chose m'échoit; *Convenit mihi*, Il me convient; p. ex. *Dives est, cui tanta possessio est ut nihil optet amplius*. Cic. L'homme riche est celui dont les possessions sont telles qu'il ne désire plus rien. *Cessit mihi a fratre hereditas*, Il m'est échu un héritage venant de mon frère. *Non convenit patri semper indulgere precibus filii*, Il ne convient pas à un père de toujours céder aux prières de son fils.

Rem. Avec *Est mihi nomen*, je m'appelle, on peut employer le nominatif, le génitif ou le datif. P. ex. *Est mihi nomen Atticus, Attici* ou *Attico*, Je m'appelle Atticus.

§ 181. Les verbes *dāre*, donner et *vĕnire*, venir, *dăre, tribuĕre, vertĕre*, dans le sens de imputer à, *dāri, tribui, verti; esse*, dans le sens de tourner à, servir à, se construisent avec **deux datifs**, dont l'un répond à la question *à qui?* et l'autre à la question *à quoi?* p. ex. *Virtutes hominibus decori gloriaeque sunt*, Les vertus (sont à honneur) font l'honneur et la gloire des hommes. *Id in studium incumbite, ut et vobis honori et amicis utilitati et reipublicae emolumento esse possit*. Cic. Livrez-vous à cette étude, afin de pouvoir en retirer de l'honneur pour vous, de l'utilité pour vos amis et des avantages pour la république. *Dare aliquid alicui crimini* (Imputer quelque chose à crime à quelqu'un), Faire un crime à quelqu'un de quelque chose : *Vertere aliquid alicui dedecori*, Regarder quelque chose comme déshonorant pour quelqu'un ; *Venire alicui auxilio*, Venir au secours de quelqu'un.

§ **182.** Ce rapport d'une action à une personne est en outre évident dans les verbes suivants qui prennent de même en français un nom de personne comme complément indirect : *Prōsum*, être utile, *obsum*, *nŏceo*, nuire, *ignosco*, pardonner, *indulgeo*, *faveo*, être favorable, *plăceo*, plaire, *displĭceo*, déplaire ; *invĭdeo*, porter envie ; *obēdio*, *obtempĕro*, obéir à, *obsĕquor*, céder à ; *fido*, *confido*, se confier à, *diffido*, se défier de, *inservio*, rendre service ; et dans les impersonnels *lĭcet*, il est permis, *accĭdit*, *ēvĕnit*, *contingit*, il arrive, *condūcit*, *expĕdit*, il importe.

Le datif s'emploie en outre avec plusieurs autres verbes auxquels le français donne un complément direct, comme *auxĭlior*, *subvĕnio*, *succurro*, secourir, *servio*, *ministro*, servir, *nūbo*, épouser (se voiler pour quelqu'un, se dit de la femme seule) ; *parco*, épargner, *mĕdeor*, guérir, *patrocinor*, protéger, *persuadeo*, persuader, *studeo*, rechercher, étudier, *obtrecto*, rabaisser, *benedico*, bénir, *maledico*, maudire.

Le passif de ces verbes employés impersonnellement est aussi accompagné du datif de la personne : *Parcitur mihi*, on m'épargne ; *invidetur mihi*, on me porte envie. — *Darii filia Barsine Alexandro nupsit*, Barsine, fille de Darius, épousa Alexandre. *Parcit hostis inermibus*, L'ennemi épargne les gens sans défense. *Medici malis animi mederi non possunt*, Les médecins ne peuvent guérir les maux de l'âme. *Persuade tibi de virtute praeceptorum meorum*, Pénètre-toi de la valeur de mes principes. *Multi aliis invident, quorum praestantiam assequi non possunt*, Beaucoup de gens portent envie à ceux dont ils ne pourraient égaler la supériorité. *Studemus litteris discendis*, Nous nous livrons à l'étude des lettres. *Obtrectasti meis beneficiis*, Vous avez ravalé mes bienfaits.

Ne inimicis quidem maledicendum est, Il ne faut injurier personne, pas même des ennemis.

§ **183.** Le datif sert encore de complément à un grand nombre de **verbes composés** ayant pour préfixe l'une des dix propositions *ad, ante, cum, in, inter, ob, post, prae, sub, super*, et dans lesquels la préposition conserve son sens propre. P. ex. *accresco*, s'ajouter à, *accumbo*, se mettre à, *adhaereo*, s'attacher à, *adsto*, se tenir debout auprès, *annuo, assentior*, donner son assentiment, *assisto*, comparaître devant, *assuesco*, s'accoutumer à; *antĕcello*, l'emporter sur, *antesto*, surpasser; *conjungo*, unir à, *concĭno*, accompagner en chœur, *incumbo*, s'appesantir sur, *inhaereo*, être attaché à, *insto*, poursuivre, *illăcrĭmo*, pleurer sur, *immĭneo*, menacer, *impendeo*, être suspendu sur; *intervĕnio*, survenir, *intercedo*, s'opposer à; *occurro*, rencontrer, *obsto*, empêcher, *obsisto*, faire face à; *postpōno*, mettre au-dessous de; *praecēdo, praeeo*, précéder; *succedo*, entrer sous, dans, *succombo*, succomber; *supervĕnio*, l'emporter sur. P. ex. *Assentior tibi*, je suis de votre avis; *Inhaereo proposito consilio*, Je persiste dans le but que je me suis proposé; *Illacrimo malis tuis*, Je verse des larmes sur vos malheurs; *Nobis insciis multa mala impendent*, Bien des malheurs nous menacent à notre insu; *Accumbere mensae*, se mettre à table; *Assuescere armis*, S'accoutumer au maniement des armes.

Rem. 1. Avec beaucoup de ces verbes, on peut encore répéter la proposition que l'on fait suivre du cas qu'elle gouverne; mais il en résulte quelquefois des différences de sens. P. ex. *Inesse alicui rei* et *inesse in aliqua re*, se trouver dans quelque chose; *Conjungere alicui* et *conjungere cum aliquo*, joindre, unir à quelqu'un; *Accedere muris* et *accedere ad muros*, s'approcher des murs; *Detrahere famae* et *detrahere de fama*, diminuer la bonne renommée, détracter.

2. Les verbes composés de *ante* ou *prae*, prennent le datif ou l'accusatif sans différence de signification : *antecedo alicui* et *aliquem*, Je devance quelqu'un; *Praecedo alicui* et *aliquem*, Je précède quelqu'un.

5. Beaucoup de verbes, et surtout de verbes composés, peuvent se construire ou avec le datif, ou avec l'accusatif, ou avec une préposition suivie de l'accusatif, mais il en résulte des significations très-différentes :

Animadvertere aliquid, remarquer quelque chose; *animadvertere in aliquem*, punir quelqu'un;

Consulere alicui, soigner les intérêts de quelqu'un; *consulere aliquem*, consulter quelqu'un;

Cupere aliquid, désirer quelque chose; *cupere alicui*, faire des vœux pour quelqu'un;

Incumbere alicui rei, se coucher, s'appuyer sur quelque chose; *incumbere in aliquam rem*, s'appliquer à quelque chose;

Moderari et temperare alicui rei, modérer, mesurer quelque chose; *moderari aliquam rem*, guider, gouverner quelque chose;

Praevertere alicui rei, devancer quelque chose; *praevertere aliquem*, surpasser quelqu'un;

Prospicere rem, prévoir quelque chose; *prospicere rei*, pourvoir à quelque chose.

§ **184.** Le datif sert encore de complément aux **adjectifs** qui marquent :

1.) L'**utilité** ou le **dommage**, la **faveur** ou la **défaveur**, comme *utilis*, utile, *inutilis*, inutile, *salubris*, salutaire, *calamitosus*, désastreux, *damnosus*, funeste à, *noxius*, nuisible à, *amicus*, propice à, *benevolus*, obligeant pour, *carus*, cher à, *familiaris*, intime, familier, *fidus*, *fidelis*, fidèle à, *inimicus*, hostile à, *alienus*, étranger à, *infidus*, infidèle, *infestus*, funeste à, *infensus*, irrité contre, *iniquus*, hostile à;

2.) L'**égalité** ou la **ressemblance** ou leurs contraires, comme *par*, égal, *impar*, inégal, *dispar*, différent, *similis*, semblable, *dissimilis*, dissemblable, *aequalis*, égal à. Ex. *Res similis fictae*, une chose ressemblant à une fiction. *Cicero Demostheni in dicendo par habitus est*, En éloquence, Cicéron fut regardé comme l'égal de Démosthène.

3.) La **propriété**, l'**appartenance** ou la **parenté** et leurs contraires, comme *proprius*, particulier à, *communis*, commun, *propinquus*, proche parent, voisin, *affinis*, parent par alliance, *cognatus*, parent par le sang. *Italia Graeciae propinqua est*, L'Italie a des liens de parenté avec la Grèce. *Mortalitatis sors omnibus hominibus communis est*, Mourir est le lot commun à tous les hommes.

4.) Le **voisinage**: *vicīnus*, voisin, *finitĭmus*, contigu, *propior*, plus proche, *proxĭmus*, très-proche. *Galli finitimi sunt Germanis*, Les Gaulois sont les voisins des Germains. *Romani mari proximi habitant*, Les Romains habitent très-près de la mer.

5.) Une **facilité**, une **commodité**, une **aptitude**: *facilis*, facile, *difficilis*, difficile, *commodus*, qui ne gêne pas, *aptus*, *idōneus*, propre à, *accommŏdātus*, approprié à, *habĭlis*, facile à manier : *Charta scripturae commoda*, du papier sur lequel on écrit facilement. *Homo fallendis aliis idoneus*, un homme habile à tromper les autres. *Oratoris est dicere persuasioni accommodata*, C'est le devoir de l'orateur de dire des choses capables de persuader.

Rem. 1. Les adjectifs mentionnés sous les n°s 2 et 3 peuvent également être accompagnés du génitif, et *mei, tui, nostri, vestri similis* est la seule forme usitée ; on ne dit donc pas : *ille tibi similis est*.

2. *Amicus, inimicus, familiaris* sont aussi employés comme substantifs et peuvent par conséquent avoir un génitif comme complément et même être accompagnés d'un adjectif : *familiaris meus*, mon ami.

3. Quelques adverbes d'une signification analogue à celle de ces adjectifs prennent aussi le *datif*, comme *convènienter*, conformément à, *ămīce*, amicalement. — *Prŏpe*, *prŏpius* et *proxĭme* se trouvent aussi joints à l'accusatif ou à l'ablatif avec *a* ou *ab*.

§ **185.** Le datif est quelquefois uni au verbe passif au lieu de *l'ablatif* avec *a*. P. ex. *Auditus est nobis Laeliae sermo*. Cic. Nous avons entendu le discours de Laelia. *Honesta bonis viris, non occulta quaeruntur*. Cic. Les honnêtes gens considèrent si une action est honnête et non si elle demeurera ignorée.

C. Adjectifs.

I. Comparaison.

§ **186.** L'objet servant de terme de comparaison se met ordinairement au même cas que l'objet comparé et il est alors précédé de *quam* ; il se met aussi à l'ablatif sans *quam*. Ex. *Ignoratio futurorum malorum utilior est quam scien-*

LA PROPOSITION ET SES PARTIES. — ADJECTIFS.   165

tia. Cic. Il vaut mieux ignorer que connaître les maux à venir. *Ita sentio, locupletiorem esse latinam linguam quam graecam.* Cic. J'ai toujours cru que la langue latine est plus riche que la langue grecque. — *Tullus Hostilius ferocior Romulo fuit.* Liv. Tullus Hostilius fut plus belliqueux que Romulus.

Rem. 1. Quand le comparatif doit être mis à un autre cas que le nominatif ou l'accusatif, on forme avec *quam* une proposition particulière; p. ex. *Homini gratiosiori quam Callidius est* et non pas *quam Callidio.* Cic. A un homme jouissant de plus de crédit que Callidius.

2. Les verbes *mālo*, aimer mieux, et *praestat*, il vaut mieux, se construisent aussi avec *quam*. *Valere malo quam dives esse.* Cic. Je préfère la santé à la richesse. *Tacere praestat, quam iis, qui audiunt nocere.* Cic. Il vaut mieux se taire que de nuire à ceux qui écoutent.

§ **187**. Dans la comparaison des quantités numériques, *plus, amplius, minus* se construisent tantôt avec *l'ablatif*, tantôt de la manière ordinaire avec *quam*, tantôt encore en omettant *quam*. *Romani paulo plus sexcentis ceciderunt.* Un peu plus de 600 Romains furent tués; on peut dire encore: *paulo plus quam sexcenti* ou *paulo plus sexcenti*.

Rem. *Magis* marque le degré, *plus* indique la quantité et la grandeur. *Plus* ne peut donc pas être joint à un adjectif. On dit *magis doctus*, plus instruit, et non *plus doctus*.

§ **188**. Pour indiquer qu'une qualité existe à un plus haut degré qu'on ne devait s'y attendre d'après la nature de la chose, on emploie *quam pro*, devant l'objet servant de terme de comparaison. *Proelium atrocius quam pro numero pugnantium editur.* Liv. Il s'engage un combat plus acharné que ne l'eût fait attendre le nombre des combattants. *Majorem quam pro expectatione omnium dolorem sensi ex morte Hortensii.* J'ai ressenti de la mort d'Hortensius une douleur plus grande qu'on n'aurait pu s'y attendre.

§ **189**. Quand un sujet est accompagné de deux qualificatifs comparés entre eux par le degré, on ajoute *magis* à celui des deux adjectifs qui marque le degré le plus élevé. *Celer tuus disertus magis est quam sapiens.* Cic. Votre Celer est plus éloquent que sage.

Il en est de même des adverbes. Ex. *Magis audacter*

quam parate. Cic. Avec plus d'assurance que de préparation.

Mais très-souvent les deux adjectifs se trouvent au comparatif. Ex. *Æmilii concio fuit verior quam gratior populo.* Liv. Le discours de Paul Émile fut plus vrai qu'agréable au peuple.

§ **190.** Pour établir une comparaison *entre deux objets*, les latins employaient toujours le comparatif, et *jamais le superlatif*, comme nous le fesons en français. Ex. *Uter fratrum studiosior est?* Lequel des deux frères est le plus studieux? *Quis est studiosissimus* signifierait : lequel est le plus studieux dans un plus grand nombre que deux.

§ **191.** Le superlatif ne marque pas toujours le *plus haut* degré, mais souvent aussi un degré *très-élevé. Vir optimus* ne signifie pas le meilleur d'entre les hommes, mais un homme très-recommandable.

Rem. 1. Le superlatif avec *quisque* indique que la qualité mentionnée convient au plus haut degré à plusieurs objets parmi lesquels on peut choisir à volonté; p. ex. *Optimus quisque* (chacun le meilleur), tous les gens de bien, chacun considéré séparément; *primus quisque*, tous les premiers. — On voit que *quisque* avec un superlatif équivaut en quelque sorte à *omnes* avec le positif.

2. *Quam* ou *ut* joints au superlatif signifient *autant que possible;* p. ex. *quam sapientissimus*, aussi sage que possible; *quam perfectissimus*, aussi parfait que possible.

II. Noms de nombre.

§ **192.** Le mot *mille*, mille, est ordinairement indéclinable. Pour indiquer plusieurs milliers, on se sert de *millia* avec le génitif du nom de la chose comptée. Ex. *Duo millia militum*, gén. *duorum millium militum*, dat. *duobus millibus militum*.

Rem. On peut aussi employer *mille* avec l'adverbe de nombre, p. ex. *bis mille homines* (deux fois mille hommes), deux mille hommes.

§ **193.** Le *nom de nombre distributif* doit être employé, toutes les fois que le nombre indiqué convient à chaque unité d'un tout. Ex. *Caesar militibus denos denarios dedit*, César donna dix deniers *à chacun* des soldats; *decem denarios dedit* signifierait : César donna dix deniers aux soldats, c'est-à-dire dix deniers *pour tous*, à partager entre tous.

Rem. Les noms de nombres distributifs s'emploient aussi avec les substantifs qui ne sont usités qu'au pluriel ou qui ont au pluriel un sens particulier : *binae litterae*, deux lettres (missives); *duae litterae* signifieraient : deux lettres de l'alphabet. *Bina castra*, deux camps; *duo castra*, deux châteaux forts (V. § 79).

D. Pronoms.

I. Première et deuxième personne.

§ 194. Les pluriels *nos* et *vos* ont une double forme de génitif : *notri*, *vestri* et *nostrum*, *vestrum*. Cette dernière forme est employée, lorsqu'il s'agit d'exprimer un *génitif partitif* (§ 145) : *multi nostrum*, plusieurs d'entre nous; la première s'emploie au contraire pour rendre un *génitif objectif* (§ 144) : *amor vestri*, l'amour pour vous, dont vous êtes l'objet.

Si *nostri*, *vestri* doivent exprimer un *génitif subjectif* (§ 144), on les remplace par les possessifs *noster*, *vester*; et de même au singulier, *meus*, *tuus*, prennent la place des génitifs *mei*, *tui*; p. ex. *amor noster*, notre amour, celui que nous ressentons en notre cœur.

Rem. 1. On met également l'adjectif possessif au lieu du pronom avec *causā*, à cause de : *meā causā* (non pas *mei causa*), à cause de moi; *vestrā causā*, à cause de vous.

2. Sur *meā*, *tuā* avec *interest* et *refert* (V. § 152.)

3. Le latin fait, beaucoup moins que le français, usage des possessifs; il les omet surtout lorsque l'idée de possession résulte clairement de l'ensemble de la phrase. Ex. Il pleurait la mort de son père, *Flebat de patris morte*.

§ 195. Comme les terminaisons du verbe indiquent clairement les différentes personnes, les pronoms *ego*, *tu*, *nos*, *vos*, ne s'expriment que lorsqu'on veut particulièrement appuyer sur le sujet, ce qui a lieu surtout dans les oppositions, les contrastes : Je lis, *lego*; tu écris, *scribis*; mais « je lis (moi, tandis que toi) tu écris » se rendra par : *Ego lego, tu scribis*.

II. Troisième personne.

§ 196. *Hic* est employé pour désigner un objet que celui qui parle considère comme plus rapproché de lui, soit par le lieu, soit par le temps, ou comme ayant un rapport plus direct avec sa personne;

Iste indiquera ce qu'il envisage comme placé en face de lui, opposé à lui;

Ille, ce qu'il veut désigner comme éloigné ou comme ayant avec lui un rapport moins direct.

EXEMPLES : *Hic vir*, cet homme (ici présent, ici près), cet homme-ci; *iste vir*, cet homme (là bas, en face); *ille vir*, cet homme-là, qui est plus éloigné qu'un autre, ou dont il a été question dans le discours, ou qui n'est pas présent et ne peut être montré.

§ 197. Si *hic* et *ille* se rapportent à des sujets différents, ils ont plusieurs significations et répondent au français *celui-ci.... celui-là, l'un.... l'autre, le premier.... le second.*

1.) *Hic* désigne l'être présent, *ille*, l'être absent; Ex. *Hic adest, ille fugit*, L'un est présent, l'autre a fui.

2.) *Hic* indique une chose actuelle, *ille*, une chose passée; ex. *Hoc tempus suave est, illud praeteritum ingratissimum fuit*, Ce temps-ci est agréable; celui qui est passé a été très-désagréable.

3.) *Hic* peut encore indiquer une chose qui regarde, touche, intéresse plus spécialement qu'une autre, celui qui parle; p. ex. *Melior est certa pax, quam sperata victoria; haec in tua, illa in deorum manu est*. Liv. Une paix certaine est préférable à une victoire en espérance, la première (*la paix*, que conseille celui qui parle) est entre vos mains, la seconde dépend de la volonté des dieux.

4.) *Hic* désigne encore la dernière de deux choses mentionnées, *ille*, la première.

§ 198. *Is* signifie *celui*; il est alors suivi du relatif *qui*; ou bien il a sens de *celui-là, il, elle, le, la*, et se rapporte à un substantif précédemment exprimé. Au nomi-

LA PROPOSITION ET SES PARTIES. — PRONOMS.   167

natif des deux nombres, il se sous-entend toujours dans le sens de *il*, *elle* (comparer § 195), à moins qu'il ne soit le premier mot de la proposition.

Polemarchus est vir bonus atque honestus. Is domum ad Verrem in jus eductus est. Cic. Polémarque est un homme de bien et d'un caractère honorable. Il fut cité en justice devant Verrès et chez lui. Puis le discours continue : Lorsqu'*il* y arriva, Verrès s'indigna, etc. La première proposition se traduira par *cum advenisset* (Polemarchus) et non par *cum is advenisset*, *Verres indignatus est*.

Rem. 1. On n'emploie jamais *is*, *ea*, *id* pour exprimer *celui*, *celle* suivi de la préposition *de* en français. Le substantif représenté par ces mots est sous-entendu en latin, ou répété, lorsque la clarté l'exige : Ex. *Animi lineamenta sunt pulchriora quam corporis.* Cic. Les traits de l'âme sont plus beaux que ceux du corps, = *quam lineamenta corporis*. *Nulla est celeritas quae possit cum animi celeritate contendere.* Cic. Il n'y a pas de vitesse qui puisse lutter avec celle de la pensée.

2. *Et is*, *atque is*, *isque* se traduisent par *et en vérité*, *et cela*, ou par la répétition du substantif : *Hoc multi et ii docti nesciunt*. C'est ce qu'ignorent beaucoup de gens et de gens forts savants.

§ 199. Des pronoms interrogatifs ***quis*** et ***qui***, qui? lequel? quel? le premier est substantif et le second adjectif : *Quis hoc fecit?* Qui a fait cela? *Qui populus unquam ausus est?* Quel peuple a jamais osé. — Dans les expressions *quis vir*, *quis homo* et autres semblables, *quis* est sujet ; *homo*, *vir* sont des appositions équivalant à *quis, qui homo est? quis, qui vir est?*

§ 200. De même, des pronoms indéfinis ***aliquis*** et ***aliqui***, quelqu'un, quelque, le premier est substantif et le second adjectif. — Après *si*, *ne* et *quo* (plus) on emploie souvent *quis* et *qui* au lieu de *aliquis* et *aliqui*, qui pourtant sont plus expressifs. Ex. *Si qua civitas exterarum gentium, si qua natio fecisset aliquid in civem Romanum ejus modi, nonne publice vindicaremus?* Cic. Si quelqu'état, si quelque nation étrangère en avait agi de la sorte envers un citoyen romain, notre république n'en tirerait-elle pas vengeance? *Quo quis sapientior est, eo solet esse modestior*, Plus on est sage, plus on est modeste ordinairement.

§ 201. ***Quisquam***, quelqu'un, ne se rencontre que

dans les propositions dont le sens est négatif. C'est un substantif auquel correspond l'adjectif *ullus.* Ex. *Noli quidquam sequi, quod assequi non queas.* Cic. Ne poursuivez pas ce que vous ne sauriez atteindre.

Quidam signifie *un certain:* Ex. *Alcidamas quidam scripsit laudationem mortis.* Cic. Un certain Alcidamas a écrit l'éloge de la mort.

Rem. A des propositions négatives équivalent :

1.) Certaines interrogations fesant attendre une réponse négative. *Estne quisquam te insolentior?* Y a-t-il au monde un homme plus insolent que toi? Réponse : *non est,* non.

2.) Des propositions conditionnelles à l'imparfait et au plus-que-parfait du subjonctif dans lesquelles une chose hypothétique est donnée comme réelle (§ 259). *Si quidquam haberem pecuniae, non denegarem tibi,* Si j'avais le moins du monde d'argent (mais je n'en ai pas du tout), je ne te le refuserais pas.

§ **202.** Parmi les pronoms qui signifient *chacun,* **quisque** a le sens de chacun pris séparément. — *Tous ensemble* se rend par *omnes.* — **Quisquis** et **quicumque** signifient *quiconque, quelconque;* le premier est substantif, le second adjectif. Ex. *Quisquis hoc fecit, recte fecit,* Quiconque a fait cela, a bien agi.

Rem. Quicumque a cependant parfois le sens de *tout;* p. ex. *Quacumque ratione,* de toute manière, à tout prix.

E. Du verbe.

I. Temps du verbe.

§ **203. Le présent** a dans le verbe latin deux significations principales :

1.) Il est employé pour indiquer une action *qui se fait* ou *qui dure encore* au moment de la parole. Ex. *Nunc lego Homerum,* En ce moment je lis Homère. *Loqueris adhuc, cum omnes tacent,* Tu parles encore, quand tout le monde se tait.

2.) Il marque encore une *vérité générale* ayant cours aussi bien dans un temps que dans l'autre. Ex. *Deus amat homines,* Dieu aime les hommes; c'est-à-dire : il les aime maintenant, comme il les a toujours aimés, comme il les

LA PROPOSITION ET SES PARTIES. — VERBE, TEMPS.   169

aimera toujours. — *Sola virtus homines beatos reddit,* La vertu seule rend les hommes heureux.

Rem. Dans la vivacité de la narration, on considère souvent comme présente une action passée. Le présent que l'on emploie dans ce cas s'appelle **présent historique**. Ex. *Quod jussi sunt faciunt, ac subito omnibus portis eruptione facta, neque cognoscendi quid fieret, neque colligendi sui hostibus facultatem relinquunt.* Caes. L'ordre s'exécute et nos soldats s'élançant tout-à-coup du camp par toutes les portes, ne laissent aux ennemis ni le temps de juger de ce qui se passe, ni de se rallier.

§ **204.** Le **parfait** a également deux significations :

1.) Il désigne une action *complètement passée* au moment où l'on parle. Ex. *Legi Homerum et absolvi,* J'ai achevé la lecture d'Homère.

2.) Il marque encore une action *qui ne s'est produite qu'une fois* dans le passé et qu'on ne rapporte pas au temps où l'on parle. Ex. *Duodequadraginta annos Dionysius Syracusis regnavit,* Denys fut roi de Syracuse pendant 58 ans. Cela ne veut pas dire : il a été roi et il a cessé de l'être, mais bien : Il fut roi autrefois et son règne dura 58 ans. » *Graeci Trojam decem annis obsessam expugnaverunt,* Les Grecs prirent Troie après l'avoir assiégée pendant dix ans. (Ils la prirent une fois.)

Rem. Cette seconde signification (sens de l'*aoriste grec*) se présente souvent dans la narration. On ne doit pas perdre de vue que ce parfait ne sert qu'à désigner un évènement qui n'est arrivé qu'une seule fois. Si l'action s'est répétée et s'est souvent produite dans le passé, on emploie l'imparfait (§ 206).

§ **205.** Les deux **futurs**, *lecturus sum* et *legam*, diffèrent de signification :

1.) Le ***futur périphrasé*** avec *sum* marque une chose encore *à venir,* que je sais *n'avoir pas encore eu lieu* au moment présent. *Lecturus sum,* je vais lire; je ne lis pas encore, mais je sais que je lirai incessamment, j'en ai pris la résolution. *Quae sunt, aut fuerunt, aut futura sunt.* Cic. Ce qui, *par rapport au moment présent,* se fait, existe (§ 203), s'est fait, a existé (§ 204), se fera, existera (mais n'a pas encore commencé).

2.) Le ***futur simple*** indique ce qui se fera dans un

point indéterminé de l'avenir : *Legam*, je lirai, Je m'occuperai un jour de lecture. *Vos aderitis mihi periclitanti*, Vous me secourrez, quand je serai dans le danger.

Rem. Le futur simple est souvent une manière modeste d'exprimer un impératif: *Tu hoc silebis*, Tu garderas le silence sur ce point = Garde le silence sur cela.

§ **206**. L'**imparfait** marque la *durée dans le passé*, un fait *présent dans le passé*, c'est-à-dire une action qui durait encore au moment où se passait un autre fait maintenant accompli. Ex. *Cum legebam Homerum, ille cubiculum meum intravit*, Il entra dans ma chambre dans un moment où j'étais occupé à lire Homère.

Souvent la simultanéité des deux actions est exprimée non par la mention expresse de la seconde, mais par un adverbe. Ex. *Caesar tunc Romae erat*, César était alors à Rome. *Tunc*, c'est-à-dire au moment où une autre action s'y passait.

De même on emploie souvent l'imparfait pour exprimer une action mainte fois répétée dans le passé, une habitude, une coutume. Ex. *Erat is mos apud Athenienses*, C'était une coutume chez les Athéniens ; c'est-à-dire cette coutume régna pendant longtemps chez les Athéniens. *Oracula Graeci consulebant, cum bella erant inituri*, Les Grecs consultaient les oracles, chaque fois qu'ils voulaient entreprendre une guerre. — On voit par ce dernier exemple qu'une action souvent répétée dans le passé, s'introduit en français par *chaque fois que, toutes les fois que*.

§ **207**. Il résulte de ce qui précède que l'imparfait sert, dans la narration, à présenter les *circonstances accessoires* qui accompagnent un fait. L'action elle-même, le fait principal du récit s'exprime par le *parfait* (§ 204) ou par le *présent historique* (§ 203, rem.) Ex. *Helvetii hoc conatu destiterunt* (fait principal). *Relinquebatur una per Sequanos via, qua Sequanis invitis propter angustias ire non poterant* (circonstance accessoire.) *His cum sua sponte persuadere non possent* (idée accessoire), *legatos ad Dumnorigem mittunt* (fait principal), *ut eo deprecatore a Sequanis impetrarent* (circonstance accessoire) Cæs. B. G., I, 8. Les Helvétiens renoncèrent à cette tentative. Il leur restait un chemin par le pays des Séquanais, mais si étroit qu'ils ne pouvaient le traverser malgré les habitants. N'espérant pas en obtenir la permission par eux-mêmes, ils envoient des députés à Dumnorix pour le prier de la demander aux Séquanais.

Rem. 1. L'imparfait du subjonctif s'emploie dans les propositions conditionnelles pour énoncer qu'une action ne peut avoir lieu dans le présent : *Facerem, si possem*, Je le ferais, si je pouvais ; mais, je ne le puis pas (§ 259.)

2. Le latin emploie également l'imparfait du subjonctif pour marquer un souhait dont la réalisation serait *pour le moment impossible ;* on se sert du présent du subjonctif s'il y a *possibilité immédiate* de réaliser le souhait. *Utinam virorum fortiorum copiam haberetis.* Cic. Plût aux dieux que vous eussiez une quantité d'hommes courageux. *Utinam modo conata efficere possim.* Cic. Puissé-je voir mes efforts couronnés de succès !

§ 208. Le **plus-que-parfait** marque une action *accomplie dans le passé*, c'est-à-dire déjà passée au moment où avait lieu une autre action qui maintenant est aussi passée, p. ex. *Veni ad amicum, cum Homerum legendo absolverat*, J'arrivai chez mon ami au moment où il avait achevé la lecture d'Homère ; quand j'entrai chez lui, il ne lisait plus. — De même dans deux propositions séparées : *Multa mecum de Homero disputavit. Legerat enim Iliadem*, Il discuta beaucoup avec moi sur Homère. Il avait lu l'Iliade.

Rem. En latin, le *plus-que-parfait du subjonctif* marque dans les propositions conditionnelles, une action *qui aurait pu avoir lieu antérieurement*, mais qui n'a pas eu lieu, parce que la condition essentielle pour la rendre possible n'a pas été remplie. P. ex. *Fecissem, si potuissem*, Je l'aurais fait, si j'avais pu (mais je ne l'ai pas pu).

On emploie encore le *plus-que-parfait du subjonctif* pour marquer un souhait qui n'a pu s'accomplir dans le passé. P. ex. *Utinam minus cupidi vitae fuissemus.* Cic. Plût aux Dieux que nous eussions été moins attachés à la vie !

§ 209. Le **futur passé** marque une action *passée par rapport à une autre à venir*, c'est-à-dire une action qui devra être accomplie avant que l'autre puisse avoir lieu. P. ex. *Dicam tibi, cum ipse audivero*, Je te le dirai, quand je l'aurai moi-même appris (de la bouche d'un autre).

§ **210.** Quand le verbe de la proposition principale est au *présent*, celui de la proposition subordonnée (§ 239) est ordinairement aussi au *présent* (du subjonctif), si les deux actions sont simultanées ; mais on emploie le *parfait*, quand l'action de la proposition subordonnée est passée par rapport à l'autre. P. ex. *Videmus ut luna solis lumen accipiat.* Cic. Nous voyons que la lune reçoit sa lumière du soleil. *Non debet dubitari quin fuerint ante Homerum poetae.* Cic. On ne doit pas douter qu'il n'y ait eu des poètes avant Homère. *Aujourd'hui (pour nous)*, il n'y a plus de doute qu'avant Homère (dans une antiquité reculée), il n'y ait eu des poètes.

§ **211.** Si le verbe de la proposition principale est à *un temps passé*, celui de la proposition subordonnée se met à l'*imparfait* (du subjonctif) lorsque les deux actions sont simultanées ; mais on emploie le *plus-que-parfait* (du subjonctif) quand l'action subordonnée est passée par rapport à l'autre. P. ex. *Messanam Verres delegerat, quam haberet adjutricem scelerum.* Cic. Verrès avait choisi Messine pour complice de ses crimes. *Alexander, cum interemisset Clitum, vix a se manus abstinuit.* Cic. Alexandre, après avoir tué Clitus, fut sur le point de se tuer lui-même.

Mais si l'action subordonnée est considérée comme encore présente au moment de la parole, ou comme une vérité de tous les temps, le verbe se met *au présent* (du subjonctif.) P. ex. *Ita vixi ut non frustra me natum existimem.* Cic. Ma vie a été telle que je ne regarde pas mon existence comme inutile. *Paulus Æmilius tantum in aerarium pecuniae invexit, ut finem attulerit tributorum.* Cic. Paul-Émile fit entrer tant d'argent dans le trésor public, qu'il détermina la suppression des impôts.

Rem. Le présent historique dans la proposition principale est ordinairement considéré comme un temps passé ; c'est pourquoi il est suivi de l'imparfait ou du plus-que-parfait du subjonctif (voir § 203, rem.)

§ **212.** Enfin quand le verbe de la proposition principale est *au futur*, celui de la subordonnée se met aussi *au futur*, lorsque les deux actions sont simultanées ; mais si l'action subordonnée est antérieure à l'autre, le verbe se met au *futur passé*. — Si le verbe de la proposition subordonnée devait être au *subjonctif*, le futur y serait remplacé par le *présent du subjonctif*. P. ex. *Beati erimus, cum cupiditatum erimus expertes.* Cic. Nous serons heureux quand nous serons exempts de désirs. *Ut sementem feceris, ita metes.* Cic. Vous récolterez selon que vous aurez semé. *Non committam ut tum res judicetur, cum haec frequentia discesserit.* Cic. Je ne m'exposerai pas à voir juger la chose, alors que toute cette foule se sera retirée.

Rem. Les *futurs périphrasés* avec *esse* se comportent dans les propositions subordonnées comme les temps de *esse*; ainsi *amaturus sum*, comme *sum*; *amaturus eram*, comme *eram*.

§ 213. L'infinitif n'a, pour marquer le présent, le passé et le futur, que les trois formes suivantes : *legere, legisse, lecturum esse; legi, lectum esse, lectum iri.*

Rem. Avec *memini*, se souvenir, on emploie ordinairement l'*infinitif présent*, tandis qu'en français nous employons l'infinitif du parfait. P. ex. *Memini cum videre*, Je me souviens de l'avoir vu.

Exemples divers sur l'emploi des temps.

Les élèves peuvent utilement être exercés à l'analyse syntaxique des temps de verbes qui se trouvent dans ces exemples.

Aves diverso gressu utuntur : aliae gradiuntur, aliae saliunt, aliae currunt. Nunc demum, inquit Cicero, respublica a diuturnis malis requiescit; Clodius enim occisus est. Qui tacent, ii dictis consentire creduntur. Caesar, inquit Marcellus, nunc decimum annum bellum gerit in Gallia; num tolerabitis cum sibi regnum quaerere auxilio legionum? Romani omnes gentes antiquas in potestatem suam redegerunt. Id cum fecissent, crudeliter et avare imperarunt iis. Cum legati bellum fortiter gerebant, consul ignavissimus domi desidebat, luxuriae se dabat. Qui facturi sunt id, quod lex fieri vetat, jam ad poenam subeundam parati sunto. Si feceris, quod tibi noceat, de infortunio queri non poteris. Romani, si malis aliarum gentium moribus abstinuissent, imperium diutius retinuissent. Aliorum peccata tacebis potius, quam verbis patefacies. Si talis esses, qualem te esse simulas, bonorum laude non careres. Audire memini jurisconsultos Romanos palam in foro consulentibus respondisse.

II. Nombre et personne.

§ 214. Certaines personnes du verbe sont employées en latin dans un sens plus général qu'en français; elles servent à exprimer le pronom indéterminé **on**. Ce sont :

1.) La 2de pers. du singulier. *Agere decet, quod agas, considerate.* Cic. Il faut faire avec réflexion ce qu'on fait.

2.) La 1re pers. du pluriel. *Fit nescio quomodo, ut magis in aliis, cernamus, quam in nobismetipsis, si quid delinquitur.* Cic. Je ne sais comment il se fait qu'on remarque plutôt les défauts dans les autres que dans soi-même.

3.) La 3e pers. du pluriel. *Dicunt, ferunt, tradunt* (s. ent. *homines*), on dit.

4.) La 3e pers. du singulier passif. *Dicitur, traditur,* on dit.

§ 215. En parlant de soi-même on emploie fréquemment la 1re personne du pluriel au lieu de la 1re du singulier. *Librum de senectute ad te misimus.* Cic. Nous vous avons envoyé l'ouvrage sur la vieillesse, pour : Je vous ai envoyé.... *Video Demosthenem multa perficere, nos multa conari*, Cic. Je vois que Démosthène a obtenu de grands résultats, tandis que moi, je n'ai fait que de grands efforts.

Rem. Mais la seconde personne du pluriel ne s'emploie pas pour la deuxième du singulier, comme cela se fait par politesse, en français.

III. Modes.

§ 216. L'**indicatif** s'emploie pour *énoncer un fait*, ou pour marquer que la qualité que l'attribut donne au sujet est *réellement existante*. *Deus amat homines*, Dieu aime les hommes. *Legati hoc dixerunt*, Les députés dirent cela. *Ego felix sum*, Je suis heureux.

Rem. Le latin emploie souvent l'indicatif pour le subjonctif là où le français exige le conditionnel ou le subjonctif, et nommément :

1.) Avec les verbes signifiant *pouvoir* et *devoir*. *Facere debebas*, pour *debuisses*, Tu aurais dû faire. *Possum* (= *possem*) *excitare multos testes.* Cic. Je pourrais invoquer de nombreux témoins.

2.) Dans les expressions : *aequum est*, il serait juste, *consentāneum est, convĕniens est,* il serait convenable, *longum est*, il serait trop long, *făcile est*, il serait facile, *săltis est*, il suffirait. Ex. *Longum est narrare*, Il serait trop long de raconter. *Longum esset* ne se rencontre nulle part en ce sens, dans les bons auteurs latins.

3.) Après *quisquis, quicumque, utcumque, utut, sive… sive.* Ex. *Quisquis est*, quel qu'il soit ; *utut est*, quoi qu'il en soit ; *sive verum est, sive falsum,* Que la chose soit vraie, ou qu'elle soit fausse.

§ **217.** Le **subjonctif** marque un fait non comme réel ou accompli, mais comme existant dans la pensée, dans l'imagination d'un sujet quelconque. P. ex. *Athenienses miserunt legatos qui dixerunt*, sont deux faits simples juxtaposés : ils envoyèrent des députés et ceux-ci dirent ; mais : *Athenienses legatos miserunt qui dicerent*, indique que *dire* était l'objet de la pensée des Athéniens. D'après la volonté des Athéniens, les députés *devaient dire ;* c'était un devoir pour eux de dire.

On emploie donc le subjonctif :

1.) Quand on rapporte les *paroles* ou *l'opinion* d'une personne citée dans la phrase. Ex. *Themistocles noctu ambulabat, quod somnum capere non posset*, Thémistocle se promenait la nuit, parce que (comme il le disait lui-même) il ne pouvait pas dormir. — De même avec l'infinitif : *Themistocles noctu se ambulare dicebat, quod somnum capere non posset.* — Discours indirect, voir le § 269.

2.) Dans les *propositions concessives : Sit hoc verum,* Supposons que cela soit vrai.

3.) Quand celui qui parle considère une chose comme *possible. Quaerat quispiam*, quelqu'un pourrait demander. *Forsitan quispiam dixerit.* Cic. Il se pourrait qu'on dise. — De même dans les propositions conditionnelles, hypothétiques. *Si quis ita loquatur, mentiatur,* Si l'on parlait ainsi on pourrait bien se tromper.

Quand la condition indique que *la chose conditionnelle*

n'existe réellement pas, on emploie encore le subjonctif, mais à l'imparfait ou au plus-que-parfait. *Facerem, si possem*, Je le ferais, si je pouvais (mais je ne le puis pas). § 259.

4.) Quand on veut exprimer le doute, marquer qu'on ne sait quel parti prendre. *Quid faciam?* Que ferai-je?

5) Dans les *exhortations*. *Eamus*, allons; mais la 1re personne du pluriel seulement peut s'employer ainsi.

6.) Dans *l'expression d'un vœu* (v. § 207, rem. 2.) *Hoc omen avertat Jupiter!* Puisse Jupiter détourner ce présage!

7.) Pour marquer le *but* et la *conséquence* et ainsi après *ut; ut non*, *ne*, *quo*, *quin*, *quominus* (v. §§ 249 à 256 inclus.)

8.) Dans les *défenses*, avec *ne* au lieu de l'impératif. *Ne facias hoc*, Ne fais pas cela, = *hoc ne fac*.

§ **218.** L'**impératif** s'emploie pour exprimer l'*ordre* ou la *défense*. On a fait observer (§ 205, rem.) que l'indicatif futur peut servir à exprimer l'ordre et (§ 217, 8) que le subjonctif du présent ou du passé peuvent indiquer la défense. Dans ce dernier cas, on se sert de *ne* et non pas de *non*.

Rem. Au lieu de *ne fac*, *ne facias*, *ne feceris*, on peut encore dire *noli facere*.

Des deux formes de l'impératif : *lege*, *legito*; *legere*, *legitor*, la première désigne proprement une action qu'il faudra accomplir sur-le-champ; la seconde forme indique un ordre qui ne devra être exécuté que dans un avenir plus ou moins éloigné. P. ex. *Nunc abi, cras petito, dabitur.* PLAUTE. Maintenant va-t'en; demain redemande, et il te sera donné.

Souvent on traduit la 2de personne de l'impératif par *devoir*, *falloir*. *Legito*, tu dois lire; *liber legitor*, il faut que le livre soit lu.

IV. INFINITIF.

§ **219.** L'**infinitif** tient le milieu entre le verbe et le substantif (§ 88, 1); il *nomme* une chose que l'on peut *affir-*

LA PROPOSITION ET SES PARTIES. — INFINITIF.

mer de quelqu'un; p. ex. *aller, frapper*; mais il n'*attribue* pas cette chose à un sujet. D'un autre côté, il conserve la propriété de désigner le temps dans lequel on conçoit la chose affirmée.

§ 220. L'*infinitif* s'emploie donc comme **nominatif** (*sujet ou attribut*). *Latrocinari, fraudare, turpe est.* Cic. Il est honteux de voler, de tromper. *Loquor de docto homine et erudito, cui vivere est cogitare.* Cic. Je parle d'un homme savant, d'un érudit, pour qui vivre c'est penser.

Rem. Quand l'infinitif latin est employé *comme sujet*, on le remplace dans la traduction française par le pronom indéterminé *il*, qui sert de sujet au verbe; l'infinitif devient alors une sorte de complément marqué par la préposition *de: Latrocinari, fraudare, turpe est,* Il est honteux *de voler, de tromper.* Cette tournure est un gallicisme. On doit donc se souvenir que le véritable sujet du verbe est l'infinitif et non *il*, qui n'est qu'un sujet apparent.

§ 221. Quand il se rencontre dans une phrase l'une des expressions suivantes : *appāret*, il est clair, *crēdibile est*, il est croyable, *manifestum est*, il est évident, *constat*, il est certain, *vērum est*, il est vrai, *aequum est*, il est juste, *consentaneum est*, il est convenable, *par est*, il convient, *rectum est*, il est juste, *fas est*, il est permis, *nĕfas est*, il n'est pas permis, *scĕlus est*, c'est un crime, *făcinus est*, c'est un forfait, *mos est*, c'est une coutume, *attĭnet*, il appartient, *condūcit*, il importe, *convĕnit*, il convient, *expĕdit*, il est avantageux, *licet*, il est permis, *dĕcet*, il convient, *interest, refert*, il importe, *nĕcesse est*, il est nécessaire, *oportet*, il faut, *opus est*, il est besoin, *plăcet*, on trouve bon, *praestat*, il vaut mieux, *prodest*, il est utile, ou d'autres tournures analogues, elles ont pour sujet un **accusatif avec l'infinitif** que l'on rend ordinairement en français par la conjonction *que* suivie d'un verbe à un mode fini; le pronom indéterminé *il* ou *ce* devient le sujet apparent et le verbe et l'attribut sont renfermés dans l'expression impersonnelle employée : — *Credibile est hominum causā factum esse mundum.* Cic. (Le monde avoir été fait pour les hommes est chose croyable), Il est croyable *que* le monde *a été fait* pour les hommes. *Facinus est vinciri civem Romanum, scelus verberari.* Cic.

C'est un crime d'emprisonner un citoyen Romain, le battre de verges, c'est un forfait. *Recte facere oportet non legis metu, sed virtutis amore*, Il faut faire le bien non par crainte de la loi, mais par amour de la vertu. *Interest omnium leges in civitate valere*, Il importe à tous que les lois soient respectées dans un État. *Facile est vituperare, difficile facere melius*, Il est facile de blâmer, difficile de faire mieux. *Nefas est hospitem violare*, Il n'est pas permis d'outrager un hôte.

Rem. Quelques-unes de ces expressions admettent aussi la construction avec *ut*; ce sont *decet, interest, refert, opus est, necesse est, oportet.*

§ **222.** L'*infinitif* employé comme **accusatif** sert de complément direct à un grand nombre de verbes qui ne peuvent pas toujours être complétés par l'accusatif d'un nom. Tels sont les verbes qui signifient *pouvoir, vouloir, devoir, commencer, continuer, cesser, s'efforcer*, etc. : *volo*, vouloir, *nolo*, ne pas vouloir, *malo*, préférer, *possum*, *queo*, pouvoir, *nequeo*, ne pas pouvoir, *debeo*, devoir, *coepi*, commencer, *pergo*, continuer, *desino*, cesser, *cupio*, *studeo*, désirer; p. ex. *Romani bellum gerere cupiunt*, Les Romains désirent faire la guerre. *Studeo discere linguam latinam*, Je m'applique à apprendre la langue latine. *Hiems mitescere coepit*, L'hiver a commencé à s'adoucir. *Mortem nullus homo vitare potest*, Personne ne peut échapper à la mort. *Intueri solem nequimus*, Nous ne saurions regarder le soleil en face. *Malo compilari quam venire*, J'aime mieux être dépouillé que vendu. *Pergisne aliis maledicere*, Continues-tu à dire du mal des autres? *Non potes linguae temperare*, Tu ne peux retenir ta langue.

§ **223.** Tout nom servant de sujet à un infinitif, se met à l'accusatif; c'est cette construction que l'on appelle **accusatif avec l'infinitif**. P. ex. *Patrem amari* (le père être aimé), que le père soit aimé; *filium parere* (le fils obéir), que le fils obéisse.

Les substantifs servant d'apposition ou d'attribut à un accusatif sujet se mettent aussi à l'accusatif. P. ex. *Ciceronem creari consulem* (Cicéron être créé consul), que Cicéron soit créé consul.

De même que l'infinitif seul, l'*accusatif avec l'infinitif* peut être :

1.) *Sujet* du verbe (ou *nominatif*). P. ex. *Non est rectum minori parere majorem,* Il n'est pas juste qu'un supérieur obéisse à un inférieur. *Par est omnes omnia experiri.* Cic. Il convient que tous (les orateurs) essaient de tout (de tous les gens d'éloquence.)

Rem. Licet, il est permis, se construit avec le datif aussi bien qu'avec l'accusatif. *Licet mihi esse otioso, et licet me esse otiosum,* Il m'est permis de me livrer au repos.

§ 224. 2.) *L'accusatif avec l'infinitif* sert de *complément direct* aux verbes *sentiendi* et *declarandi*, c'est-à-dire à ceux qui expriment **un sentiment de l'âme :** sentir, savoir, croire, juger, ou la **manifestation extérieure** de l'un de ces sentiments : dire, affirmer, déclarer, nier, prouver, réfuter, témoigner, etc., comme *audio*, entendre, *ănĭmadverto*, remarquer, *cōgĭto*, penser, *cognosco*, reconnaître, *compĕrio*, découvrir, *confīdo*, avoir confiance, *crēdo*, croire, *cŭpio*, désirer, *dūco*, juger, *exĭstĭmo*, penser, *expĕrior*, éprouver, *intellĭgo*, comprendre, *invĕnio*, trouver, *jūdĭco*, déclarer, *ŏpīnor*, croire, *pătior*, permettre, *percĭpio*, sentir, *puto*, croire, *rĕpĕrio*, découvrir, *scio*, savoir, *nescio*, ignorer, *sentio*, sentir, *spēro*, espérer, *stătuo*, soutenir, *suspĭcor*, soupçonner, *vĭdĕo*, voir ; *mĕmĭni*, se souvenir, *oblīviscor*, oublier, *rĕmĭniscor*, se ressouvenir ; *dŏleo*, déplorer, *gaudeo, laetor*, se réjouir, *mīror*, s'étonner ; *affirmo, ajo*, affirmer, *dĭco*, dire, *dēclāro*, faire voir, *dēmonstro*, démontrer, *fateor*, avouer, *confĭteor*, reconnaître, *indĭco*, révéler, *jŭbeo*, ordonner, *nĕgo*, nier, *nuntio*, annoncer, *ostendo*, montrer, *pĕrhĭbeo*, déclarer, *pollĭceor*, promettre, *prŏbo*, prouver, *promitto*, promettre, *rĕfĕro*, rapporter, *scrībo*, écrire, *signĭfĭco*, faire entendre, *sĭmŭlo*, feindre, *dissĭmŭlo*, dissimuler, *spondeo*, donner l'assurance, *testor*, attester, *trādo*, rapporter, *veto*, défendre.

La langue française rend cet *accusatif avec l'infinitif* au moyen d'une proposition complétive introduite par la conjonction *que*. On peut donc donner pour règle que la conjonction française *que* introduisant le complément d'un verbe *sentiendi* ou *declarandi*, se rend en latin par l'accusatif avec l'infinitif.

Ainsi, de même qu'on dit : *dico verbum*, je dis un mot, à la question *qui?* ou *quoi?* on dit aussi *dico hoc esse verum*, je dis que cela est vrai ; *cupio hanc rem*, je désire cette chose, et *cupio eum venire*, je désire qu'il vienne. P. ex. *Platonem in Italiam venisse reperio*, je lis dans l'histoire que Platon vint en Italie. *Sciebam nihil mali a te commissum esse*, Je savais que tu n'avais fait aucun mal. *Doleo te tam diu aegrotare*, je suis affligé de ce que vous êtes malade depuis si longtemps. *Nego mendacium mihi in mentem venisse*, je nie qu'un mensonge me soit venu à l'esprit. *Existimamus Deum esse propter mundi pulchritudinem*, la beauté de l'univers nous fait croire qu'il y a un Dieu.

Rem. 1. Quand la proposition complétive marque un but, une conséquence, elle ne se rend plus par l'accusatif avec l'infinitif, mais par *ut* avec le subjonctif. P. ex. *Hoc tibi promitto, ut posthac obediens sis*, Je te promets cela, afin qu'à l'avenir tu sois plus obéissant. *Hoc te moneo, ut discas*, Je t'avertis de cela pour que tu saches, etc. (V. § 252.)

2. *Dicunt, ferunt, tradunt*, on dit (proprement *ils disent*), gouvernent aussi l'accusatif avec l'infinitif. Mais si on les tourne par le passif : *dicitur, fertur, traditur*, l'infinitif, de complément direct qu'il était, devient sujet de ces verbes, et l'accusatif se change en nominatif. P. ex. *Lectitavisse Platonem Demosthenes dicitur* (= *Demosthenem dicunt*), On dit que Démosthène lisait souvent Platon. *Aristides unus omnium justissimus fuisse traditur* (= *Aristidem dicunt fuisse justissimum*), On dit qu'Aristide fut le plus juste des hommes.

On construit de la même manière : *hăbeor, crēdor, dūcor, jūdĭcor, pŭtor, rĕpĕrior, invĕnior, vĭdeor* (§ 174) : *Luna putatur solis lumine collustrari*, On croit que la lune est éclairée par la lumière du soleil. *Videris errasse*, vous semblez vous être trompé.

3. *Jŭbere* et *vĕtare* gouvernent l'accusatif avec l'infinitif d'après la règle générale. *Jubeo te facere*, Je t'ordonne de faire. L'accusatif sujet de l'infinitif représente ici la personne qui doit exécuter l'ordre. Si cet accusatif de la personne n'est pas exprimé, l'infinitif actif se change en infinitif passif. *Jubeo pecuniam solvi*, J'ordonne que l'argent soit payé. *Jubet servum interfici*, Il ordonne que l'esclave soit tué (par le bourreau probablement).

4. *Vŏlo* prend tantôt le nominatif avec l'infinitif : *volo diligens*

esse, tantôt l'accusatif avec l'infinitif : *volo me esse diligentem. Cupio, Patres conscripti, me esse clementem.* Cic. Sénateurs je désire être clément.

§ 225. Infinitif historique ou **narratif.** Au lieu de l'*imparfait* pour indiquer une action souvent répétée dans le passé, ou une coutume assez générale, on emploie aussi l'*infinitif* que l'on appelle *historique* ou *narratif*. *Postulo mihi respondeat quis sit ille Verrutius. Clamare omnes neminem unquam in Sicilia fuisse Verrutium. Ego instare, ut mihi responderet, quis esset, ubi esset, unde esset.* Cic. Je demande qu'il me dise quel est ce Verrutius. Tous de s'écrier qu'il n'y a jamais eu de Verrutius en Sicile. Et moi d'insister pour qu'il me répondît, qu'il me dit qui il était, où il se trouvait et d'où il était.

V. Gérondif et participe futur passif.

§ 226. Le **gérondif** tient lieu des *cas obliques de l'infinitif* (§ 88, 2). Ainsi : Nom. *legere*, lire, Gén. *legendi*, de lire, Dat. *legendo*, à lire, Acc. *legere*, et, après une préposition, *legendum*, (p. ex. *ad legendum*, pour lire), Abl. *legendo*, en lisant, par la lecture. — Le gérondif gouverne le cas du verbe auquel il appartient : *legere libros*, (l'action de) lire des livres, *legendi libros*, de (l'action de) lire des livres, et non pas *legendi librorum*. Le gérondif, comme partie du verbe, ne peut être accompagné d'aucun adjectif, mais il peut être modifié par un adverbe ; on dira donc bien : *Jucunde legendi causâ*, pour lire agréablement.

Rem. Le datif du gérondif n'est jamais accompagné d'un accusatif complément direct ; l'accusatif du gérondif ne l'admet que rarement.

§ 227. Le **génitif du gérondif** sert de complément :

1.) A des *substantifs* ; il remplace en ce cas l'infinitif français précédé de la préposition *de* ; p. ex. l'art de nager, *ars natandi*.

2.) A des *adjectifs* qui gouvernent le *génitif* (§ 149), comme *cupĭdus*, désireux, *avĭdus*, avide, *conscius*, qui sait avec, *ignārus*, qui ignore, *perītus*, habile.

Ex. *cupidus discendi*, désireux d'apprendre, *ignarus natandi*, ne sachant pas l'art de nager. — *Sapientia ars vivendi putanda est.* Cic. Il faut regarder la sagesse comme l'art de la vie. *Quis ignorat maximam esse illecebram peccandi impunitatis spem?* Cic. Qui ne sait que l'espoir de l'impunité est le plus grand attrait du crime? *Cupidus tibi satisfaciendi,* désireux de vous satisfaire.

§ 228. Le **datif du gérondif** sert de complément aux *adjectifs* qui régissent ce cas (§ 184), surtout à *aptus*, propre à, *utilis*, utile à, *par*, de force à. Ex. *Crassus disserendo par non erat.* Cic. Crassus n'était pas de force à discuter. — L'accusatif du gérondif avec *ad* est employé plus fréquemment que le datif; mais il ne conviendrait pas comme complément de *par*.

§ 229. L'**accusatif du gérondif** s'emploie dans tous les cas où l'infinitif dépendrait d'une préposition qui gouverne l'accusatif, surtout après *ad*, *inter*, *ob*, *ante*. *Breve tempus aetatis satis est longum ad bene beateque vivendum.* Cic. La brièveté de la vie nous laisse encore assez de temps pour vivre heureux. *Mores puerorum se inter ludendum liberius detegunt.* Quint. C'est dans le jeu que le caractère des enfants se montre le plus à découvert.

§ 230. L'**ablatif du gérondif** s'emploie sans préposition, comme *ablatif d'instrument* (§ 159, 2) et avec les prépositions qui gouvernent l'*ablatif*, surtout *a, ex, in.* P. ex. *Injurias ferendo majorem laudem quam ulciscendo merebère.* Cic. On a plus de mérite à supporter les injures qu'à s'en venger. *Discrepat a timendo confidere.* Cic. La confiance diffère de la crainte. *Providentia ex providendo est appellata.* Cic. Le nom de Providence vient de prévoir. *Vitiosum est in dividendo partem in genere numerare.* Cic. Dans une division, c'est une faute de confondre l'espèce avec le genre.

§ 231. Aux gérondifs se rattache le **participe futur passif** en *dus, da, dum*.

1.) Employé avec *esse*, le nominatif neutre de ce participe signifie *il faut, on doit. Legendum est,* il faut lire. Le nom

LA PROPOSITION ET SES PARTIES. — PARTICIPES. 185

de la personne qui doit faire quelque chose, se met au *datif.*
Mihi legendum est, je dois lire.

Le participe futur prend le cas que gouverne le verbe auquel il appartient, à moins que celui-ci n'exige l'accusatif. *Parendum est magistratibus*, Il faut obéir aux magistrats. *Abstinendum est inhonestis voluptatibus*, On doit s'abstenir des plaisirs déshonnêtes.

2.) Au moyen d'un changement de construction, tous les cas du participe futur passif s'emploient pour le gérondif. Quand le verbe auquel il appartient gouverne l'accusatif, on met plus élégamment au cas du gérondif, le substantif complément, avec lequel on fait accorder en genre, en nombre et en cas, le participe futur devenu ainsi un véritable adjectif. P. ex. Désireux de lire des livres, *Cupidus legendi libros*, deviendra : *cupidus librorum legendorum*. Le goût de l'agriculture, *studium agrum colendi*, deviendra : *studium agri colendi*. Ex. *Homo magna habet adjumenta ad obtinendam adipiscendamque sapientiam*. Cic. L'homme a de puissants auxiliaires pour acquérir la sagesse. *Omnis loquendi elegantia augetur legendis oratoribus et poetis*. Cic. L'élégance du langage se fortifie par la lecture des orateurs et des poètes.

Rem. 1. On emploie de la même manière le nominatif du participe futur passif. Au lieu de *legendum est libros*, on dira plus élégamment *libri legendi sunt*, il faut lire des livres.

2. Quand le datif du gérondif doit être accompagné d'un complément direct, la construction du participe futur passif est toujours préférée. On ne dira pas *Tempus demetendo fruges accommodatum*, mais *demetendis frugibus*, Temps propice pour la moisson.

3. Le participe futur passif n'est pourtant pas employé, quand l'accusatif complément direct est un pronom neutre ou un adjectif neutre pluriel. *Cupiditas hoc videndi*, et non *hujus videndi*. *Ars vera et falsa dijudicandi*, l'art de distinguer le vrai du faux, et non pas *verorum et falsorum dijudicandorum*; cette dernière construction ne permettrait pas de distinguer si le pronom ou l'adjectif désignent une personne ou une chose, le masculin ou le neutre.

VI. PARTICIPES.

§ **232.** Les participes se joignent au substantif *comme des adjectifs* et s'accordent avec lui en *genre*, en *nombre* et *en cas.* Tantôt ils marquent une *qualité du sujet* et peuvent être remplacés par *qui* suivi du verbe auquel ils appartiennent, employé à un mode fini; tantôt ils marquent *des circonstances au milieu desquelles* se passe l'action du verbe principal; ils se remplacent alors par *quod, cum, dum, si*, etc. P. ex. *Omnes aliud agentes, aliud simulantes improbi sunt.* Cic. Tous ceux qui feignent une chose et en font une autre sont des méchants. Cette phrase pourrait être remplacée par : *Omnes qui aliud agunt, aliud simulant, improbi sunt. Hippias in Marathonia pugna cecidit arma contra patriam ferens* (= *dum ferebat.*) Cic. Hippias fut tué à Marathon en combattant pour sa patrie. *Dionysius tyrannus Syracusis expulsus Corinthi pueros docebat.* Cic. Le tyran Denys chassé de Syracuse instruisait les enfants à Corinthe. — *Expulsus* = *cum expulsus erat* ou *postquam expulsus fuerat.*

Rem. 1. Les participes actifs gouvernent le cas exigé par le verbe auquel ils appartiennent.

2. Le participe futur actif marque le *but*, l'*intention*. *Abiit dormiturus*, Il est allé dormir; il est parti dans l'intention d'aller dormir.

3. Le latin peut singulièrement resserrer et abréger le discours, en changeant en participe la proposition subordonnée introduite par *qui, comme, après que, si* et autres conjonctions. Il laisse de côté le relatif ou la particule conjonctive et remplace le verbe de la proposition subordonnée par le participe correspondant, qu'il met au cas, au genre et au nombre du substantif auquel il le fait rapporter. P. ex. Les soldats disent qu'ils sont revenus, parce qu'ils avaient craint la perfidie des alliés, *Milites renuntiant se revertisse, quod veriti essent perfidiam sociorum;* et d'une manière plus concise: *Milites renuntiant se revertisse veritos perfidiam sociorum.* — Les ennemis se dispersaient dans les villes pour se mettre à l'abri derrière leurs remparts, *Hostes dilabebantur in oppida, ut se defenderent moenibus;* et plus brièvement: *moenibus se defensuri.* Platon mourut en écrivant, *Plato mortuus est cum scriberet*, et d'une manière plus concise : *Plato mortuus est scribens.*

§ 233. On remarque encore les particularités suivantes dans l'emploi des participes en latin.

1.) Le participe peut remplacer un substantif abstrait suivi d'un génitif : P. ex. Après l'expulsion des rois, *Post reges expulsos. Post expulsionem regum* ne serait pas latin.

LA PROPOSITION ET SES PARTIES. — SUPINS. 185

2.) Employé avec une négation, le participe latin a le même sens que l'infinitif français précédé de la proposition *sans* : *Non erubescens*, sans rougir. *Non petens regnum accepit*, Il obtint le trône, sans l'avoir demandé.

3.) Avec les verbes qui signifient *voir* et *entendre*, le latin emploie le participe là où le français se sert de l'infinitif. Je te vois courir, *Video te currentem.* Je l'entends chanter, *Audio illum canentem.*

Exemples mêlés sur l'emploi des participes.

Remplacer les participes des phrases suivantes par les expressions latines équivalentes, comme on l'a fait dans les exemples placés à la suite des règles.

Multi ambulantes cadunt ; num propterea domi desidebis? Pausanias rem publicam Lacedaemoniorum eversurus occidit. Fortiter pugnantibus fortuna adest. Cicero summo ingenio adjutus maximam eloquentiae laudem sibi peperit. Abdolonymo Sidonio regnum oblatum est non petenti. Curius Dentatus cum bubus arans consul creatus est. Eidem ad focum rāpis vescenti Samnites magnum pondus auri attulerunt, ut ad eorum partes transiret. Post Tarquinios expulsos summum imperium ad consules translatum est. Caesar arma Romana gentibus remotissimis ostensurus Rhenum trajecit. Themistocles a civibus in exilium pulsus ad Persarum regem se contulit. Saepe vidi te contremiscentem, cum in suggestum escenderes dicturus. Clarissimos oratores dicentes audiens sum admiratus.

VII. Supins.

§ 234. Le **supin en *um*** s'emploie pour exprimer le *motif* et le *but* du mouvement vers un lieu. P. ex. *Eo cubitum*, Je vais me coucher. *Divitiacus Romam ad senatum venit auxilium postulatum.* Caes. Divitiacus vint à Rome au sénat, pour demander du secours.

Rem. Le supin peut être remplacé par plusieurs autres tournures latines :

1° Par le gérondif en *dum* avec *ad*, 2° par le gérondif en *li* avec *causā*, 3° par le participe futur actif, 4° par *ut* avec le subjonctif. — *Eo ludos spectatum*, je vais voir les jeux.

= *Eo ad ludos spectandum, ad ludos spectandos, ludos spectandi causā, ludos spectaturus, ut ludos spectem.*

§ **235.** Le **supin en** *u* qui n'est autre chose que l'ablatif d'un nom défectif en *us*, s'emploie avec les adjectifs signifiant : *bon* ou *mauvais*, *agréable* ou *désagréable*, *digne* ou *indigne*, *facile* ou *difficile*; avec *fas*, *nefas* et *opus*, lorsqu'en français on emploie l'infinitif avec *à* ou *de*, à la question *sous quel rapport? Dictu difficile*, difficile à dire ; *indignum factu*, indigne à faire, *dulce auditu*, agréable à entendre.

Rem. Ici encore on peut employer le gérondif, p. ex. *ad audiendum, ad faciendum.*

Des prépositions.

§ **236.** Les prépositions servent à exprimer certains rapports des noms, pour lesquels les cas ne suffisent pas.

Nous avons donné, au § 123, la liste des prépositions classées selon le cas qu'elles gouvernent et accompagnées de leurs significations générales; nous nous bornerons donc ici à présenter quelques remarques sur les sens particuliers que peut prendre chaque préposition.

§ **237.** A. *Remarques sur les prépositions qui gouvernent l'accusatif seulement.*

Ad. Outre le sens de *jusqu'à*, à la question *quo? ad* peut encore marquer le lieu, à la question *ubi? Ad urbem esse*, être *près de* la ville; *proelium ad Cannas*, la bataille livrée à Cannes. — En parlant du temps, elle se rend par *à, pendant: ad diem*, au jour fixé, *ad lucem*, à l'aurore, *ad tempus*, au temps fixé, ou bien, pendant un certain temps, pour un temps. — Avec les noms de nombre, *environ: ad mille homines*, environ mille hommes. — Marquant le but, le dessein, *pour : ad speciem*, pour l'apparence. — *D'après, selon, en comparaison de: ad modum*, d'après la manière, *ad effigiem*, à l'image de, *ad magnitudinem*, en comparaison de la grandeur.

Apud signifie *auprès* non-seulement en parlant du lieu, mais encore sous le rapport moral : *potestas summa apud consules est*, le pouvoir suprême appartient aux consuls.

Circa diffère de *circum;* tous deux se disent du lieu, mais *circa* marque aussi le temps : *circa lucem*, vers le point du jour; *circa* *eamdem horam*, vers la même heure. — **Circiter** est ordinairement adverbe et prend rarement un cas après lui.

Contra et adversus signifient d'abord *en face*, et dans la suite *contre, envers*, comme **erga** qui se prend toujours en bonne part, tandis que *contra* marque une hostilité; *adversus* se prend dans les deux sens.

Inter signifie originairement *entre*: *Mons inter Sequanos et Helvetios*, montagne entre la Séquanie et l'Helvétie; mais aussi *pendant*: *inter pugnae tempus*, pendant le combat.

Intra, *en dedans de, dans l'intervalle de, en*, se dit de l'espace et du temps aussi bien à la question *ubi?* qu'à la question *quo?*

Juxta signifie proprement *à côté de*, et par suite, *après;* il marque la suite, le rang, l'estime, mais il ne se prend jamais pour *secundum*, selon.

Ob, marque habituellement le motif déterminant; *ob hanc causam*, pour ce motif; il se prend plus rarement dans le sens de *ante: ob oculos versari*, être devant les yeux.

Per, originairement *à travers*, ensuite *dans*, dans le sens distributif: *per urbes*, dans toutes les villes, *per Asiam*, dans toute l'Asie. — En parlant du temps, *pendant: per noctem*, pendant la nuit, *per illud tempus*, pendant ce temps. — Avec un nom de personne, *au moyen de, par: per speculatores cognovi*, j'ai appris par mes éclaireurs. — Avec un nom de chose, il marque la manière: *per vim*, par la violence, *per speciem*, sous l'apparence. Il ne signifie *à cause de* que dans quelques locutions *per te*, à cause de toi, *per valetudinem*, à cause de ta santé. Dans les invocations, *par: per deos immortales*, par les dieux immortels.

Praeter, *tout le long de*, et ensuite *excepté; nihil humani praeter figuram*, rien d'humain que la figure, excepté la figure. — *Outre: praeter se denos adducere*, venir accompagné de douze personnes (outre soi, amener douze personnes). — *Contre: praeter spem*, contre toute espérance. — *Mieux que: praeter caeteros sustinere dolorem*, supporter la douleur mieux que les autres.

B. *Remarques sur les prépositions qui gouvernent l'ablatif seulement.*

A, ab, marque le point de départ et se dit du lieu, du temps, d'une personne.

a.) Du lieu, il signifie *de, par: a fronte*, de front, *a tergo*, par derrière; *stare ab aliquo*, être à côté de quelqu'un, *esse ab aliquo*, avantager quelqu'un. — *En, sous le rapport de: firmus ab equitatu*, fort en cavalerie. — *Contre: urbem ab hoste defendere*, défendre la ville contre l'ennemi.

b.) Du temps, *depuis* : *ab adolescentia*, depuis l'âge d'adolescence; *a puero* (en parlant d'un seul), *a pueris* (de plusieurs), depuis l'enfance; *ab initio*, *a principio*, depuis le commencement.

c.) *a* ou *ab* s'emploie, comme nous l'avons vu, avec les verbes passifs, devant le nom de la personne qui fait l'action; mais il s'emploie quelquefois de la même manière avec les verbes intransitifs : *interire ab aliquo*, mourir de la main de quelqu'un (= *ab aliquo interfici*).

Cum marque les circonstances accompagnantes, les suites : *cum summa sociorum calamitate*, au grand détriment des alliés; *esse cum gladio*, porter une épée; *homines cum tunicis albis*; des hommes en tunique blanche.

De, *de, sur, touchant*: *liber de amicitia*, traité de l'amitié. *De fratre jure mones*, votre observation sur mon frère est juste. — *Du haut de* : *de arce, de turri*, du haut de la citadelle, de la tour. — Dans le sens partitif : *unus de multis*, un homme du commun; *unum de nostris elegit*, il choisit l'un des nôtres, l'un d'entre nous. — Du temps, *pendant* : *de nocte*, pendant la nuit, de nuit. — *De consilio*, selon le conseil, *de sententia*, selon l'avis ou la résolution. — Dans le sens de *ex* : *triumphum agere de aliquo*, triompher de quelqu'un; *effugere de manibus*, s'échapper des mains, *auferre de templo, de ara, de mensa*, emporter du temple, de l'autel, de la table, etc.

E, ex a une triple signification *de lieu, de temps, de cause*.

1.) De lieu, *de, à* : *ex arbore pendēre*, pendre à l'arbre; *ex muro pugnare*, combattre de (du haut de) la muraille; *e longinquo*, de loin; *scire, audire ex aliquo*, apprendre de quelqu'un.

2.) De temps, *depuis* : *ex illa die*, depuis ce jour; *ex consulatu*, depuis son consulat.

3.) De cause, *à, à cause de*: *Laborare ex pedibus, ex oculis, ex capite*, avoir mal aux pieds, aux yeux, à la tête; *e lassitudine altior somnus*, sommeil plus profond à cause de la fatigue. — *En vertu de* : *ex lege, ex testamento*, en vertu de la loi, du testament; *ex voluntate*, volontairement; *ex animo*, de tout cœur. — *Ex* marque aussi changement d'état : *ex beato miser factus*, d'heureux qu'il était devenu malheureux. — Sens partitif : *unus e multis*, un d'entre un grand nombre.

Prae, dans une signification locale ne s'emploie qu'avec *ferre* et un pronom : *prae se ferre*, porter devant soi, présenter. — *En comparaison de, au prix de* : *prae se omnes contemnere* (mépriser tout le monde au prix de soi), se regarder comme supérieur à tout le monde. — *Prae* marque la cause, le motif qui empêche de faire quelque chose, *à cause de*: *prae dolore*, de douleur, *prae lacrymis*, à cause de ses larmes.

Pro. 1.) Signification de lieu, *devant*: *pro moenibus*, devant les murs; et de là: *pro rostris*, *pro concione*, *pro suggestu dicere*, parler à la tribune, devant l'assemblée, du haut d'une estrade.

2.) De là la signification de *pour*, *à l'avantage de*: *Dicere pro Milone*, plaider pour Milon; *illud est pro publicanis*, cela est en faveur des publicains, *habere aliquem pro hoste*, avoir quelqu'un pour ennemi.

3.) *Conformément à*, *selon*: *pro dignitate*, selon sa dignité; *pro magnitudine periculi*, vu la grandeur du péril. — *Pro tempore*, eu égard aux circonstances; *pro re*, *pro re nata*, eu égard à la chose, *pro mea parte*, pour ma part; *pro se quisque*, à l'envi.

C. *Remarques sur les prépositions qui prennent l'accusatif et l'ablatif.*

In avec l'*accusatif*, marque le but d'un mouvement; avec l'*ablatif*, l'existence dans un lieu et de là:

1.) Avec l'accusatif, l'objet d'une activité quelconque, *contre*: *odium in malos*, la haine contre les méchants; *dicere in Clodium*, plaider contre Clodius. — L'intention, la destination, le but: *in majus augere*, exagérer; *in poenam*, pour punition; *in hanc legem*, *in hanc sententiam senatus consultum factum est*, le sénat porta un décret dans ce sens, dans cette intention; *jurare in verba magistri* (jurer d'après la formule du maître), jurer par le maître. — Signification de temps: *in tres dies*, dans trois jours, *in praesens*, pour le moment. — Partage: *in singula oppida*, pour chaque ville; *digitum addere in singulos pedes*, ajouter un pouce à chaque pied. — La manière: *mirum in modum*, d'une manière remarquable; *in universum*, en général.

2.) Avec l'*ablatif*, il marque la force: *in manu esse*, être dans les mains, être au pouvoir, *in potestate habere*, avoir en son pouvoir. — *Au nombre de*, *parmi*: *numerari in sapientibus*, être rangé parmi les sages. — *En*, *dans*: *in aliquo aliquid mirari*, admirer quelque chose dans quelqu'un; *in tanta fortium virorum multitudine*, dans une si grande foule d'hommes courageux. — Le temps, *dans l'espace de*, *dans l'intervalle de*: *quater in mense*, quatre fois par mois; *semel in vitâ*, une fois dans la vie; *in consulatu*, *in praetura*, tant qu'a duré le consulat, la préture. — *Quantum in te est*, autant qu'il est en toi, de tout ton pouvoir. — *Est in eo*, il est sur le point de.

Dans certaines expressions administratives ou judiciaires,

on emploie l'accusatif au lieu de l'ablatif : *esse* et *manere in potestatem, in ditionem*, être, rester en puissance de.

Sub, avec l'*accusatif* et pour marquer le lieu, signifie *sous*, aussi bien au propre qu'au figuré. Pour le temps, *aussitôt après : sub tuam epistolam mea lecta est*, ma lettre a été lue à la suite de la tienne ; *sub noctem, sub lucem,* sur le soir, vers l'aube ; *sub idem tempus,* vers le même temps.

Avec l'*ablatif* il signifie également *sous : sub dio*, sous le ciel, à ciel ouvert ; *sub oculis,* sous (devant) les yeux.

Super, avec l'*ablatif* signifie *sur, touchant : scribere super hac re* (= de hac re), écrire touchant cette affaire.

Avec l'*accusatif, outre : super famen etiam pestilentia ingruit regioni,* outre la famine, la peste vint fondre sur la contrée. — Devant les noms de nombre, *plus de : super tres modios,* plus de trois muids.

Subter, avec l'ablatif est rare et poétique.

§ 238. Les prépositions de la troisième classe gouvernent l'*accusatif*, lorsque le verbe de la proposition où elles se trouvent marque *mouvement* ou *direction vers un lieu* ; elles prennent l'*ablatif*, lorsque le verbe marque *repos dans un lieu* ou *mouvement sans sortir* du lieu. *Eo in urbem*, je vais à la ville ; *habito in urbe, ambulo in urbe,* je demeure, je me promène dans la ville ; *sub murum succedere,* s'approcher du mur, *sub muro jacere,* être couché au pied du mur.

Rem. Les verbes signifiant *mettre, poser, placer,* comme *ponere, collocare,* etc., bien que marquant un mouvement, sont ordinairement accompagnés de *in* avec l'ablatif : Je place la coupe sur la table, *Pono poculum in mensa* ; établir l'armée dans ses quartiers d'hiver, *Exercitum in hibernis collocare.*

Exemples sur les prépositions.

Les élèves rendront compte du sens de chaque préposition dans les phrases suivantes.

1.) Veni ad te colloquendi causā. Raro homines ad centesimum annum vivunt. Ad portas urbis milites convenerunt. Etiam adversus hostes clementia utendum est. Ante annum exactum Pompejus bellum confecit. Templum Martis est ante portas urbis Romae. Apud fratrem tuum hodie sum caenaturus. Servius Tullius vallum et fossam circum montes Esquilinum et Viminalem duxit. Tiberis citra urbem praeterfluit. Cicero contra hostem reipublicae Antonium dixit. Natura praediti sumus amore erga parentes et cognatos. Cave ne extra urbem conspiciaris. Infra

Romam, in Tiberis ostio, portus erat Ostia. Inter duo mala positus sum. Inter horam proficisceris. Coërceto servitia intra domum. Sellam ponito juxta mensam. Miles ob egregium facinus praemio donator. Penes praetorem est judicandi potestas. Per te factum est, ut vitam meam servarem. Post diem decimum febris me reliquit. Praeter te nullum amicum habeo. Prope domum habeo hortum. Propter plurimas causas tibi irascor. Vivito non secundum leges modo, sed etiam secundum jussa dei. Supra praedium meum silvae ingentes incipiunt. Trans mare ne curras. Domum versus abiisti. Ultra mare Atlanticum America sita est.

2.) A te nihil boni expecto. Absque me in republica nihil a consule gestum est. Vera loquitor coram judicibus. Clam deo fieri nihil potest. Consul cum exercitu adversus hostes profectus est. De turri ille se dejecit. De re nota tecum loquar. Tarquinius propter scelera ex urbe pulsus est. Prae telis Persarum Spartani solem vix videbant. Pro insontibus laborandum est honestis. Sine dei auxilio nihil proficitur. Italia Alpibus tenus patet.

3.) In urbe nihil erat novi. Sulla cum exercitu in Graeciam profectus est. Cicero in Catilinam orationem gravissimam habuit. Sub domus meae fundamentis ollam auri reperi. Sub noctem omnes mei domi sunto. Subter urbis muro hostes cuniculum foderunt. Plato iram subter praecordia locavit. Super nubes aves alis tolluntur. Locutus es super argumento, audientibus gratissimo.

Chapitre Deuxième.

Union des propositions.

§ 239. Les propositions sont entre elles dans un rapport de **coordination** ou de **subordination**.

On appelle *propositions coordonnées* celles qui, bien que liées entre elles par des conjonctions, pourraient exister l'une sans l'autre; de sorte que si l'on retranchait les particules de liaison, on obtiendrait des propositions indépendantes et ayant un sens complet. P. ex. Le ciel est serein *et* on ne doit pas s'attendre à avoir de la pluie.

Une *proposition* est *subordonnée* à une autre, lorsqu'elle contient une idée accessoire qui complète cette autre et qui, prise isolément, n'aurait pas de sens complet. La proposition complétive est dite *proposition subordonnée* et la proposition complétée reçoit le nom de *proposition principale*. P. ex. Quand César fut mort, la liberté fut rétablie en peu de temps. La subordonnée « quand César fut mort » a la valeur d'un adverbe et pourrait être changée en ces mots : « Après la mort de César. »

§ 240. Les formes les plus importantes de propositions coordonnées sont les suivantes :

1.) Les ***propositions copulatives*** introduites par les conjonctions *et, que, ac, atque*, et : *etiam, quoque*, aussi; *nec, neque*, ni.

Et unit des termes indépendants, égaux, *que* marque que le second terme est moins important que le premier. *Pater et filius ibant*, Le père et le fils allaient.... l'un aussi bien que l'autre.; *Pater filiusque ibant*, Le père allait; il avait avec lui son fils, considéré comme personnage secondaire.

Ac ne peut pas être suivi d'une voyelle ou d'une *h* muette; *atque* s'emploie devant les voyelles ou les consonnes ; il a plus de force que *et* et marque que le second terme a plus d'importance que le premier.

Quoque signifie *aussi, de même; etiam, aussi, de plus*.

Rem. *Ac* et *atque* dans le sens de la conjonction française *que*, ne se met qu'après *ălius, ălĭter, sĕcus, sĭmĭlis, par, dispar, părĭter, sĭmĭlĭter, aeque, pĕrinde*. Après un comparatif, on emploie toujours *quam*, jamais *ac* ni *atque*.

Nec... nec ou *neque... neque* se rendent par *ni... ni*.

2.) Les ***propositions disjonctives*** introduites par *aut, vel, sive*, ou. *Aut.... aut* et *vel... vel* signifient *ou... ou; sive... sive* équivaut à *soit que... soit que*.

3.) Les ***propositions adversatives*** introduites par *at, sed*, mais, *autem, vērum*, mais en vérité, *tă-*

UNION DES PROPOSITIONS. — SUBORDINATION.   193

men, attămen, cependant, *verumtămen*, mais cependant, *atqui*, or.

4.) Les **propositions causatives** introduites par *nam* et *enim*, car.

5.) Les **propositions conclusives** introduites par *ergo, igitur*, donc, *itaque*, c'est pourquoi, *ideo*, pour cela, *idcirco, proptĕrea*, à cause de cela, *proinde*, ainsi donc.

6.) Les **propositions comparatives** introduites par *et.... et, nec... nec, non solum.... sed etiam*, non-seulement.... mais encore ; *cum.... tum*, d'un côté... d'un autre côté, tant... que ; *tum... tum, et.... et*, tant... que ; *modo... modo*, tantôt... tantôt.

RAPPORT DE SUBORDINATION.

A. **Propositions relatives.**

§ **241.** Le latin emploie souvent les pronoms relatifs là où le français doit nécessairement employer le démonstratif ou le pronom indéterminé *il*. Il emploie surtout ainsi le relatif *qui, quae, quod*, en tête d'une proposition subordonnée commençant par une conjonction, surtout par *cum*. *Quae cum ita sint*, puisqu'il en est ainsi.

Rem. Souvent même deux relatifs sont ainsi mis en tête de la proposition latine, construction tout-à-fait impossible en français. *Id solum bonum est, quo qui potiatur necesse est beatus sit.* Cic. On ne peut appeler bien que ce dont la possession seule rend heureux.

§ **242.** Le *relatif* s'accorde en *genre et en nombre* avec le mot auquel il se rapporte. Il en est de même de *qualis* et de *quantus*. Ex. *Vir qui adest*, l'homme qui est présent ; *Viri qui adsunt*. Si *qui* se rapporte à plusieurs antécédents, il suit les règles d'accord énoncées au § 135. P. ex. *Pater et mater qui mihi sunt mortui*, Mon père et ma mère qui sont morts.

Si l'antécédent du relatif est modifié par un substantif apposé, le relatif *peut s'accorder avec l'apposition*, tout aussi bien qu'avec l'antécédent. *Flumen Rhenus, qui agrum Helvetium a Germanis dividit.* Caes. Le Rhin qui sépare l'Helvétie de la Germanie. On aurait pu dire également *quod dividit*, en fesant accorder le relatif avec son antécédent *flumen*.

Si la proposition relative contient un substantif attribut de l'antécédent, le relatif *peut s'accorder avec cet attribut*, aussi bien qu'avec son antécédent. *Flumen quod* ou *quae appellatur Tamesis*, Le fleuve qui s'appelle Tamise.

§ **243**. Le *verbe* de la proposition relative se met au *subjonctif* dans les cas suivants :

1.) Dans le discours indirect (§ 217, 261, 262.)

2.) Lorsque la proposition relative renferme l'idée d'une conséquence, d'une suite, d'un résultat. *Qui* paraît alors remplacer *ut ego, ut tu, ut is*, etc. Ce cas se présente surtout après *is, talis, ejusmodi, tam, tantus, dignus, indignus, aptus, idoneus*. P. ex. *Non sumus ii, quibus nihil verum esse videatur.* Cic. Nous ne sommes pas hommes à nier toute vérité. *Nulla acies ingenii humani tanta est quae penetrare in coelum, terram intrare possit.* Cic. La pénétration de l'esprit humain ne va pas jusqu'à comprendre ce qui se passe dans le ciel, à voir dans les entrailles de la terre. *Livianae fabulae non satis dignae videntur, quae iterum legantur.* Cic. Les pièces de Livius Andronicus ne peuvent guères être lues qu'une fois.

Rem. On emploie de même *quam qui* après les comparatifs. *Honestior es, quam qui societatem cum nebulonibus ineas*, Vous êtes trop honnête pour vous allier à des vauriens. *Quam qui*, remplace ici *ut tu*.

5.) Lorsque *qui* éveille l'idée de *motif* et a la signification de *puisque, en tant que*, en latin *cum*. P. ex. *O fortunate adolescens, qui tuae virtutis Homerum praeconem inveneris.* Cic. Que tu es heureux, jeune héros, d'avoir trouvé un Homère pour célébrer ta valeur. *Caninius fuit mirifica vigilantia, qui suo toto consulatu somnum non viderit.* Cic. Caninius fut d'une vigilance étonnante, puisque pendant tout son consulat il ne se livra pas au sommeil.

UNION DES PROPOSITIONS. — SUBORDINATION. 195

4.) Ordinairement aussi après *est qui, sunt qui, existunt qui, exoriuntur qui*, etc., il en est qui, il y a des gens qui ; p. ex. *Sunt qui censeant una animum et corpus occidere.* Cic. Il y a des gens qui pensent que l'âme périt avec le corps. *Qui se ultro morti offerant facilius inveniuntur, quam qui dolorem patienter ferant.* Caes. Les hommes qui affrontent la mort sans hésitation sont plus faciles à trouver que ceux qui savent endurer la douleur.

Rem. 1. *Quippe qui*, car il, vu que il, et *utpote qui*, comme, vu que, car, prennent également le subjonctif.

2. Les règles ci-dessus concernant le subjonctif après *qui*, sont également applicables aux particules *ubi, unde, quo, quatenus, cur, quare*, servant à introduire des propositions relatives.

B. **Propositions relatives marquant la cause.**

(*Quod*, de ce que, *quia*, parce que, *quoniam*, puisque.)

§ 244. *Quod*, qui n'est autre chose que le neutre du pronom relatif, sert à donner la raison d'un *hoc, illud, id* qui précède, exprimé ou sous-entendu ; il introduit une proposition subordonnée contenant la *cause* de la pensée renfermée dans la proposition principale. Parfois, *quod* marque le *motif* et se traduit par *parce que*. Ex. *Fecisti mihi pergratum, quod librum ad me misisti.* Cic. Vous m'avez fait beaucoup de plaisir, en m'envoyant ce livre : L'envoi du livre est la cause du plaisir ressenti. — *Bene facis quod me adjuvas.* Cic. Vous faites bien de m'aider ; c'est-à-dire *id bene facis*, ou *in eo bene facis, quod....* — *Dolebam quod consortem gloriosi laboris amiseram.* Cic. J'avais le regret d'avoir perdu le compagnon qui me soutenait dans une carrière honorable (de ce que, parce que, j'avais perdu.)

Rem. Après *dolēre*, avoir regret, *gaudēre, laetāri*, se réjouir, *quĕri*, se plaindre, on peut employer l'accusatif avec l'infinitif aussi bien que *quod*.

§ 245. *Quia*, parce que, se rapporte toujours à une proposition contenant une pensée complètement exprimée et dont il donne la raison.

Quoniam (= *quum jam*) unit l'idée de *temps* à celle de *cause* et signifie toujours *puisque*. *Quoniam ita accidit*, *laetor*, Puisqu'il en est ainsi, j'en suis ravi. *Quoniam ille non nostro, sed suo tempore nobis ereptus est, nobis dolebimus, illius sorte laetabimur.* Cic. Puisque sa mort est arrivée plus à propos pour lui que pour nous, nous pleurerons la perte que nous avons faite, tout en le félicitant de son sort.

Rem. *Quando* et *quandoquidem* ont la même signification que *quoniam*. Toutes ces particules gouvernent l'*indicatif*, excepté dans le discours indirect.

C. Propositions introduites par des particules de temps.

(*Cum, quando, ubi, ut,* lorsque, *simul ac,* aussitôt que, *antequam, priusquam,* avant que, *dum,* tandis que, *donec, quoad,* tant que.)

§ 246. *Cum* (*quum*) marquant le temps et signifiant lorsque, quand, en, est toujours suivi de l'*indicatif*, excepté dans le discours indirect. Mais il veut le subjonctif, lorsqu'il marque la cause et signifie *comme*, *tandis que*, *puisque*. Ex. *Cum Brutus Collatino collegae imperium abrogabat, poterat videri facere id injuste.* Cic. Quand Brutus destituait son collègue Collatin, il pouvait paraître injuste. *Is qui non defendit injuriam neque propulsat, cum potest, injuste facit.* Cic. Celui qui n'empêche pas ou ne repousse pas une injustice, lorsqu'il le peut, commet lui-même une injustice. — *Dionysius, cum in communibus suggestis consistere non auderet, concionari in turri alta solebat.* Cic. Denys n'osant se hasarder sur les tribunes publiques, haranguait ordinairement le peuple du haut d'une tour élevée. *Cum sint in nobis consilium, ratio, prudentia, necesse est deos haec ipsa habere majora.* Cic. Puisque nous avons en partage la réflexion, la raison, la prudence, les Dieux possèdent nécessairement ces qualités à un plus haut degré que nous.

Rem. On trouve très-souvent en latin l'*imparfait* et le *plus-que-parfait du subjonctif* avec *cum* marquant le temps. *Zenonem, cum Athenis essem, audiebam frequenter.* Cic. Lorsque j'étais à Athènes, j'allais souvent aux leçons de Zénon. *Cum Agesilaus ex Ægypto reverteretur, in morbum implicitus decessit.* Nep. Agésilas, en revenant de l'Égypte, tomba malade et mourut.

On trouve au contraire l'*imparfait* et le *plus que-parfait de l'in-*

UNION DES PROPOSITIONS. — SUBORDINATION. 197

dicatif, pour marquer une action souvent répétée dans le passé. *Cum* signifie alors *chaque fois que, toutes les fois que. Cum ver esse coeperat, dabat se labori atque itineribus.* Cic. Au commencement de chaque printemps, il recommençait ses travaux et ses voyages.

§ **247.** Avec *quando*, quand, *postquam*, après que, *ubi* et *ut*, lorsque, *simul ac*, *simul atque*, *simul*, aussitôt que, dès que, on emploie l'*indicatif*. Mais lorsqu'il s'agit d'une action passée, on trouve plus souvent le *parfait* que le *plus-que-parfait* de l'indicatif. Ex. *Caesar, postquam omnes Belgarum copias ad se venire vidit, flumen Axonam exercitum traducere maturavit.* Caes. César voyant les Belges s'avancer vers lui avec toutes leurs forces, se hâta de faire passer l'Aisne à ses troupes. *Ut ventum est in trivium, eadem, qua caeteri, via fugere noluit.* Cic. Lorsqu'on fut arrivé au carrefour, il ne voulut pas fuir par le même chemin que les autres. *Quod is simul atque sensit, Romam confugit.* Cic. Dès qu'il s'en fut aperçu, il vint se réfugier à Rome.

§ **248.** *Antequam* et *priusquam*, avant que, gouvernent *l'indicatif* aussi bien que le *subjonctif*. *Donec, dum, usquedum, quoad*, tant que, aussi longtemps que, prennent l'indicatif, excepté dans le discours indirect.

Donec, jusqu'à ce que, se construit avec *l'indicatif*, quand il se rapporte à une action déjà passée, et avec le *subjonctif*, lorsque le résultat de l'action est encore attendu dans l'avenir. *Lacedaemoniorum gens fortis fuit, dum Lycurgi leges vigebant.* Cic. Les Lacédémoniens furent puissants, aussi longtemps que les lois de Lycurgue furent en honneur. *Calpurnius hostibus obstitit, donec occubuit*, Calpurnius résista aux ennemis, jusqu'à ce qu'il tombât mort. *Romani fortes fuerunt, donec aliarum gentium vitiis infecti sunt.* Les Romains furent puissants, jusqu'au moment où ils furent infectés des vices des autres nations. — *Parebo tibi, donec me injuste facere jubeas.* Je vous obéirai, tant que vous ne m'ordonnerez pas de faire une injustice. *Donec vivas, deos venerator, justitiam colito*, Tant que vous vivrez, vénérez les dieux, pratiquez la justice.

D. Propositions finales.

(*Ut*, afin que, pour que, que, en sorte que.)

§ 249. Les propositions finales marquent un *but*, une *intention*, une *suite*, une *conséquence*, un *effet* et veulent au **subjonctif** le verbe qu'elles renferment (§ 217, 7.)

La conjonction latine *Ut* se traduit par *afin que*, *pour que*, lorsqu'elle marque le *but*, l'*intention*, et par *que*, *en sorte que*, lorsqu'elle marque une *conséquence*, un *effet*. On l'emploie :

1.) Après les pronoms démonstratifs, les adjectifs et les adverbes marquant le *degré* ou la *manière :* is, hic, tālis, tantus, tot, ĭtă, sic, tam, ădeo, tantopĕre. *Est hoc commune vitium in magnis liberisque civitatibus, ut invidia gloriae comes sit.* Nep. C'est un vice commun dans les grands États libres, que l'envie s'attache toujours à la gloire. L'envie est ici envisagée comme une conséquence des vices qui infectent ordinairement les grands États. *Quis est tam demens, ut sua voluntate maereat?* Cic. Quel homme serait assez insensé pour s'affliger volontairement?

Rem. Ut se place de la même manière après *quam* dépendant d'un comparatif. *Quam ut* se rend en français par *pour* suivi de l'infinitif. *Quis non intelligit Canachi signa rigidiora esse, quam ut imitentur veritatem?* Cic. Qui ne comprend que les statues de Canaque sont trop roides pour être naturelles?

Tantum abest, tant s'en faut, est toujours suivi de deux propositions introduites par *ut*. *Philosophia tantum abest, ut proinde, ac de hominum vita merita est, laudetur, ut a plerisque neglecta, a multis vituperetur.* Cic. Tant s'en faut que la philosophie reçoive des honneurs proportionnés aux services qu'elle rend à l'humanité, que la plupart des hommes la négligent et qu'un grand nombre la méprisent.

§ 250. 2.) *Ut* s'emploie encore après *est, fit, accĭdit, ēvĕnit, contingit*, il arrive, *extrēmum est, sŭpĕrest, restat*, il reste, *sĕquitur*, il s'ensuit; p. ex. *Saepe fit, ut ii, qui debent, non respondeant ad tempus.* Cic. Il arrive souvent que les débiteurs ne paient pas à l'échéance. *Casu accidit, ut id, quod Romae audierat, primus nuntiaret.* Cic. Ce fut par hasard qu'il annonça le premier ce qu'il avait entendu dire à Rome.

Rem. Après *convĕnit*, *expĕdit*, il convient, *aequum*, *rectum*, *intĕgrum est*, il est juste, *vērum est*, il est vrai, *vērisĭmĭle est*, il est vraisemblable, *falsum est*, il est faux, on emploie l'*accusatif avec l'infinitif* plus souvent que *ut* (§ 221). Après *sĕquitur* et *consĕquens est*, il s'ensuit, les deux constructions sont également bonnes : après *accēdit*, il s'ajoute à cela, *q u o d* est la construction la plus usitée.

§ 251. 3.) On emploie encore *ut* après tous les verbes qui expriment l'idée de **faire en sorte, pousser à, effectuer**, etc. : *permoveo*, *moveo*, exciter à, *adduco*, amener à, *persuadeo*, persuader, *facio*, *efficio*, *perficio*, être cause que. *Sol efficit ut omnia floreant et in suo quaeque genere pubescant.* Cic. Le soleil est cause que toutes les plantes fleurissent et se développent selon l'espèce à laquelle elles appartiennent.

Rem. Avec *efficere*, faire voir, on emploie indifféremment l'infinitif ou *ut*.

Persuadeo prend *ut*, quand il signifie *décider, déterminer* quelqu'un à quelque chose par la parole; il prend l'accusatif avec l'infitif, lorsqu'il a le sens de *convaincre*. *Concedo* prend *ut* lorsqu'il signifie *permettre de faire;* il prend l'accusatif avec l'infinitif dans le sens de *accorder une assertion*. *Persuade tibi b o n o s e x p e c t a r e recte factorum praemia, m a l o s peccatorum poenam,* Soyez persuadé que les bons attendent la récompense de leurs bonnes actions et les méchants le châtiment de leurs crimes. *Cicero judicibus saepe persuasit, ut homines nocentes absolverent.* Cicéron détermina souvent les juges à absoudre des coupables. *Tiberius reo concessit, u t in exilium abiret,* Tibère permit au coupable de s'en aller en exil. *Concedo argumentis tuis mundum a deo g e n i t u m e s s e,* (J'accorde à vos arguments), J'admets avec vous que Dieu a créé le monde.

§ 252. 4.) On emploie encore *Ut* après tous les verbes qui renferment l'idée de *but*, *d'intention : id ăgo*, viser à, *hortor*, exhorter, *mŏneo*, avertir, *mando*, charger de, *rŏgo*, prier de, *pĕto*, demander, *cŭpio*, désirer, *vŏlo*, vouloir, *decerno*, décider, *opto*, souhaiter, *postŭlo*, demander, *cūro*, avoir soin, *ĕlabōro*, s'efforcer, *cŏgo*, contraindre. Ex. *Omne animal id agit, ut se conservet.* Cic. Tout animal tend à se conserver. *Te illud admoneo, ut quotidie meditēre resistendum esse iracundiae.* Cic. Je vous engage à méditer chaque jour cette vérité, qu'il faut résister aux emportements de la colère. *Phaëton, ut in currum patris tolleretur, optavit.* Cic. Phaëton souhaita d'être porté dans le char de son père. *Cura ut valeas.* Cic. (Ayez soin de vous bien porter) Portez-vous bien.

Après la plupart des verbes ci-dessus, *ut* se rend en français par *à* ou *de* suivis de l'infinitif.

Rem. 1. *Moneo*, quand on n'a en vue que l'objet de l'avertissement et non un but, peut aussi se construire avec l'*accusatif et l'infinitif*. P. ex. *Tantum moneo te esse nullum unquam magis idoneum tempus reperturum.* Cic. Seulement je t'avertis que tu ne trouveras jamais d'occasion plus favorable.

Curo se construit aussi avec l'accusatif de la chose et le participe futur passif. *Signum evellendum curavit* = *Curavit ut signum evelleretur.* Il fit enlever le drapeau. *Curo* avec l'infinitif seul signifie *s'inquiéter de: Abfuit neque sane redire curavit*, Il s'en alla, sans s'inquiéter de son retour.

2. *Censeo*, être d'avis, *vŏlo*, vouloir, *nōlo*, ne pas vouloir, *mālo*, aimer mieux, *pătior*, souffrir, et *sino*, se construisent aussi avec l'infinitif seul (§ 221), avec l'accusatif et l'infinitif et avec le subjonctif seul (*ut* sous-entendu). *Vellem fieri posset....* Cic. Je voudrais qu'il pût se faire....

3. Le subjonctif sans *ut* se construit encore avec *necesse est*, *oportet*, *opus est*, mots qui prennent aussi comme sujet l'accusatif avec l'infinitif. P. ex. *Virtus voluptatis aditus intercludat necesse est.* Cic. Il faut que la vertu défende tout accès à la volupté.

§ 253. Négations de *ut*.

Ne signifie *afin que... ne... pas*, *pour ne pas*, et emporte toujours l'idée de but. *Que ne... pas*, marquant un simple résultat se rend en latin par *ut non*. *Facio id, ne reprehendar*, Je fais cela pour ne pas être blâmé. *Factum est, ut non reprehenderer*, Il s'est fait que je n'ai pas été blâmé. *Mali cavent ne puniantur*, Les méchants cherchent à se soustraire au châtiment; *boni ita faciunt, ut puniri non possint*, Les bons se conduisent de telle sorte qu'on ne puisse pas les punir.

Rem. *Ut ne* nie plus fortement que *ne*.

§ 254.

Les verbes et les substantifs exprimant une crainte: *timeo*, *mětuo*, *vereor*, craindre. *labōro*, s'efforcer de, *metus est*, on craint, *timor me incedit*, la crainte me prend, etc., se construisent avec *ne* lorsqu'en français on emploie *que ne* et avec *ut* lorsqu'on se sert de *que... ne... pas*; en d'autres termes, on emploie *ne*, quand on *craint* qu'une chose ne se fasse, et *ut*, lorsqu'on *souhaite* qu'elle se fasse. *Timeo ne pluat*, Je crains qu'il ne pleuve (Il pleuvra, je le crains). *Timeo ut pluat*, Je crains qu'il ne pleuve pas (Tout mon désir est qu'il pleuve). *Omnes labores te excipere video; timeo ut sustineas.* Cic. Je te vois te charger de tous les travaux; je crains que tu n'y résistes pas. *Timebam, ne evenirent ea, quae acciderunt.* Cic. Je craignais ce qui est arrivé.

Rem. *Ne non* est plus fort que *ut*, mais il se traduit aussi par *que... ne... pas.*

L'infinitif ne s'emploie que rarement après les verbes qui signifient *craindre.*

§ 255. Au lieu de *ne* et de *ne non* on emploie *quin*, lorsque la proposition principale a un sens négatif. *Nemo est quin sciat*, Il n'est personne qui ne sache. *Facere non possum quin mittam.* Cic. Je ne puis m'empêcher d'envoyer. *Nihil abest quin sim miserrimus.* Cic. Peu s'en faut que je ne sois très-malheureux.

Rem. Après *non dubito, non est dubium, quis dubitat*, on emploie aussi *quin. Non debet dubitari, quin fuerint ante Homerum poetae.* Cic. Il ne faut pas douter qu'il n'y ait eu des poètes avant Homère. Quand *non dubito* signifie *ne pas hésiter*, il est suivi de l'infinitif.

§ 256. Après les verbes qui marquent **empêchement**, le *que* français est exprimé en latin par *quominus* (*quo* est l'ablatif du relatif et, d'après le § 243, il est mis pour *ut eo; ut eo minus = ut eo non*, afin que... ne... pas). Ex. *Aetas non impedit quominus haec studia teneamus usque ad ultimum tempus senectutis.* Cic. L'âge ne nous empêche pas de conserver ces goûts jusqu'à l'extrême vieillesse.

Rem. Quand ces verbes sont accompagnés d'une négation, on peut les faire suivre de *quin* au lieu de *quominus. Germani retineri non potuerunt quin in nostros tela conjicerent.* Caes. On ne put empêcher les Germains de lancer des traits contre les nôtres.

E. **Propositions conditionnelles et propositions concessives.**

§ 257. Ces deux formes de phrases ont ceci de commun que chaque couple de propositions unies entre elles sont dans un rapport réciproque tel, que la proposition contenant la particule conditionnelle s'appelle, non *subordonnée*, mais ***proposition antérieure*** et que l'autre ne se nomme pas *principale*, mais ***proposition postérieure.***

Les propositions conditionnelles sont introduites par *si*, *si*, *nisi* (*ni*) et *si non*, *si... ne... pas*, *sin*, mais si.

§ **258.** Quand la *condition* et la *conséquence* qui en découle sont présentées comme n'impliquant aucun doute, comme un fait réellement existant; les verbes des deux propositions se mettent à l'***indicatif***. *Si omnia fato fiunt, nihil nos admonere potest, ut cautiores simus.* Cic. Si tout se fait par l'ordre du destin, rien ne peut nous avertir d'être mieux sur nos gardes. *Nunquam labere, si te audies*, Vous ne faillirez jamais si vous suivez vos principes. *Tu quid sis acturus pergratum erit si ad me scripseris.* Cic. Il me sera très-agréable que vous m'écriviez ce que vous avez l'intention de faire.

§ **259.** Quand la *condition* et sa *conséquence* sont présentées comme tout-à-fait *incertaines*, les deux verbes se mettent au ***présent du subjonctif***; celui de la proposition postérieure peut aussi se mettre au ***parfait du subjonctif.*** *Thucydidis orationes imitari neque possim, si velim, neque velim fortasse, si possim.* Cic. Je ne pourrais, quand je le voudrais, imiter les discours de Thucydide, et je ne le voudrais peut-être pas, si je le pouvais. *Sim impudens, si plus postulem quam homini a rerum natura tribui potest.* Je serais un impudent, si je demandais plus que la nature ne peut accorder à l'homme.

Quand la *condition* et sa *conséquence* sont représentées comme *n'existant pas* réellement ou comme *impossibles*, les verbes des deux propositions se mettent à l'***imparfait*** ou au ***plus-que-parfait du subjonctif;*** à l'imparfait, quand il s'agit de choses présentes, au plus-que-parfait pour des choses passées. P. ex. *Sapientia non expeteretur, si nihil efficeret.* Cic. On ne rechercherait pas la sagesse, si elle n'était bonne à rien (mais elle est bonne à quelque chose et on la recherche). *Quae vita fuisset Priamo si ab adolescentia scisset, quos eventus senectutis esset habiturus?* Cic. Quelle eût été la vie de Priam, s'il avait su quels évènements menaçaient sa vieillesse (mais il ne l'a pas su et sa vie n'a pas été malheureuse).

§ 260. Les particules concessives *etsi*, *tametsi*, bien que, *quanquam*, quoique, se construisent avec l'**indicatif**, excepté dans le discours indirect. *Quamvis* et *licet*, quoique, prennent habituellement le **subjonctif**; *etiamsi*, quand bien même, prend *les deux modes*, mais le *subjonctif* plus souvent que l'*indicatif*. *Quanquam omnis virtus nos ad se allicit, tamen justitia et liberalitas id maxime efficit.* Cic. Bien que toute vertu ait pour nous des charmes, c'est surtout la justice et la générosité qui nous séduisent. *Etsi duce natura congregabantur homines, tamen spe custodiae rerum suarum urbium praesidia quaerebant.* Cic. Bien qu'un instinct naturel invitât les hommes à vivre en société, ce fut pourtant l'espoir de mettre en sûreté ce qu'ils possédaient qui leur fit chercher un abri dans les villes. *Homo quod crebro videt non miratur, etiamsi, cur fiat nescit.* Cic. L'homme n'admire pas ce qu'il voit souvent, quand même il en ignore la cause. *Quamvis occultetur flagitium, honestum tamen nullo modo fieri potest*, Bien qu'une infamie reste cachée, elle ne devient pas pour cela une action honnête.

Rem. *Cum* et *ut*, dans le sens de *quoique*, prennent aussi le subjonctif.

Du discours indirect.

§ 261. Le discours est dit *indirect*, lorsque celui qui parle n'énonce pas ses propres pensées, mais bien les paroles d'une autre personne (pourvu toutefois qu'il ne les rapporte pas mot pour mot). Dans le discours indirect proprement dit, on se sert d'un verbe *dicendi*, pour introduire les paroles d'une autre personne (Il disait que, etc.).

Mais comme les verbes *dicendi* prennent pour complément direct un *accusatif avec l'infinitif*, la proposition principale, dans l'énonciation des paroles rapportées, se construira à l'*accusatif avec l'infinitif*. P. ex. *Cicero dixit a se consule servatam esse patriam.* Cicéron dit que lorsqu'il était consul, il avait sauvé sa patrie.

Les propositions subordonnées appartenant à la pensée et aux paroles de la personne que l'on fait parler, se mettent au *subjonctif*. Dans DE ORATORE, Cicéron fait dire à Antoine : *Ars earum rerum est quae sciuntur: oratoris autem omnis actio opinionibus non scientia continetur: nam et apud eos dicimus qui nesciunt, et ea dicimus, quae nescimus ipsi.* Quintilien, rapportant ces paroles, les tourne, par la construction indirecte, de la manière suivante : *Cicero dicit artem earum rerum esse, quae sciantur ; sed oratoris omnem actionem opinione, non scientia contineri, quia et apud eos dicat, qui nesciant, et ipse dicat, quod nesciat.* Cicéron dit que l'art porte sur des choses que l'on connaît avec certitude ; au lieu que les matières que traite l'orateur sont fondées sur l'opinion et non sur des connaissances fixes ; car, dit-il, l'orateur parle devant des ignorants et de choses qu'il ne sait pas bien lui-même. Quintilien aurait encore pu écrire, mais avec moins d'élégance : ..... *nam et apud eos nos dicere, qui nesciant, et ea nos dicere, quae nesciamus ipsi.*

§ **262.** On nomme encore *discours indirect* ce que l'on dit conformément aux idées, ou selon l'esprit de quelqu'un, sans employer ses propres paroles (v. § 217). *Noctu ambulabat Themistocles, quod somnum capere non posset.* Cic. Thémistocle se promenait la nuit, parce qu'il ne pouvait pas dormir. Quand on demandait à Thémistocle la raison de ses promenades nocturnes, il répondait : « Parce que je ne puis pas dormir. » Si la raison donnée était l'opinion du narrateur lui-même, il n'y aurait plus de discours indirect et il aurait dit : *quod somnum capere non poterat.*

Le subjonctif ne s'emploie donc dans ces sortes de phrases, que lorsqu'on énonce la pensée d'une autre personne ou les motifs qui l'ont fait agir, motifs que cette personne donnait elle-même au besoin.

Du pronom réfléchi.

§ **263.** Lorsque l'action posée par le sujet retourne sur lui-même, c'est-à-dire lorsque le même être est à la fois *sujet* et *complément* du verbe, on se sert, pour la troisième personne du pronom réfléchi ***sui, sibi, se*** et de l'adjectif correspondant ***suus, sua, suum.*** *Ille se interfecit.* Le meurtrier (sujet) est en même temps la personne tuée (complément direct). Ce pronom réfléchi s'emploie ainsi à tous les cas. *Ille sibi consulit*, Il soigne pour lui. *Populus* *moderandi et regendi sui potestatem senatui tradidit.* Cic. Le peuple remit au Sénat le pouvoir de *le* guider et de *le* contenir (*sui = populi*). Il en est de même pour *suus*. *Suum quisque noscat ingenium.* Cic. Que chacun apprenne à connaître son caractère.

§ **264.** Le français emploie souvent *le, lui, à lui,* au lieu de *se, soi, à soi,* là où le latin met invariablement *sui, sibi, se* et *suus*. Cela se fait lorsque *le, lui* signifient *lui-même, à lui-même* (c'est-à-dire le sujet qui fait l'action et sur lequel elle retourne). On ne peut employer *suus* en latin, que lorsque *son, sa* en français signifie *son propre, sa propre*. Dans les autres cas, *de lui, à lui, le, lui* se rendent par *ejus, ei, eum,* et *son, sa, ses, leur, leurs,* par *ejus, eorum*. Ex. *Tyrannus petivit ut se* (*tyrannum,* lui-même), *in amicitiam tertium adscriberent.* Cic. Le tyran demanda qu'ils *l'*admissent en tiers dans leur amitié. *Sentit animus se vi sua* (par sa propre force) *non aliena moveri.* Cic. L'âme sent qu'elle se meut par sa propre impulsion et non par l'effet d'une force étrangère.

Alexander Memnonem praestantem virum jam ob eam causam credebat, quod adversus eum dux lectus erat, Alexandre regardait Memnon comme un homme supérieur par la seule raison qu'on l'avait choisi pour *lui* opposer. *Eum* marque que c'est l'historien qui dit la chose en son propre nom. S'il rapportait les propres paroles d'Alexandre, il aurait mis *se* au lieu de *eum* (et *esset* au lieu de *erat*) : *Alexander dicere solebat Memnonem praestantem virum ob eam causam esse debere, quod adversus se dux lectus esset.* Ce serait alors le discours indirect (§ 262). Les propres paroles d'Alexandre, dans le discours direct, seraient : *Memnon vir praestantissimus ob eam causam esse debet, quod adversus me dux est electus.* De là découle cette règle toute pratique :

Dans le discours indirect on emploie *sui, sibi, se, suus,* lorsque dans le discours indirect on emploierait *mei, mihi, me; tui, tibi, te; meus, tuus*.

§ **265.** Quand l'accusatif avec l'infinitif a le même sujet que la proposition principale dont il dépend, on doit toujours employer *se*. P. ex. *Nemo est tam senex, qui se annum non putet posse vivere*. Cic. On n'est jamais tellement vieux qu'on croie ne pouvoir pas vivre une année encore. On dira au contraire : « *Audivi eum in suis agris versari*, J'ai entendu dire qu'il était dans ses terres » parce que les sujets des deux verbes sont différents.

Rem. Pour éviter l'amphibologie, on se sert souvent du pronom *ipse* et on met *ipsius* pour *sui*, *ipsi* pour *sibi*, *ipsum* pour *se*. *Jugurtha legatos ad consulem mittit, qui ipsi liberisque vitam peterent*. Sall. Jugurtha envoya au consul des députés, pour demander la vie sauve pour lui-même et pour ses enfants. *Ipsi* signifie *pour lui Jugurtha; sibi* pourrait tout aussi bien signifier pour *les députés eux-mêmes*.

Propositions interrogatives.

§ **266**. On interroge soit avec des *pronoms*, soit avec des *adjectifs* ou des *adverbes*, soit avec des particules *interrogatives*.

Le *pronom interrogatif* est *quis*, qui, lequel?

Les *adjectifs interrogatifs* sont *qui*, quel? *uter*, lequel des deux? *qualis*, quel (rapport de qualité)? *quantus*, combien grand (rapport de quantité)?

Les *adverbes interrogatifs* sont *quo*, vers où? *quando*, quand? *quorsum*, dans quelle direction? *quomodo*, comment? *cur*, pourquoi? *quare*, à cause de quoi? etc.

Les *particules interrogatives* sont *ne*, *nonne*, *num*, *utrum*, *an*?

§ **267**. *Ne* est la particule interrogative dont on se sert le plus fréquemment; elle n'indique pas si la réponse sera *affirmative* ou *négative*. On l'ajoute au mot sur lequel repose particulièrement l'idée de la phrase. *Vides ne ut in proverbio sit ovorum inter se similitudo*, Ne vois-tu pas que la ressemblance des œufs est passée en proverbe?

Nonne s'emploie lorsqu'on attend une réponse *affirmative*. *Nonne animadvertis?* Ne remarques-tu pas? c.-à-d. Je pense que tu remarques bien.

Lorsque la première interrogation est suivie d'autres qui ne servent qu'à la renforcer, on ne répète pas *nonne*, mais

UNION DES PROPOSITIONS. — INTERROGATION. 207

on lui substitue *non* devant chacun des autres verbes. *Nonne vides? non audis? non intelligis?* Ne vois-tu pas, n'entends-tu, ne comprends-tu pas? — Mais dans les oppositions (ou, mais), on emploie *an* (v. § 268).

Num s'emploie, lorsqu'on attend une réponse *négative* (non sans doute). *Num igitur naufragium sustulit artem gubernandi?* Un naufrage aurait-il donc enseigné l'art de diriger les vaisseaux?

Rem. Souvent l'interrogation n'est indiquée par aucune particule interrogative; elle doit alors être rendue par le ton de la voix. *Non estis coenaturi?* Ne prendrez-vous pas votre repas.

§ 268. *Utrum* et *an* sont employés dans les interrogations doubles, lorsque celui qui interroge, croit que plusieurs réponses sont possibles. Les interrogations doubles admettent plusieurs formes :

1.) Dans le 1ᵉʳ membre *utrum*, dans le 2ᵈ *an*;
2.)   »   »   *num*,   »   *an*;
3.)   »   »   *nonne, ne*,   »   *an*;
4.)   »   sans partic. interrog.   »   *ne* ou *an*.

Utrum asseveratur, an tentatur? Cic. Parle-t-on sérieusement, ou n'est-ce qu'une épreuve? *Numquid duas habetis patrias, an est illa patria communis?* Cic. Avez-vous deux patries, ou cette patrie vous est-elle commune? *Quidquid terra profert, ferarumne an hominum causa gignit.* Cic. Tout ce que la terre produit, le produit-elle pour les bêtes fauves ou pour les hommes? *Bene praecipiunt qui vetant quidquam agere, quod dubites aequum sit, an iniquum.* Cic. Ils donnent un bon principe ceux qui défendent d'agir, lorsqu'on est incertain si une action est juste ou injuste.

Rem. 1. *Num, nonne* et *ne* ont la même signification dans les interrogations doubles que dans les simples.

2. Quand une interrogation a plus de deux membres, la particule *an* est répétée en tête de chaque membre qui suit le premier.

§ 269. On peut aussi, dans le discours indirect, introduire des interrogations. On les appelle *interrogations indi-*

rectes et le verbe qu'elles renferment se met au *subjonctif*. Tous les mots interrogatifs énoncés plus haut peuvent entrer dans les interrogations indirectes. Il faudra ajouter aux particules, *si*, auquel équivalent *num*, *an*, *ne*, dans les interrogations directes. Ex. *Num duas habetis patrias?* Avez-vous deux patries? deviendra dans l'interrogation indirecte : *Quaero ex vobis num duas patrias habeatis*, Je vous demande si vous avez deux patries ; ou *Quaero duasne patrias habeatis;* ou *Quaero si duas patrias habeatis?*

Utrum et *an* s'emploient aussi dans les interrogations indirectes à plusieurs membres : *Quaero ex vobis utrum unam, an duas patrias habeatis.*

FIN DE LA GRAMMAIRE LATINE.

TABLE ANALYTIQUE DES MATIÈRES.

	Pages
Idée et division de la Grammaire latine	1

NOTIONS PRÉLIMINAIRES. § 3-15.

Lettres. § 3-9	1
Voyelles. § 6	2
Diphthongues. § 7	2
Consonnes. § 8, 9	2
Syllabes. § 10-15	3
Division des syllabes. § 11, 12	3
Quantité des syllabes. § 13, 14	4
Accent tonique. § 15	4

PREMIÈRE PARTIE. LEXIGRAPHIE. § 16-128.

Des parties du discours. § 16-20	5

1. Du nom substantif. § 21-68.

Genre. § 21-28	7
Masculin. § 24	8
Féminin. § 25	8
Neutre. § 26	9
Noms variables. § 27	9
Noms d'animaux. § 28	9
Déclinaison. § 29-68	10
Explication. § 29	10
Radical et désinences. § 29, 30	10
Désinences des cinq déclinaisons à tous les cas. § 31-33	10
Première déclinaison. § 34-36	12
Mots latins. § 34	12
Mots grecs. § 35	12
Genre des noms de la première déclinaison. § 36	13
Deuxième déclinaison. § 37-41	13
Mots en *us* et *um*. § 37	13
Mots en *r*. § 38	14
Remarques sur les cas. § 39	15
Noms grecs. § 40	16
Genre des noms de la deuxième déclinaison. § 41	16

	Pages.
Troisième déclinaison. § 42-61.	16
Formation du génitif. § 42-44.	16
Exemples de noms masculins de la 3me déclinais. § 45.	20
Exemples de noms féminins. § 46	22
Exemples de noms neutres. § 47	23
Remarques sur les cas dans la 3e déclinaison. § 48-52.	24
1.) Accusatif singulier. § 48.	24
2.) Ablatif singulier. § 49.	25
3.) Nom., Acc., Voc. pluriel. § 50.	26
4.) Génitif pluriel. § 51.	26
5.) Datif et Ablatif pluriel. § 52.	27
Noms irréguliers. § 53.	27
Noms grecs de la troisième déclinaison. § 54-58.	27
1.) Génitif. § 54.	27
2.) Accusatif. § 55.	27
3.) Vocatif. § 56.	28
4.) Ablatif. § 57.	28
5.) Pluriel. § 58.	28
Genre des noms de la troisième déclinaison. § 59.	28
I. Masculins. § 59	28
II. Féminins. § 60	29
III. Neutres. § 61	30
Quatrième déclinaison. § 62, 63.	31
Déclinaison. § 62.	31
Genre des noms de la quatrième déclinaison. § 63.	32
Cinquième déclinaison. § 64.	32
Déclinaison irrégulière. § 65-68	33
I. Substantifs défectifs. § 65, 66	33
A. Défectifs quant au nombre. § 65	33
B. Défectifs quant aux cas. § 66	34
C. Noms indéclinables. § 67.	35
II. Noms surabondans. § 68.	36

II. Du nom adjectif. § 69-80.

Déclinaison de l'adjectif. § 69-72.	36
1.) Adjectifs à trois terminaisons. § 69.	36
2.) Adjectifs à deux terminaisons. § 70.	38
3.) Adjectifs d'une seule terminaison. § 71	39
Adjectifs irréguliers. § 72, 1	39
» défectifs. § 72, 2	40
» indéclinables. § 72, 3	40
» surabondants. § 72, 4	40
Degrés de comparaison. § 73-78	41

TABLE ANALYTIQUE DES MATIÈRES. 211

Pages.

Comparatifs et superlatifs réguliers. § 73-75 41
» » irréguliers. § 76-78. . . . 42
Noms de nombres. § 79, 80 44

III. Du pronom. § 81-84.

Pronoms de la première et de la deuxième personne. § 81. . 49
Pronoms de la troisième personne. § 82-84 50
   1.) Pronoms démonstratifs. § 82, 1 50
   2.) » déterminatifs. § 82, 2 51
   3.) » relatifs. § 83 52
   4.) » interrogatifs. § 83, 4 52
   5.) » indéfinis. § 83, 5 53
   6.) » réfléchi. § 84 54

IV. Du verbe. § 85-118.

Espèces de verbes. § 85 54
Temps du verbe. § 86 55
Modes du verbe. § 87 56
Infinitif, gérondif, participe et supin. § 88 56
Personnes du verbe. § 89 57
Conjugaison. § 90 57
Formation des temps dérivés et composés. § 91-95 . . . 58
Conjugaison du verbe auxiliaire *esse*. § 92 61
Usage de l'auxiliaire. § 93, 94 63
Tableau des terminaisons des personnes du verbe. § 95 . . 66
Exemples des quatre conjugaisons. § 96 67
Remarques sur les quatre conjugaisons. § 97 92
Formation du présent, du parfait et du supin. § 98-101 . . 93
Détermination de la conjug. par l'inspect. du radical. § 98, 99. 93
   I. Formation du présent. § 99, I 93
   II. Formation du parfait. § 99, II 94
   III. Formation du supin. § 99, III 95
   Changement de la consonne qui termine le radical. § 100. 95
   Verbes à deux radicaux. § 101 95
Liste des verbes à parfaits et supins irréguliers. § 102-106. . 96
   Première conjugaison. § 102 96
   Deuxième conjugaison. § 103 97
   Troisième conjugaison. § 104 99
   Quatrième conjugaison. § 105 104
   Verbes déponents. § 106 105
Conjugaison irrégulière ou verbes anomaux. § 107-116 . . 106
   Possum. § 107 106
   Edo. § 108 107
   Fero. § 109 108
   Volo, nolo, malo. § 110 108

TABLE ANALYTIQUE DES MATIÈRES.

Pages.

Eo. § 111. 110
Queo. § 112 110
Fio. § 113 110
Verbes défectifs. § 114-116. 111
Inquam. § 114 111
Ajo, quaeso, fari, forem. § 115 112
Odi, memini, coepi. § 116 112
Verbes impersonnels. § 117 113
Verbes surabondants. § 118 114

V. Des particules. § 119-124.

A. Adverbes. § 119-121. 114
    Adverbes dérivés. § 119. 114
    Adverbes primitifs. § 120 115
    Comparaison des adverbes. § 121. 118
B. Prépositions. § 122 119
C. Conjonctions. § 123 120
D. Interjections. § 124 122

VI. De la dérivation et de la composition des mots. § 125-128.

A. Verbes dérivés. § 125 123
B. Substantifs dérivés. § 126. 124
C. Adjectifs dérivés. § 127. 126
D. Composition des mots. § 128 128

DEUXIÈME PARTIE. SYNTAXE. § 129-269.

CHAPITRE PREMIER.

De la proposition et de ses parties. § 129-238.

Définition de la prop. et de ses parties essentielles. § 129-131. 132
Rapport qu'ont entre eux le sujet, l'attribut
                      et la copule. § 132-139. 133
  I. Le sujet au nominatif. § 132 133
  II. L'attribut. § 133 . . . .
    1.) Explicite : adjectif, substantif ou pronom. § 133. 133
    2.) Implicite : contenu dans le verbe avec
                  la copule. § 133. 134
  III. La copule. § 134. 134
Accord de l'attribut avec plusieurs sujets. § 135. . . . 135
Proposition simple et proposition complexe. § 139 . . . 137

A. Apposition et qualificatif. § 140, 141. 137
B. Cas. § 142-185 138
    Eclaircissements. § 142 138

TABLE ANALYTIQUE DES MATIÈRES.

Pages.

1. Génitif. § 143-153 139
   Usage du génitif. § 143 139
   Génitif *subjectif* ou *objectif*. § 144. 140
   Génitif *partitif*. § 145. . . . . , . 140
   Génitif marquant la *qualité*, la *valeur*, la *mesure*,
                          le *prix*. § 146. 141
   Génitif complément de verbes marquant l'*estime*,
                le *cas*, la *valeur vénale*. § 147. 142
   Génitif avec les verbes signifiant *accuser*, *convaincre*, *condamner*, *absoudre*. § 148. 143
   Génitif avec les adjectifs et les verbes marquant
     participation, *capacité*, *abondance*, *disette*,
     savoir, *ignorance*, *souvenir*, *oubli*. § 149. . . 143
   Génitif avec les adjectifs et les verbes marquant
     une *disposition de l'âme*, un *effort*, un *désir*,
     une *aversion*, un *sentiment de pitié*, de *honte*,
     de *repentir*, de *dépit*, etc. § 150. 144
   Génitif avec les participes présents. § 151 . . . 145
   Génitif avec les impersonnels *refert*, *interest*. § 152. 145
   Génitif des noms de villes de la première et de la
     2me déclinaison à la question *ubi*. § 153 . . . 146

2. Ablatif. § 154-166 146
   Signification primitive. § 154 146
   Ablatif avec les verbes signifiant *éloigner*, *s'éloigner*, *différer*. § 154. 146
   Ablatif équivalent aux expressions françaises
                    quant à, etc. § 155. 147
   Ablatif après un comparatif. § 156 147
   Ablatif dans les déterminations général. de lieu. § 157. 147
   Ablatif marquant l'*origine*. § 158 147
   Ablatif de *cause*, de *moyen*, d'*instrument*, de *manière*. § 159. 148
   Ablatif de la qualité. § 160 149
   Ablatif avec les verbes et les adjectifs marquant
     plénitude, *abondance*, *disette* ou *privation*. § 161. 149
   Ablatif avec *opus est*. § 162. 150
   Ablatif de *mesure*. § 163 150
   Ablatif après les adjectifs, *dignus*, *fretus*, *contentus*, *venalis*, § 164 152
   Ablatif compl. de certains verbes transitifs. § 165. 152
   Ablatif absolu, ou de la conséquence. § 166. . . 152

3. Accusatif. § 167-176 154
   Signification fondamentale. § 167 154
   Accusatif compl. direct des verbes transitifs. § 168 . 154
   Accusatif marquant la durée. § 169 154

214 TABLE ANALYTIQUE DES MATIÈRES.

Pages.

Accusatif marquant l'extension dans l'espace, la dimension. § 170 155
Accusatif employé adverbialement. § 171 . . . 155
Accusatif poétique après les verbes passifs et les adjectifs. § 172. 155
Double accusatif avec les verbes signifiant *enseigner, demander, interroger, prier.* § 173. . . 156
Double accusatif avec les verbes signifiant *faire, nommer, choisir,* etc. § 174 156
Accusatif après les verbes composés d'une préposition qui gouverne ce cas. § 175. 157
Accusatif dans les exclamations. § 176 157

4. Datif. § 177-185 157

Signification du datif. § 177 157
Datif complément indirect des verbes transitifs. § 178. 158
Datif d'avantage ou de désavantage. § 179. . . 158
Datif avec les verbes intransitifs. § 180 . . . 158
Double datif après les verbes *dare, tribuere, vertere,* etc. § 181. 158
Datif après les verbes *prosum, obsum,* etc. § 182. . 159
Datif avec les verbes composés d'une préposit. § 183. 160
Datif avec les adjectifs marquant *utilité, dommage, faveur, défaveur, égalité, ressemblance, propriété, appartenance, parenté, voisinage, facilité, commodité, aptitude.* § 184. 161
Datif pour l'ablatif avec un verbe passif. § 185. . . 162

C. Adjectifs. § 186-193 162
I. Comparaison. § 186-191 162
II. Noms de nombre. § 192, 193 164

D. Pronoms. § 194-201 165
Première et deuxième personne. § 194, 195. . . 165
Troisième personne. § 196-202 166
Hic, iste, ille. § 196, 197. 166
Is. § 198. 166
Pronoms interrogatifs. § 199. 167
Pronoms indéfinis. § 200, 201 167
Pronoms signifiant chacun. 168

E. Verbe. § 203-235 168
I. Temps du verbe. § 203-213 168
Présent. § 203. 168
Parfait. § 204. 169
Futurs. § 205. 169
Imparfait. § 206, 207. 170
Plus-que-parfait. § 208 171
Futur passé. § 209. 171

TABLE ANALYTIQUE DES MATIÈRES. 215

Pages.

Concordance des temps. § 210-212 172
Temps de l'infinitif. § 213 173
II. Nombre et personne. § 214, 215 174
III. Modes. § 216-218 174
   Indicatif. § 216. 174
   Subjonctif. § 217 175
   Impératif. § 218 176
IV. Infinitif. § 219-225 176
   » comme nominatif. § 220-221 177
   » comme accusatif. § 222 178
   Accusatif avec l'infinitif. § 223-224 178
   Infinitif historique. § 225 181
V. Gérondif et participe futur passif. § 226-231. . . 181
   Valeur du gérondif. § 226 181
   Génitif du gérondif. § 227 181
   Datif du gérondif. § 228 182
   Accusatif du gérondif. § 229 182
   Ablatif du génitif. § 230 182
   Participe futur passif pour le gérondif. § 231. . 182
VI. Participes. § 232, 233 183
   Participe employé comme adjectif. § 232 . . . 183
   Participe remplaçant un substantif abstrait. § 233. 1. 184
   Participe employé avec une négation. § 233. 2. . 185
   Partic. avec les verbes signifiant *voir* et *entendre*.
                          § 233. 3. . 185
VII. Supins. § 234-235 185
   Supin en *um*. § 234 185
   Supin en *u*. § 235 185
   Prépositions. § 236-238 186
   Usage des prépositions. § 236 186
   Remarques sur l'emploi des prépositions. § 237 . . 186
   Prépositions suivies de l'accus. ou de l'ablat. § 238. 190

CHAPITRE DEUXIÈME.

Union des propositions. 239-269.

Coordination et subordination. § 239. 191
Formes diverses des propositions coordonnées. § 240 . . 192
Propositions subordonnées. § 241-260. 193
   A. Propositions relatives. § 241-243. 193
      Accord du relatif avec son antécédent. § 242. . . 193
      Mode du verbe dans les propositions relatives. § 243. 194
   B. Propositions relatives marquant la cause (*quod*,
      quia, *quoniam* avec l'indicatif) § 244-245 . . . 195

TABLE ANALYTIQUE DES MATIÈRES.

Pages.

C. Propositions introduites par des particules de temps. § 246-248 . . . 196
    Quum, cum, marquant le temps, avec l'indic. § 246 . . 196
    Quando, postquam, ubi, simul ac, av. l'ind. § 247 . . 197
    Antequam et *priusquam, donec* avec l'indicatif ou le subjonctif. § 248 197

D. Propositions finales. § 249-256 198
    Ut, afin que, après les pronoms démonstratifs, avec le subjonctif. § 249 198
    Ut, après *est, fit, accidit*, etc., avec le subj. § 250 . 198
    Ut, après les verbes signifiant *faire en sorte*, etc. § 251. 199
    Ut, après les verbes marquant le *but*, l'*intention*. § 252. 199
    Négations de *ut* : *Ne, ut non, ut ne*, avec le subj. § 253. 200
    Ne après les verbes et les substantifs exprimant une crainte. § 254 200
    Quin pour *ne* et *ne non*. § 255 201
    Quominus pour rendre le *que* français après les verbes marquant empêchement. § 256 201

E. Prop. conditionnelles et prop. concessives. § 257-260. 201
    Proposition antérieure et propos. postérieure. § 257. . 201
    Condition et conséquence présentées comme *déterminées*, indicatif. § 258 202
    Condition et conséquence présentées comme *incertaines*, subjonctif. § 259 202
    Particules concessives construites avec l'indicatif et le subjonctif. § 260 203

Du discours indirect. 261-262 203
    Discours indirect rendu par l'accus. avec l'infin. § 261. 203
    Discours ind. rendu par le subj. et une conjonct. § 262. 204

Du pronom réfléchi. 263-265 204
    Emploi de *sui, sibi, se* et de *suus*. § 263 204
    Sui, sibi, se et *suus* rendant les pronoms français, *le, lui, à lui*. § 264 205
    Se employé lorsque la proposition principale et la subordonnée n'ont qu'un même sujet. § 265 . . . 205

Propositions interrogatives. § 266-269 205
    Pronoms, adjectifs, adverbes interrogatifs. § 266. . 206
    Particules interrogatives : *Ne, nonne, num*. § 267. . 206
    Interrogations doubles, *utrum... an; num... an*, etc. § 268. 207
    »   indirectes. § 269 207

www.ingramcontent.com/pod-product-compliance
Lightning Source LLC
Chambersburg PA
CBHW051918160426
43198CB00012B/1947